TRAITÉ

DE LA THÉORIE ET DE LA PRATIQUE

DE L'HARMONIE.

Paris. — Imprimerie de L. MARTINET, rue et hôtel Mignon, 2.

(Quartier de l'École de Médecine).

TRAITÉ

COMPLET

DE LA THÉORIE ET DE LA PRATIQUE

DE L'HARMONIE

CONTENANT

LA DOCTRINE DE LA SCIENCE ET DE L'ART,

Par J.-F. FÉTIS.

Καί τις ἔοικε συγγένεια ταῖς ἀρμονίαις καὶ τοῖ, ῥυθμοῖς εἶναι.
L'harmonie et le rhythme semblent même nous être inhérents.
ARIST. POLIT., *lib.* 8, *éd.* BEKK., *t.* III, *pag.* 1540, *col.* 2.

SIXIÈME ÉDITION
Revue, corrigée et augmentée par l'Auteur

PARIS

G. BRANDUS, DUFOUR ET Cie,
103, RUE DE RICHELIEU.

1858.

A Madame Pleyel.

En décorant un livre de science toute scolastique d'un nom qui réveille le souvenir de mille grâces et d'un charme inexprimable, je crains bien de ressembler à ce personnage bafoué par Molière , lequel n'imaginait pas de cadeau plus galant pour une jeune beauté que celui d'une thèse de médecine.

Pourtant, je me rassure par la pensée que l'objet de ce livre est l'harmonie : l'harmonie ! si puissante et si belle sous vos doigts merveilleux ! l'harmonie, descendue du ciel dans votre âme, et dont vous êtes la plus séduisante, la plus idéale émanation !

En faveur de la parenté de ma science et de votre art tout divin, daignez agréer l'hommage que vous offre le plus sincère, le plus ardent de vos admirateurs.

FÉTIS.

AVERTISSEMENT.

Après la multitude de systèmes proposés pour la formation
d'une science de l'harmonie, après la publication d'un grand
nombre de livres sur cette science, que signifie celui-ci, et
de quel principe est-il le développement? Telles sont les
questions qui seront faites, sans doute, par ceux qui se li-
vreront à la lecture de cet ouvrage. Je vais tâcher d'y répondre en peu de mots.

Le premier, Rameau conçut, au commencement du dix-
huitième siècle, la possibilité de coordonner les faits harmoniques isolés en une science systématique. Il en chercha
le principe dans la coïncidence des proportions numériques
des intervalles des sons avec le phénomène de la production
des harmonies d'un son principal, dans la résonnance d'une
corde grave tendue par un poids proportionnel à ses dimensions. De ces deux ordres de faits il déduisit une théorie de
la formation des accords par des procédés mécaniques assez
ingénieux, mais qui avaient l'inconvénient de faire disparaître la considération importante des relations de ces accords entre eux, dans leur succession. Toutefois, si cet
homme célèbre se trompa dans le choix du principe qui le
faisait arriver à des résultats si contraires à la nature de
l'art, il ne mérite pas moins notre admiration pour l'idée.

grande en elle-même, de la possibilité d'une théorie rationnelle de l'harmonie, et pour la loi générale du renversement des accords, dont la découverte lui est due. Son système, diversement modifié, a été reproduit sous différentes
formes par plusieurs théoriciens.

D'autres, prenant pour base les harmoniques du cor et
de la trompette, représentés par la progression arithmé-
tique 1, $\frac{1}{2}$, $\frac{1}{3}$, $\frac{1}{4}$, $\frac{1}{5}$, etc., ont été conduits à considérer le principe de la musique, et conséquemment de l'harmonie, comme
résidant, non dans les gammes majeure et mineure, mais
dans l'échelle chromatique, et se sont persuadé que les accords consonnants et dissonants, quels qu'ils soient, appartiennent à tous les degrés de cette échelle; d'où l'anéantissement de la destination spéciale des sons de la gamme et
des accords, et par suite de la tonalité.

Un troisième principe a été cherché dans la division systématique d'une corde, et l'on en a tiré une progression
ascendante de tierces, dans laquelle on trouve tous les accords consonnants et dissonants qu'on a appelés *naturels;*
les autres accords ont été considérés comme formés de ceux-
là par des procédés artificiels. Dans les théories nées de ce
système, de nouvelles vérités sont venues préparer les voies
pour arriver à une doctrine rationnelle et complète de la
science; mais ces vérités, puisées dans des procédés mécaniques étrangers à l'art en lui-même, sont restées sans liaison, et n'ont pu résoudre qu'une partie des problèmes de la
science.

Enfin, d'autres théoriciens, adoptant un système d'empirisme, ont écarté les difficultés concernant l'origine des accords qui se rencontrent fréquemment dans les combinaisons
harmoniques, et les ont considérées comme des faits d'expérience; faits isolés dont rien ne révèle l'emploi ni la connexion dans un ton donné. Dans ce système, les uns ont
limité les accords à un petit nombre, les autres en ont étendu
la nomenclature; tous ont été dirigés dans leurs classifications

par des vues particulières de leur esprit, et non par des considérations relatives à l'art.

L'immense quantité de traités et de méthodes d'harmonie publiés depuis environ cent vingt ans, dérive de ces quatre systèmes. La seule chose à quoi l'on n'a point pensé, c'est d'examiner si la constitution naturelle de l'art, dans ses rapports avec notre organisation, ne fournit pas une base plus réelle que des faits acoustiques et des calculs de proportions, dont nous n'avons pas conscience, ou des procédés mécaniques, qui ne sont que des jeux de l'esprit, ou enfin des faits empiriques isolés, qu'on ne rattache à aucune loi générale. Or, cette recherche, dont aucun théoricien ne s'est préoccupé, est ce qui a fixé mon attention depuis quarante ans.

Abandonnant toute idée de système, je me suis demandé si les lois secrètes qui régissent les rapports de succession des sons de nos gammes majeures et mineures n'étaient pas les mêmes qui déterminent les rapports de simultanéité dans les accords; en d'autres termes, si le principe de la mélodie n'était pas identique avec celui de l'harmonie; et bientôt j'ai acquis la conviction de cette identité. J'ai vu que parmi la multitude de combinaisons do nt se compose l'harmonie de notre musique, il en est deux que notre instinct musical accepte comme existant par elles-mêmes, indépendamment de toute circonstance précédente et de toute préparation; savoir : l'harmonie consonnante appelée *accord parfait*, qui a le caractère du repos et de la conclusion, et l'harmonie dissonante, désignée sous le nom d'*accord de septième dominante*, qui détermine la tendance, l'attraction et le mouvement. La résolution nécessaire des notes attractives de celui-ci, et la position de ces notes dans la gamme, fournissant les lois de succession de cinq des degrés de cette gamme, la position des deux autres degrés se détermine d'elle-même. Par là se trouvent déterminés les rapports nécessaires des sons, qu'on désigne en général sous le nom de *tonalité*.

En possession de ces données, j'ai donc vu que toute l'har-

monie réside dans ces nécessités alternatives : repos, tendance ou attraction, et résolution de ces tendances dans un
repos nouveau. J'ai vu aussi que les deux accords dont je
viens de parler fournissent tous les éléments nécessaires pour
l'accomplissement des exigences de ces deux lois de toute
musique. J'en ai conclu que toutes les autres harmonies ne
sont que des modifications de celles-là, et j'ai classé ces modifications dans l'ordre suivant : 1º renversement des accords naturels consonnants et dissonants ; 2º substitution
d'une note à une autre dans l'accord dissonant et dans ses
dérivés par le renversement ; 3º prolongation d'une note
d'un accord sur un accord suivant ; 4º altération des notes
naturelles des accords par des signes appartenant à des tons
divers ; 5º combinaisons de ces modifications.

Voulant m'assurer que ces considérations m'avaient conduit à des vérités irréfragables, sans exceptions, et qu'il
n'existe point en musique, un ton étant donné, d'autres
accords nécessaires que ceux dont je viens de parler, j'ai
pris des compositions de tout genre, et leur enlevant successivement toutes les modifications que le sentiment ou la
fantaisie du compositeur avait introduites dans les harmonies
naturelles, j'ai vu que celles-ci suffisaient pour conserver à
leurs ouvrages leur signification tonale, mélodique et harmonique ; d'où j'ai conclu avec certitude que les deux accords consonnant et dissonant sont les seuls nécessaires.

Il y a vingt ans que j'ai publié un résumé de ces idées dans
une *Méthode élémentaire et abrégée d'harmonie et d'accompagnement*, dont il a été fait depuis lors trois éditions à Paris,
deux traductions italiennes, dont une imprimée à Naples et
l'autre à Turin, et une traduction anglaise par M. Bishap,
compositeur. Incessamment occupé du soin de perfectionner
ma théorie, j'ai, depuis ce temps, lu tout ce qui a été écrit
sur la science de l'harmonie, médité et généralisé de plus en
plus mes principes. En publiant aujourd'hui le fruit d'études

si longues, si consciencieuses, je crois qu'il ne me restera plus rien à faire sur ce sujet.

Le premier livre de cet ouvrage renferme une analyse des rapports des sons et de la tonalité; le deuxième offre une théorie complète des accords naturels et de toutes leurs modifications; le troisième a pour objet la modulation considérée sous un point de vue absolument nouveau; on y trouvera un nouvel ordre de formules modulantes qui n'a pas encore été introduit dans l'art. Le quatrième livre renferme une analyse critique des principaux systèmes d'harmonie qui ont pris naissance avec les travaux de Rameau. Dans ces quatre divisions, toute la science de l'harmonie me semble renfermée.

L'exposé que j'ai fait récemment à Paris de ma théorie, dans un cours divisé en quatre séances, et le succès qu'a obtenu cet exposé près de mon auditoire, me paraît d'un augure favorable pour l'accueil qui sera fait à mon livre.

Paris, 3 mars 1844.

L'AUTEUR.

PRÉFACE

DE LA TROISIÈME ÉDITION.

Harmoniste par instinct, j'écrivais dès l'âge de neuf ans des sonates, des concertos, des messes, sans avoir les premières notions de la théorie de l'art. Admis comme élève au Conservatoire de Paris dans ma seizième année, j'y suivis le cours d'harmonie du vénérable Rey, et j'y appris le système de la basse fondamentale de Rameau, le seul qui fût connu de mon vieux maître. Peu de temps après, Catel publia son *Traité d'harmonie* dont les bases avaient été discutées dans une assemblée de professeurs du Conservatoire. Une lutte s'engagea entre les partisans de l'ancien système et ceux de la nouvelle doctrine. Disposé par la nature sérieuse de mon esprit à m'intéresser à ces questions de théorie, malgré ma jeunesse et mon inexpérience, je me livrai à l'examen des deux systèmes rivaux, et par la comparaison que j'en fis, je cherchai à m'éclairer sur le degré de certitude de leur principe fondamental. Le découragement fut le premier résultat de mes efforts; car si, d'une part, je trouvais une méthode plus philosophique dans les écrits de Rameau, j'y voyais les faits naturels de l'art tourmentés pour les accorder au principe d'un système; et de l'autre, si Catel me présentait un ordre de faits plus conforme au sentiment de l'harmonie et aux procédés pratiques de l'art, cet avantage était balancé par les défauts d'une méthode purement empirique, dont la base illusoire reposait sur les divisions arbitraires d'une corde sonore.

Quelques années s'écoulèrent, et dans cet intervalle le

hasard ayant mis successivement entre mes mains les traités
d'harmonie de Roussier, de Langlé, du chevalier de Lirou,
de Marpurg, de Kirnberger et de Sabbatini, je les lus avec
attention, et mes incertitudes augmentèrent. Pendant longtemps encore je me fis cette question : *Quelle est la base certaine de l'harmonie?* sans y trouver de réponse satisfaisante.
Un nouvel ouvrage de M. de Momigny[1], qui parut en 1806,
ne m'éclaira pas davantage, malgré les promesses de son
auteur.

Ce fut alors que, croyant trouver plus de ressources dans
les écrits des mathématiciens relatifs à l'objet de mes recherches, je lus les ouvrages de Ballière, de Jamard, de Surre-
main-de-Missery, de Tartini, l'Essai d'Euler et la Gram-
maire harmonique et physico-mathématique de Catalisano ;
mais là je me trouvai plus loin encore de mon but que dans
les livres des musiciens ; car ceux-ci du moins avaient été dirigés dans leurs travaux par le sentiment de l'art, tandis que
les géomètres ne m'offraient que des spéculations abstraites,
sans application directe à la musique.

Je parlais quelquefois de mes perplexités à l'illustre compositeur Méhul ; mais loin d'en recevoir des encouragements,
je ne trouvais en lui qu'incrédulité sur la possibilité, et même
sur l'utilité d'une théorie rationnelle de la musique. « Tout
» ce qu'un musicien doit savoir de cette science, me disait-
» il, se trouve dans le Traité de Catel ; le reste est inutile. »
Il faut l'avouer, ces paroles étaient l'expression sincère d'une
opinion que partagent la plupart des artistes. N'imaginant
pas que l'art puisse être l'objet d'une science, ils n'attachent
d'importance qu'aux procédés d'exécution, et préfèrent en
général les méthodes empiriques à celles qui exigent l'exercice du raisonnement. Hommes de sentiment, par cela même
qu'ils sont artistes, leur attention se fixe avec difficulté sur
des choses sérieuses qu'ils considèrent comme portant atteinte

(1) *Cours complet d'harmonie et de composition, d'après une théorie neuve et
générale de la musique, basée sur des principes incontestables puisés dans la
nature*, etc. Paris, 1806, 3 vol. in-8.

à l'activité de l'imagination. Ils ignorent ce que peut donner d'élévation et de netteté aux idées une théorie vraie de la science de l'art, et le peu d'intérêt qu'ils y prennent est précisément l'effet de cette ignorance.

Nonobstant le respect que m'inspirait le mérite éminent de Méhul, ses objections n'ébranlaient pas ma foi dans l'existence d'un principe de l'harmonie différent des hypothèses des savants, et non borné au seul plaisir physique de l'effet des sons. Sortant un jour de chez le célèbre artiste, après une conversation sur le même sujet, il me vint une idée qui fut un trait de lumière, et qui me mit sur la voie de la doctrine que j'ai développée depuis lors dans tous mes ouvrages. On a cherché (me disais-je) le principe de l'harmonie dans des phénomènes acoustiques, dans des progressions numériques de divers systèmes, dans des procédés plus ou moins ingénieux d'agrégations d'intervalles des sons, et dans des classifications arbitraires d'accords; mais il est évident, par l'examen des monuments de l'histoire de la musique, que ce n'est pas par ces choses que l'art s'est formé. Les phénomènes de toute espèce constatés par des expériences modernes, les additions de tierces à d'autres tierces supérieures ou inférieures, et les autres faits qui ont servi de bases aux théoriciens, n'ont point été les guides qui, dès les premiers pas, ont dirigé les musiciens. Une cause plus active, plus immédiate, a dû agir sur eux dans la formation des accords et dans l'enchaînement qu'ils leur ont donné. Cette cause, ou, en d'autres termes, ce principe de l'harmonie, et comme art et comme science, n'a pu être que ce qui règle les rapports des sons et l'ordre où ils se suivent dans la gamme des deux modes; car il est impossible qu'il y ait deux principes dans l'art, dont un régirait les successions de la mélodie, et l'autre les agrégations de l'harmonie, puisque ces deux choses sont étroitement liées l'une à l'autre.

Or, le principe régulateur des rapports des sons, dans l'ordre successif et dans l'ordre simultané, se désigne en général par le nom de *tonalité*. Tout ce qui dans l'harmonie est une conséquence immédiate de l'ordre tonal appelé *diatonique*, et en peut être considéré comme l'expression absolue, abstraction faite de toute circonstance étrangère, a donc nécessairement une existence primitive et naturelle, tandis que ce qui n'est pas conforme à cette constitution tonale, et ne satisfait pas immédiatement la sensibilité et l'intelligence, n'a qu'une existence momentanée et artificielle.

On comprend qu'à ce point de vue, je cherchais dans la musique elle-même le principe de l'harmonie, et que j'en écartais toute considération étrangère à la nature humaine. c'est-à-dire les divisions du monocorde, les progressions numériques et les formations mécaniques d'accords suivant de certains systèmes, parce que nous n'avons conscience de ces choses ni dans la composition, ni dans l'audition de la musique; qu'elles ne sont pas des parties intégrantes de l'art, et conséquemment qu'elles n'ont pas contribué à sa formation. Je me demandai quels accords existent par eux-mêmes, comme des conséquences de la tonalité actuelle, indépendamment de toute circonstance de modification, et je n'en trouvai que deux : le premier *consonnant*, composé de trois sons, et appelé *accord parfait* ; le deuxième *dissonant*, composé de quatre sons placés à des intervalles de tierces l'un de l'autre, et appelé *accord de septième de la dominante*. Je vis que le premier constitue le repos dans l'harmonie, parce que lorsqu'il se fait entendre, rien n'indique la nécessité de succession; l'autre, au contraire, est attractif, par la mise en relation de certains sons de la gamme; par cela même il a des tendances de résolution, et il caractérise le mouvement dans l'harmonie.

J'en étais à ces premières et importantes données, lorsque des intérêts de famille m'obligèrent à m'éloigner de Paris et à me fixer à la campagne, dans les Ardennes. Pendant trois années de séjour dans ce pays de montagnes et de bois solitaires, je faisais souvent de longues excursions où l'isolement absolu me permettait de me livrer sans distraction à mes rêveries sur la théorie de l'harmonie. Après avoir fixé le caractère et les fonctions des deux accords consonnant et dissonant, je cherchai avec soin si quelque autre agrégation harmonique était nécessaire pour constituer la tonalité ; mais je n'en pus découvrir, et j'acquis la conviction que tous les autres accords sont des modifications de ceux-là, et que leur destination est de jeter de la variété dans les formes de l'harmonie, ou d'établir des relations de gammes différentes. Dès que je fus en possession de cette vérité fondamentale, il ne me resta plus qu'à rechercher la nature et le mécanisme des divers genres de modifications. J'y employai les longues méditations de mes pérégrinations solitaires.

En 1816, le manuscrit de mon *Traité de l'harmonie* était achevé. J'ai dit ailleurs[1] les motifs qui m'ont empêché de le publier à cette époque. Cependant j'en fis connaître sommairement les bases, en 1823, dans une *Méthode élémentaire et abrégée d'harmonie et d'accompagnement*, dont le succès fut un encouragement pour moi, car il en fut fait trois éditions en peu de temps, et il fut traduit dans plusieurs langues étrangères.

Lorsque j'eus laissé refroidir l'enthousiasme qui s'empare presque toujours de l'auteur d'une théorie nouvelle, j'éprouvai le besoin de m'assurer, d'une part, que je n'avais pas été précédé par quelque auteur dans la voie où je m'étais engagé, et de l'autre, que l'histoire de l'art s'accordait avec mon système. Pour lever mes scrupules sur le premier point, je m'entourai de tous les livres où il est traité de l'harmonie d'une manière plus ou moins directe, plus ou moins approfondie. Le nombre d'ouvrages de ce genre que j'ai lus dans l'espace de vingt ans s'élève à plus de huit cents. A l'égard des compositeurs de toute espèce que j'analysai, je les rangeai par époques et par catégories de transformations de l'art. Il me serait difficile de donner une idée juste de la source inépuisable d'instruction que je trouvai dans cette étude persévérante, dont le résultat fut de me conduire à la

____

(1) *Biographie universelle des musiciens*, tom. IV, pag. 108.

conviction de l'infaillibilité de mes principes. Mon *Esquisse de l'histoire de l'harmonie, considérée comme art et comme science systématique*[1] a fait connaître au public le soin que j'ai porté dans mes recherches sur ce sujet.

En 1822, Chérubini, qui venait d'être appelé à la direction du Conservatoire de Paris, m'avait proposé de me charger, en ma qualité de professeur de composition de cette école, de la rédaction d'un livre élémentaire sur les formes de l'art d'écrire la musique, désignées sous les noms de *contrepoint* et de *fugue*, pour remplacer les ouvrages surannés ou insuffisants de Fux, Martini, Paoli et Abrechtsberger. J'employai deux années d'un travail assidu à ce grand ouvrage, dont la deuxième édition a paru en 1846[2], et les nouvelles réflexions auxquelles je dus me livrer pour découvrir la raison des règles, qui n'avaient été présentées par mes prédécesseurs que d'une manière empirique et par l'autorité de la tradition, me firent découvrir de nouvelles et innombrables applications de la loi de tonalité, qui me démontrèrent, avec une force nouvelle et plus grande, l'identité absolue des principes qui règlent la succession mélodique des sons, et de ceux qui sont les bases de l'harmonie. Ainsi donc, il n'y avait plus de doute pour moi, et j'avais la certitude qu'une seule loi régit les rapports des sons, dans l'ordre successif comme dans les agrégations simultanées.

Mais quelle est la loi de la tonalité elle-même, et d'où procède-t-elle? Si je m'en rapportais à l'opinion unanime des théoriciens et des historiens de la musique, la nature a fixé l'ordre des sons de la gamme, et nous en trouvons les éléments dans les résonnances multiples de certains corps, dans la division méthodique d'une corde tendue, et même dans certaines progressions numériques qui sont l'expression renversée des longueurs de cordes correspondantes à chacun

(1) Paris, imprimerie de Bourgogne et Martinet, 1840, 1 vol. in-8 de 178 pages. Voyez aussi la *Gazette musicale de Paris*, année 1840, numéros 9, 20, 24, 35, 40, 52, 63, 67, 68, 72, 73, 75, 76, 77.

(2) *Traité du contrepoint et de la fugue, ou Exposé analytique des règles de la composition musicale*, etc. Paris, Troupenas, 1846, 2 parties in-folio.

des sons de la gamme, ou du nombre de leurs vibrations. Mais quoi! n'avons-nous pas la preuve que la tonalité n'a pas été la même partout et dans tous les temps? Ne savons-nous pas qu'aujourd'hui même elle n'est pas identique chez tous les peuples, et qu'en Europe elle se formule d'une manière très différente dans les chants de l'église et dans ceux de la scène? D'ailleurs, ces sons donnés par la nature sont bien les éléments d'une gamme, mais n'en déterminent pas la forme, d'où dépend le caractère de toute musique. Il faut donc reconnaître que la loi mystérieuse qui règle les affinités des sons a une autre origine ; or je ne pouvais la trouver que dans l'organisation humaine ; mais le mode d'action de celle-ci, qui détermine telle ou telle constitution tonale d'où se tirent toutes les conséquences, ne se présentait à mon esprit que d'une manière confuse. Mes incertitudes me faisaient toujours reculer la publication de ma théorie de l'harmonie ; car je comprenais qu'elle resterait incomplète jusqu'à ce que mes doutes fussent dissipés.

Le moment vint enfin où je pus entrer en possession d'une doctrine de la science et de l'art dont pas un seul point ne restait obscur ou incertain, dont toutes les parties étaient conséquentes l'une à l'autre, et qui seule pouvait fournir la solution complète de tous les problèmes. Voici dans quelles circonstances elle me fut révélée :

Par un beau jour du mois de mai 1831, j'allais de Passy à Paris, et, suivant mon habitude, je marchais dans un chemin solitaire du bois de Boulogne, rêvant à cette théorie de la musique, objet de mes constantes méditations, et dont je voulais faire une science digne de ce nom. Tout à coup la vérité se présente à mon esprit; les questions se posent nettement, les ténèbres se dissipent; les fausses doctrines tombent pièce à pièce autour de moi ; et tout cela est le résultat des propositions suivantes, qui sont mon point de départ :

La nature ne fournit pour éléments de la musique qu'une multitude de sons qui diffèrent entre eux d'intonation, de durée et d'intensité, par des nuances ou plus grandes ou plus petites.

Parmi ces sons, ceux dont les différences sont assez sensibles pour affecter l'organe de l'ouïe d'une manière déterminée, deviennent l'objet de notre attention; l'idée des rapports qui existent entre eux s'éveille dans l'intelligence, et sous l'action de la sensibilité d'une part, et de la volonté de l'autre, l'esprit les coordonne en séries différentes, dont chacune correspond à un ordre particulier d'émotions, de sentiments et d'idées.

Ces séries deviennent donc des types de tonalités et de rhythmes qui ont des conséquences nécessaires, sous l'influence desquelles l'imagination entre en exercice pour la création du beau.

Tout cela m'avait frappé à la fois comme un éclair, et l'émotion m'avait obligé de m'asseoir au pied d'un arbre. J'y passai six heures absorbé dans la méditation ; mais ces heures furent pour moi une vie tout entière, pendant laquelle le tableau historique de toutes les conceptions de l'art, de toutes les formes tonales, depuis l'antiquité jusqu'à nos jours, se déploya sous mes yeux. J'en saisis les principes, les causes de transformations, et j'arrivai ainsi jusqu'à l'avenir de la musique, se développant dans les conditions finales de la tonalité, du rhythme et de l'accent. Je conçus en même temps la classification des divers ordres de tonalité qui se sont succédé depuis trois siècles par les affinités de sons que l'harmonie y a introduites. Enfin, l'examen des causes déterminantes de l'attraction des sons dans l'harmonie me fit découvrir l'origine des erreurs qui ont faussé jusqu'à ce jour la théorie mathématique de la musique ; car je vis que l'attraction provenait des tendances des deux demi-tons mineurs de la gamme, qu'une hypothèse de Ptolémée, admise sans examen, avait fait considérer comme majeurs ; d'où est venue la double erreur, 1° de supposer des intervalles de tons dans des proportions différentes, tandis qu'ils sont tous égaux ; 2° de donner aux sons descendants plus d'élévation qu'aux sons ascendants, alors que le contraire a précisément lieu. Enfin, j'aperçus par intuition la nécessité de variations dans l'intonation des sons, en raison de tendances déterminées

par leurs agrégations harmoniques ; conjecture que j'ai véri-
fiée ensuite par de nombreuses expériences, et qui, réunie
aux observations précédentes, m'a conduit à la réforme de
la théorie mathématique de la musique.

Après avoir employé environ une année à mettre en ordre
mes nouvelles idées, je crus devoir les soumettre à l'opinion
des savants et de quelques artistes éminents ; pour cela j'ouvris, au mois de juillet 1832, un cours gratuit dans lequel
je fis l'exposé de ma doctrine devant un auditoire où j'eus
l'honneur de voir figurer des membres de l'Académie des
sciences de l'Institut, la plupart des professeurs du Conservatoire et les artistes les plus célèbres. Les félicitations qui
me furent adressées pendant et après ce cours, m'auraient
décidé à mettre au jour mes théories de l'art et de la science,
si bientôt après je n'avais été appelé loin de Paris pour
prendre la position que j'occupe depuis quinze ans. Les soins
exigés pour l'organisation d'une école nouvelle, et l'immense
travail que j'eus à faire pour mettre en ordre, terminer et
publier ma *Biographie universelle des musiciens*[1], retardèrent
encore longtemps la réalisation de mes vues concernant la
philosophie de la musique. Enfin, au mois de janvier 1844,
je me décidai à faire paraître mon *Traité de l'harmonie*, qui
renferme une partie de ce corps de doctrine, et je me ren-
dis à Paris où j'ouvris un nouveau cours gratuit, destiné à
expliquer au public les idées qui m'avaient jeté dans une voie
absolument opposée à celle des autres théoriciens. Mon auditoire fut nombreux : une vive agitation se manifestait à la
fin de chaque séance parmi les partisans des divers systèmes
suivis dans les écoles et ceux chez qui je faisais pénétrer mes
convictions. Des conciliabules animés se prolongeaient quelquefois pendant plusieurs heures aux environs du local où je
donnais mes leçons.

Ce fut dans ces circonstances que parut l'ouvrage dont je

____

[1] Bruxelles, Méline, Cans et Cᵉ, 1835-1844, 8 volumes gr. in-8 à 2 colonnes.

donne aujourd'hui la troisième édition. Le bon accueil qui lui a été fait est constaté par le prompt écoulement des deux premières. D'ardentes polémiques ont cependant été soulevées par les théories qui sont exposées : les journaux spéciaux de musique et autres en ont été remplis, non seulement en France, mais à l'étranger. J'ai cru devoir analyser, dans des notes placées à la fin de cette édition, quelques objections qui m'ont été faites concernant les classifications d'accords où je me suis éloigné de certaines méthodes. Mais les difficultés les plus considérables ont porté sur le principe intellectuel que je donne à la constitution de la tonalité ; car si le sensualisme et le fatalisme sont tombés dans le discrédit chez les philosophes, ils ont encore une existence vivace dans les préjugés des artistes. On veut absolument qu'il y ait une gamme donnée par la nature, des accords dont nous trouvons le principe dans les résonnances de plaques sonores, de cylindres, de cloches, que sais-je ? enfin, on veut que l'oreille soit le juge et que le plaisir physique soit le but.

La science de l'harmonie n'est que la partie d'un tout dont la philosophie de la musique doit offrir le système complet. Ceux de mes lecteurs qui n'ont point assisté à l'exposition orale que j'en ai faite n'en ont pas saisi l'enchaînement ; j'ai cru ne pouvoir mieux répondre à leurs objections que par le résumé que je vais en présenter dans cette préface. Vraisemblablement je ne porterai pas la conviction dans tous les esprits : mais du moins tout malentendu devra cesser quand j'aurai dit toute ma pensée.

Si nous remontons jusqu'aux idées les plus anciennes du panthéisme oriental, nous trouverons toutes les notions de l'harmonie des sons unies à celles de l'organisation de l'univers. Chez les peuples de l'Inde, c'est dans les Védas mêmes, ou livres sacrés, qu'il en faut chercher l'origine, contemporaine de la création, et inséparable de la cosmogonie, de la théogonie et de la philosophie théologique. Au nombre des dieux et des génies, sont placés ceux qui président aux di-

verses parties de la musique ; l'éther est le son pur[1]; les sept
nymphes *Swaras* sont les notes de musique personnifiées (les
sons déterminés). Sardja, première note ou tonique de l'é-
chelle des sons, paraît souvent sous les traits de *Saraswati*,
fille, femme et sœur de Brahma. Ces nymphes sont résumées
dans la personne de *Swaragrama*, déesse de la gamme, et l'é-
chelle générale des sons est divinisée en *Mahaswaragrama*, qui
n'est autre que *Saraswati*, sous un de ses attributs. Les lé-
gères *Apsaras*, créées pour charmer la cour du Dieu *Indra*,
roi du firmament, forment des concerts avec les *Gandhar-
bas*, musiciens célestes[2], au nombre de sept, qui président à
l'harmonie des sphères lancées dans l'espace. De l'union
de Brahma et de Saraswati naît Nardja, qui invente la
vina, instrument de musique par excellence, et la forme de
l'écaille de la tortue qui, suivant la cosmogonie indienne,
porte le monde sur son dos. Six autres fils de Brahma et de
Saraswati, appelés *Ragas*, sont les génies qui président aux
passions principales et aux modes musicaux qui en sont l'expression. Filles de Mahaswaragrama, les nymphes musicales,
appelées *Raginis*, sont unies au nombre de cinq à chacun des
Ragas, et personnifient les passions ou modes secondaires.

Parmi elles, quatre principales représentent chacune sept
modes en quatre systèmes auxquels elles donnent leurs noms.
Une cinquième, qui en est le symbole général, marche à leur
tête : c'est Mahaswaragrama elle-même, c'est-à-dire la musique, dont la conception renferme tous les systèmes et tous
les modes. De l'union des Ragas et des Raginis naissent une
multitude d'enfants, qui sont autant de modes dérivés. Leur
production n'a pas de bornes, disent les commentateurs des
Védas : pareils aux flots de la mer, ils peuvent être multipliés
à l'infini. Il est facile de comprendre que ces enfants des Ragas et des Raginis, en nombre infini, ne sont que les mélo-

---

(1) V. *Manava d'Harmasastra, ou Livre des lois de Manou*, comprenant les insti-
tutions civiles et religieuses des Indiens, traduit du sanscrit par M. L'Oiseleur de Lon-
champs (Paris, 1833, in-8), 76.

(2) *Ibid.*, 37.

dies formées avec les modes. Régulatrices de l'art de combiner les sons, les Raginis les pèsent : leur marche est rhythmique, leur geste est une harmonie, leur pose une cadence.

Ces idées, concernant l'origine céleste de la musique, de cet art primordial qui seul a joui dès la plus haute antiquité, chez tous les peuples, du privilége d'être l'ouvrage des dieux, se retrouvent sous certaines modifications dans diverses parties de l'Orient; mais sous ces modifications, une idée principale traverse les siècles, à savoir : l'harmonie que produisent les mouvements des corps célestes, et dont la musique des hommes n'est qu'une imparfaite imitation. Les Hébreux l'empruntent aux Chaldéens et aux Saducéens qui, observateurs attentifs de la marche des astres, avaient fini par leur attribuer une influence directe, suprème, éternelle, sur tout l'univers. Ce principe, admis par les Hébreux, les conduisit à la conception d'intelligences particulières et abstraites qui présidaient à l'harmonie des astres. Ces intelligences sont les *Anges*, et les concerts par lesquels ceux-ci glorifient l'Éternel sont formés par les mouvements des sphères célestes. L'*Elohim* de la Genèse, qui n'est autre que le *Métatrône* du Talmud, et dont la puissance n'est soumise qu'à l'auteur de toutes choses, règne sur les sphères répandues dans l'espace, comme sur les anges qui les dirigent.

C'est aussi cette même idée d'une puissance inférieure à celle du créateur de l'univers, mais qui donne la vie et le mouvement à son œuvre, que Pythagore emprunta aux peuples de l'Orient, avec l'idée de l'harmonie universelle. Il en fit l'âme du monde, à laquelle il attribua des proportions harmoniques que Platon a fait connaître dans un passage assez obscur du *Timée*, et qui sont celles de l'échelle des sons dans la musique des Grecs. C'est de l'âme du monde que naissent les âmes particulières qui tirent d'elle leur substance, la vie, le mouvement et l'organisation harmonique.

Là ne s'arrêta pas la tradition de l'âme du monde et de l'harmonie universelle; propagée de siècle en siècle, recueillie et modifiée par l'école d'Alexandrie, reproduite dans les écrits de Plutarque[1], de Cicéron[2], de Ptolémée[3], de Censorin[4], de Macrobe[5], de Boèce[6], et de beaucoup d'autres, elle reparut après la renaissance des lettres dans les ouvrages des commentateurs de Platon, donna naissance aux bizarres rêveries de Robert Flud[7], et finit par égarer la puissante tête de Keppler[8] dans le moment même où ce savant homme venait de faire la découverte des lois fondamentales de l'astronomie.

Laissant à part ce qu'il y a de faux dans l'hypothèse de l'identité de l'harmonie universelle et de l'harmonie des sons de la musique, on peut dire que sa réalité aurait pour résultats d'enlever à l'homme sa liberté dans la conception de l'art, de lui en imposer les conditions d'une manière fatale, et d'interdire à ses facultés intellectuelles et sentimentales la possibilité d'en modifier les éléments. Les théoriciens qui, chez les modernes, ont essayé de reproduire cette hypothèse[9], n'ont pas compris que le but de leurs efforts est antipathique à l'organisation humaine. Si l'on suppose, en effet, que la création a réglé d'une manière invariable la formule des sons, et que l'homme a conscience de son immutabilité, il faudra donc admettre que la variété dans le caractère de la musique et de l'harmonie est impossible, et que les impressions produites par les combinaisons de ces sons doivent être identiques chez tous les individus doués de l'organe de l'ouïe? Or, c'est ce qui n'a pas lieu; car l'histoire de l'art, étudiée avec intelligence, démontre que les intervalles et les échelles des sons ont été conçus de manières différentes, sui-

(1) *De la création de l'âme*, 12, 19, 21, 22. — *De Musica*, 22, 44.
(2) *De Republ.*, lib. vi.
(3) *Harm.*, lib. iii, c. 4-16.
(4) *De die natali*, c. 13.
(5) *Commentaire sur le Songe de Scipion*, liv. ii, ch. 1-4.
(6) *De Mus.*, liv. ii.
(7) *Utriusque Cosmi.* lib. iii. — *De Mus. mundana.*
(8) *Harmonices mundi*, lib. iv, c. 6; lib. v, c. 4 8.
(9) Cf. Roussier. *Mémoire sur la musique des anciens*, p. 73, 87. — *Lettre touchant la division du zodiaque et l'institution de la semaine planétaire relativement à une progression géométrique, d'où dépendent les proportions musicales.* (*Journal des beaux-arts et des sciences*, novembre, 1770.)

vant les temps et les lieux; et nous savons par expérience que les impressions produites par la musique ne sont pas les mêmes chez tous les hommes.

Les physiologistes, dont les opinions tendent à substituer l'action de l'organisme à celle de l'intelligence, ont voulu attribuer à la conformation de l'oreille la détermination des sons, de leur justesse absolue et de leurs intervalles. Sans parler de Boërhave, qui suppose que les canaux semi-circulaires de cet organe sont composés d'une suite d'arcs de diamètres différents, destinés à produire autant de sons déterminés correspondants à ceux de l'échelle chromatique[1]; de Lecat, qui conjecture que le limaçon est un clavier instrumental, monté de beaucoup de petites cordes tendues le long de la cloison médiane, ayant des longueurs et des grosseurs diverses ordonnées entre elles et destinées à vibrer isolément à l'unisson des sons qui les frappent[2]; de Dumas, qui prétend que la membrane du tympan est elliptique et composée de cordes diverses qui correspondent à autant de sons particuliers[3]; et enfin de beaucoup d'autres qui ont hasardé des hypothèses du même genre, n'avons-nous pas des livres où des physiciens et des professeurs de mathématiques entreprennent de fonder des systèmes de tonalité, de mélodie et d'harmonie sur la conformation de l'organe auditif[4], et qui ont pour but de démontrer que les lois de succession et d'agrégation des sons ont pour bases les phénomènes de la perception? Ce que ces auteurs ont prétendu établir d'après des considérations physiologiques et des suppositions de faits, les philosophes sensualistes du dix-huitième siècle l'ont fait entrer dans leur métaphysique. « Quant aux sons » proprement dits, *l'oreille* (dit Condillac) *étant organisée pour*

(1) Dans les notes de son édition des *Opuscules anatomiques* d'Eustachi, Delft, 1726, in-8. Opusc. 2.

(2) *Théorie de l'ouïe*, à la suite de son *Traité des sensations et des passions en général, et des sens en particulier*. Paris, 1766 (tom. II).

(3) *Principes de physiologie*, etc., tom. III, pag. 544, 2e édition.

(4) Cf. Pierre Mengoli, *Speculazioni di musica* (Bologne, 1670, in-4). *Specul.* 1, 2, 3, 4, 5. — Al. J. Morel, *Principe acoustique nouveau et universel de la théorie musicale, ou Musique expliquée* (Paris, 1816, in-8).

» *en sentir exactement les rapports, elle y apporte un discerne-*
» *ment plus fin et plus étendu.* Ses fibres semblent se partager
» les vibrations des corps sonores, et elle peut en entendre
» plusieurs à la fois[1]. » Les conséquences de ces doctrines
sont que la musique tout entière nous est donnée par le
mécanisme de l'organisation de l'oreille, sous l'impression
des faits extérieurs, et que les jouissances qu'elle nous donne
sont purement physiques. Ce n'est pas sans étonnement
qu'on voit se reproduire de nos jours ces théories dans les
leçons d'anthropologie d'un savant professeur de l'université
de Kœnigsberg, de cette même université où la voix de Kant
faisait entendre des doctrines bien différentes quarante ans
auparavant[2]. Suivant M. de Baer, auteur de ces leçons (§ 175),
l'oreille a la faculté de distinguer les sons, en raison de leur
gravité et de leur acuité (*die Fœhigkeit unsers Ohrs die Tœne
nach ihrer-Hœhe und Tiefe su unterschieden*) ; la relation de
deux sons est d'autant plus agréable *à l'oreille* que leur rapport numérique est plus simple (*Je einfacher die Zœhlenver-
hœltnisse zweier Tœne, um desto angenehmer ist ihre Verbindung
für das Ohr*) ; et, enfin, l'oreille a des désirs (*Begierden*), des
exigences (*Erforderungen*). Si l'oreille a tout cela dans son
domaine, quelle est donc la part de l'intelligence? Évidemment, dans cette hypothèse, la musique n'est qu'un jeu de
sensations ; elle ne saurait devenir un art.

Rien n'est plus digne d'attention que la persévérance
qu'on a mise dans tous les temps à chercher l'origine de la
musique ou dans des causes cosmogoniques, ou dans des
phénomènes naturels, et à supposer qu'elle a été imposée à
l'homme par le Créateur sous des conditions déterminées, ne
lui laissant que la liberté d'en combiner les éléments. De là
l'idée d'une gamme ou échelle de sons donnée par la nature,
qu'on a voulu trouver dans l'harmonie universelle, ou dans

(1) *Traité des sensations*, part. I, chap. VIII, § 4.
(2) *Vorlesungen über Anthropologie*, von Dr. Karl-Ernst von Baer. Kœnigsberg,
1824, in-8 (pag. 277 et suiv.).

l'organisation de l'ouïe, ou dans celle de la voix humaine[1], ou bien dans les divisions acoustiques de certains tubes, ou enfin dans des progressions géométriques et arithmétiques. On a même été jusqu'à contester à l'intelligence et au sentiment de l'espèce humaine la découverte spontanée de l'harmonie simultanée des sons; et parce qu'il s'est trouvé dans les résonnances de certains corps sonores, soumises aux expériences de physiciens modernes, des phénomènes qui font entendre l'harmonie des consonnances, et d'autres, plus récemment observés, où l'on a cru reconnaître celle des dissonances, on s'est persuadé qu'on donnerait une base plus légitime à cette partie de l'art par des phénomènes ignorés au temps où elle s'était formée, que par l'instinct qui l'avait trouvée; en sorte que les générations dont les heureuses inspirations et les travaux ont développé les combinaisons harmoniques des sons auraient été placées sous l'influence de causes occultes, lorsqu'elles croyaient n'obéir qu'aux lois de leur organisation sentimentale et intellectuelle[2].

Pour nous éclairer sur l'erreur de la plupart des théoriciens et des historiens de la musique dans la supposition qu'ils ont faite d'une gamme invariable donnée par la nature, jetons un coup d'œil sur la conception des échelles de sons qui furent les bases de l'art chez différents peuples à des époques diverses.

Parmi les monuments de la langue sanscrite antérieurs de plus de deux mille ans à l'ère chrétienne, on trouve des traités de musique où nous voyons l'exposé d'un système de tonalité dans lequel des intervalles un peu plus grands que des quarts de tons entraient dans la composition et dans les modifications d'un grand nombre de modes. Ces modes avaient aussi pour principe, la variété des sons par lesquels chaque gamme commençait. Enfin, il y avait des modes dont

____

(1) *The Philosophy of the human voice*, etc., by James Rush. Philadelphie, 1827, gr. in-8 (pag. 29-50).

(2) Voyez la quatrième partie de cet ouvrage.

les gammes étaient incomplètes et ne contenaient que cinq ou six sons, et dont les intervalles n'avaient aucun rapport avec ceux de la gamme de la musique moderne.

Chez les anciens habitants de la Perse, l'échelle générale des sons était divisée par des quarts de tons, et ces éléments entraient dans les combinaisons d'un certain nombre de modes qui avaient de l'analogie avec ceux de la musique des habitants de l'Inde. Nonobstant les grandes révolutions dont la Perse avait été le théâtre, ce système de tonalité s'était conservé jusqu'au dix-septième siècle de notre ère ; car les musiciens persans qu'Amurat IV emmena en esclavage à Constantinople après la prise de Bagdad, en 1638, l'introduisirent en Turquie où il était encore en usage à la fin du dix-huitième siècle[1].

Chez les Arabes de nos jours, dont les mœurs ont conservé le caractère des temps antiques, les tons sont divisés par tiers, et les demi-tons sont égaux à ceux de notre musique. Ces éléments se combinent dans un grand nombre de modes analogues par la variété des notes initiales, et quelquefois par la suppression de certains tons, à ceux de l'Inde et de la Perse. Les divisions des manches de leurs instruments nous fournissent une preuve suffisante de la réalité de ce système qui, vraisemblablement, fut celui de tous les peuples sémitiques.

Le principe esthétique de l'art basé sur ces échelles de sons à petits intervalles variables, qu'on trouve chez tous les peuples de l'Orient, est celui d'une musique langoureuse et sensuelle, conforme aux mœurs des nations qui les ont conçues. On ne voit, en effet, d'autre emploi de la musique chez ces peuples que dans les chansons amoureuses et dans les danses lascives.

Au contraire, chez les rudes et sérieuses populations issues de la race jaune ou mongolique, la musique, grave et monotone, étrange et dure pour des Européens, est le produit

____

(1) V. la *Letteratura turchesca*, de Toderini, t. I, p. 243-252.

d'un système de tonalité où le demi-ton disparaît très souvent, et dont la gamme incomplète ne se compose que de cinq sons placés à des intervalles d'un ton l'un de l'autre, avec des lacunes là où sont les demi-tons de la gamme appelée *diatonique*. Tel est le système de la musique des Chinois, des Japonais, des Cochinchinois, des Coréens, des Mandchous, et des Mongols proprement dits. L'accent doux ne s'y fait pas entendre, parce qu'on ne peut le trouver que dans l'emploi du demi-ton.

Si nous portons l'examen sur l'organisation de la tonalité chez les peuples pélasgiques de la Grèce et de l'Asie-Mineure, nous y apercevons des transformations qui, dans l'espace d'environ dix siècles, en changent complétement la nature. Une partie des Pélasges s'était établie dans la Thrace : c'est parmi eux que naquirent Linus, Orphée, Thamyris, célèbres poëtes musiciens, qui se servirent vraisemblablement des mêmes tonalités que les Pélasges de l'Asie-Mineure. Antérieurement au siége de Troie, Olympe et d'autres musiciens de la Phrygie et de la Lydie, composaient des hymnes dans une tonalité appelée *enharmonique*, dont les sons étaient disposés par deux intervalles de quarts de ton (appelés *dièses*), suivis d'une tierce majeure, à laquelle succédait l'intervalle d'un ton ; puis venaient deux autres quarts de ton, suivis d'une tierce majeure. Telle était la division de l'octave dans ce système de tonalité enharmonique, qui blesserait la sensibilité musicale d'un Européen moderne, mais qui a beaucoup d'analogie avec certains modes de la plus ancienne musique de l'Inde. Or, Olympe et les autres musiciens de la Phrygie et de la Lydie, dont il vient d'être parlé, étaient de la même race que ceux qui suivirent Pélops dans la Grèce, et qui y portèrent leurs modes de musique [1]. Ces compagnons de Pélops étaient Pélasges, et les Pélasges étaient Hindoux ou Hindo-Scythes.

Plus tard, lorsque les Hellènes, venus de la Scythie cauca-

---

[1] Τρεῖς οὖν αὗται, καθάπερ ἐξ ἀρχῆς εἴπομεν εἶναι ἁρμονίας, ὅσα καὶ τὰ ἔθνη. Τὴν δὲ Φρυγιστὶ καὶ Λυδιστί, παρὰ τῶν Βαρβάρων οὔσας, γνωσθῆναι τοῖς Ἕλλησιν ἀπὸ τῶν Πέλοπι κατελθόντων εἰς Πελοπόννησον Φρυγῶν καὶ Λυδῶν. (Athen., lib. XIV, c. 5.)

sique dans la Grèce, sous la conduite de Deucalion, furent devenus puissants et eurent fait la conquête du Péloponèse, ils substituèrent à l'ancienne tonalité enharmonique des Pélasges la division du ton par tiers, qu'ils avaient puisée dans les gammes des peuples sémitiques dont ils tiraient leur origine. Par exemple, trois sons placés à un tiers de ton l'un de l'autre, suivis d'un quatrième à l'intervalle d'un ton, puis d'un cinquième à la distance d'un demi-ton de celui-ci, et enfin de trois sons à des intervalles de tiers de ton, étaient les divisions de l'octave dans le genre enharmonique de l'un des modes de la musique grecque, appelé *mode lydien*. Or, cette disposition de sons est précisément celle d'un des modes de la musique des Arabes de nos jours. Cette seconde forme de la tonalité enharmonique fut en usage pendant plusieurs siècles. Lorsque d'autres genres, appelés *chromatique* et *diatonique*, eurent introduit des formes d'intonation plus facile dans chaque mode, les petits intervalles du genre enharmonique furent abandonnés, et ce genre ne figura plus qu'en théorie dans le tableau des modes. Le genre chromatique était de plusieurs espèces, dont la plus facile pour le chant était le *chromatique tonique*. L'échelle de ce genre était formée par un demi-ton, un autre demi-ton, puis une tierce mineure suivie d'un ton, auquel succédaient deux demi-tons suivis d'une tierce mineure. Cette nouvelle formation de la tonalité se ressentait encore de l'origine orientale par les deux demi-tons consécutifs, et par la lacune de la tierce mineure. Cette origine ne cessa de se faire apercevoir que lorsqu'on eut trouvé la forme tonale appelée *diatonique*, dans laquelle le demi-ton est isolé, avant ou après deux ou trois tons. Cette forme finit par être la seule dont on fit usage : on l'appliqua aux différents modes.

Dans l'origine, les modes de la musique grecque n'avaient été qu'au nombre de trois, à savoir, le phrygien, le lydien et le dorien ; mais ce nombre s'augmenta progressivement et fut porté jusqu'à treize, puis enfin jusqu'à quinze. Comme dans les modes de la musique des Hindoux et dans ceux de la musique arabe, le principe de la diversité des modes grecs consista dans la faculté de changer la position des intervalles des sons, en commençant chaque gamme par un son différent pris dans l'échelle diatonique. La différence de position des tons et des demi-tons constitua ce qu'on appela *les espèces d'octaves*[1].

Bien que nous n'ayons que des notions insuffisantes de ce qu'était la musique grecque basée sur ces éléments de modes et de genres, et sur les mètres poétiques qui s'appliquaient à chaque mode en particulier, nous comprenons que ses qualités esthétiques résultaient principalement de la propriété d'accent et de rhythme dans la poésie chantée. À l'égard de la question si souvent controversée si les Grecs considéraient l'harmonie simultanée des sons comme une déduction nécessaire de la conception complète de la musique, elle se serait simplifiée et présentée avec clarté, si l'on avait remarqué que l'harmonie n'est inhérente à la mélodie qu'autant qu'elle réside dans l'unité tonale ; or, le petit nombre de passages tirés des auteurs de l'antiquité, sur lesquels on se fonde pour affirmer que les Grecs ont fait usage de l'harmonie, ne présentent de sens raisonnable, qu'en supposant que le chant d'un mode était accompagné par le même chant transposé dans un autre mode ; ce qui est évidemment antipathique à la véritable acception du mot *harmonie*. Remarquons, au surplus, que rien de semblable ne paraît avoir existé à la belle époque de la culture des arts dans la Grèce, et que cette antinomie tonale n'est signalée qu'aux temps de décadence.

On vient de voir par quelle série de transformations l'échelle diatonique des sons s'est dégagée des intervalles enharmoniques et chromatiques qui étaient mêlés aux siens dans d'autres formules tonales ; et nous pouvons maintenant reconnaître ce qu'il y a d'erroné dans la supposition que cette échelle est la condition nécessaire de toute musique, qu'elle

---

(1) Voyez, pour les développements de l'exposé des tonalités de tous les systèmes, le travail que j'ai publié dans la *Gazette musicale de Paris* (année 1846) concernant le *Système général de la musique.*

est donnée par la nature, et qu'il n'appartient pas à l'homme d'en imaginer une autre qui satisfasse aux besoins de sa sensibilité. Ce que la nature donne, ce sont des sons diversifiés par une infinité de différences ou plus grandes ou plus petites dans l'intonation. Avec ces éléments, l'homme combine des séries tonales dans un certain ordre systématique, qui n'existerait pas si le choix des éléments était différent, et qui serait remplacé par un autre système. Modifiées par l'éducation et l'habitude, la sensibilité produit ses phénomènes, et l'imagination enfante ses créations d'art, dans le domaine de l'ordre tonal où ces facultés s'exercent ; mais cet ordre n'est qu'une partie d'un tout immense, et les facultés sensibles et intellectuelles de l'homme sont susceptibles d'activité sous l'empire d'impressions infiniment variées des rapports des sons.

Je prévois l'objection qu'on pourra m'opposer. Si la liberté humaine, dira-t-on, de concevoir des systèmes de rapports des sons, est si absolue que vous le prétendez, comment se fait-il qu'on n'ait pu donner plus de régularité à la gamme diatonique, en n'y admettant que des intervalles égaux, au lieu du mélange de tons et de demi-tons qu'on y remarque, et dont nous ne savons même pas la cause ? Si je ne me trompe, cet argument, loin de ruiner le libre exercice des facultés de l'homme dans la conception des lois qui règlent les rapports des sons, me fournit précisément les moyens de démontrer cette liberté absolue.

La possibilité d'une multitude infinie de sons, différents d'intonation, dans la production des phénomènes sonores, ne peut être mise en doute : or, dans cette multitude, les différences infiniment petites d'un son au son voisin inférieur ou supérieur n'affectent la sensibilité que d'une manière confuse, et l'intelligence ne peut conséquemment en déterminer les intervalles. Pour arriver à la formation d'une échelle de différences perceptibles et mesurables, l'intellect doit choisir les sons dont les intervalles sont appréciables, et négliger les intermédiaires : dans cette opération, il est évident qu'il procède par voie d'élimination. C'est ainsi que l'ouïe parvient à sentir nettement et l'intelligence à discerner et à mesurer, par exemple, les différences de sons placés à des intervalles d'un quart de ton. Exercé à la perception fréquente de ce rapport de sons, l'organe auditif en peut recevoir une impression agréable, et l'esprit peut arriver à la conception d'un système tonal dont cet intervalle est un des éléments. C'est précisément ce qui a eu lieu dans l'ancienne musique de la Perse, et dans le genre enharmonique des Grecs. Etendant ensuite l'opération de l'élimination aux quarts de ton, l'intelligence arrive à la conception d'une échelle chromatique, composée de demi-tons dont elle combine les éléments en divers systèmes, par exemple, dans le chromatique tonique des Grecs, et dans les divers modes du genre diatonique ancien et moderne. L'existence de l'intervalle du ton dans la musique ne peut donc se comprendre que par l'élimination d'une multitude d'intervalles plus petits, notamment de celui du demi-ton. Si cette dernière élimination a lieu dans la gamme diatonique entre certains sons déterminés et ne se fait pas ailleurs, c'est que ces conditions répondent aux nécessités de certaines formes d'art; or, on ne peut nier que les formes de l'art sont le produit des facultés sentimentales et intellectuelles de l'homme. On voit que l'argument tiré de l'inégalité des intervalles des sons de la gamme diatonique, loin de porter atteinte à nos droits dans sa formation, les confirment.

Les transformations tonales dont il me reste à parler, et qui se sont opérées dans les limites de l'ordre diatonique, rendront plus évidente encore la faculté illimitée de création que possède le génie humain dans le domaine de l'art, et dans ses éléments.

La gamme diatonique est composée de sept sons, dont cinq sont placés à des intervalles de tons, et deux à des intervalles de demi-tons. Si l'on commence la gamme par chacune de ces notes, il est évident qu'elle se présentera sous autant de formes qu'il y a de notes; car, dans chacune, la disposition des tons et des demi-tons sera différente. Il y a donc, dans les éléments de la gamme diatonique, la possibilité de former sept gammes différentes : ce sont ces gammes qu'on appelle *modes*. La considération de la différence de position des tons et des demi-tons dans l'octave de chacun de ces modes fit proposer par le mathématicien et astronome Claude Ptolémée de réduire le nombre de ceux-ci à sept ; car il n'y a que sept formes possibles avec les éléments du genre diatonique. Cependant, dès les premiers temps de l'établissement du christianisme, l'usage du chant des hymnes, des psaumes et des prières s'étant établi dans les assemblées des chrétiens de l'Orient, le nombre des modes fut porté jusqu'à huit dans le système tonal de leurs mélodies religieuses, par des considérations qui vont être expliquées.

Les anciens Grecs divisaient l'octave, ou l'octacorde, en deux tétracordes, ou séries de quatre sons consécutifs, entre lesquels il y avait une disjonction d'un ton [1]. Une autre composition de la division de l'octave régla l'organisation de la tonalité du chant de l'Eglise : elle consista à considérer les quatre modes principaux, à savoir, le dorien (gamme de *ré*), le phrygien (gamme de *mi*), le lydien (gamme de *fa*), et le mixolydien (gamme de *sol*), comme des *tons* ou *modes authentiques*, en faisant dans les mélodies la division tonale de l'octave à la cinquième note, tandis que les modes inférieurs appelés *plagaux*, c'est-à-dire l'hypodorien (gamme de *la*), l'hypophrygien (gamme de *si*) l'hypolydien (gamme de *ut*), et l'hypomixolydien (gamme de *ré*), avaient le point de division tonale de l'octave à la quatrième note, et que la finale des mélodies était sur cette note au lieu d'être sur la première, comme dans les modes authentiques. Or, c'est là précisément ce qui distingue les deux gammes de *ré*,

---

(1) Voyez, sur la formation du système de la musique grecque, le travail de M. Boeckh, dans son excellente édition de Pindare (tom. I) ; celui de Perne, dans la *Revue musicale* (tom. III, IV, V, VIII, IX) ; la suite d'articles que j'ai publiés dans la *Gazette musicale de Paris* (année 1846) ; les notes de M. Henri Martin, dans ses *Etudes sur le Timée de Platon*, et les nouveaux Mémoires de MM. Bellermann, Fortlage et Vincent.

appelées modes dorien et hypomixolydien. Un principe nouveau était donc venu modifier le système grec de la tonalité diatonique.

Ce système fut transporté en Italie et dans la Gaule avec les premiers chants des chrétiens orientaux, quoique les quatre modes authentiques semblent avoir été les seuls dont on fit d'abord usage; mais ensuite, lorsque les auteurs de mélodies de l'Eglise catholique eurent adopté la distinction des modes en authentiques et plagaux, ils poussèrent le principe de la différence de division de l'octave jusqu'à ses dernières conséquences, considérant les sept modes qu'engendre le genre diatonique dans son ordre direct comme authentiques, ayant le point de division tonale de l'octave sur la cinquième note de chaque gamme, et la finale mélodique sur la première; puis plaçant à la quarte inférieure de chacun de ces modes autant de modes plagaux, dont le point de division tonale était à la quatrième note de la gamme, ainsi que la finale mélodique. Ce qui produisait en réalité quatorze modes. La réalité du principe de ces modes ne peut être mise en doute, car les livres de chant de l'Eglise catholique renferment des mélodies qui n'ont pu être imaginées par leurs auteurs que dans les neuvième, dixième, treizième et quatorzième modes. Cependant la doctrine orientale des huit modes prévalut[1], et l'usage s'en établit généralement; mais cet usage a introduit dans le chant de l'Eglise une anomalie singulière; car l'obligation de transposer, par exemple, les mélodies des treizième et quatorzième modes dans les cinquième et sixième, a rendu nécessaire dans la notation, pour conserver le caractère tonal, l'emploi de certains signes d'altération de l'intonation qui n'appartiennent pas au genre diatonique dans lequel tout le chant de l'Eglise est conçu, mais au genre chromatique qui lui est étranger. Cette obser-

____

(1) Les Grecs modernes reconnaissent aussi l'existence de quatorze modes, qu'ils distinguent en modes *authentiques*, *plagaux*, *moyens et dérivés;* mais ils n'en font usage que dans la musique mondaine, et dans l'église, ils n'en admettent que huit.

vation est décisive et démontre invinciblement l'existence des quatorze modes [1].

Remarquons l'importance de la transformation qui s'est opérée dans la tonalité diatonique, en passant du chant de la poésie grecque dans celui de l'Église. En apparence, les modes étaient identiques parce que les échelles de sons étaient les mêmes; mais le caractère était différent, parce que la division des gammes reposait sur un autre principe. Certes, ce n'est point une vaine distinction que celle d'une même gamme qui a sa finale mélodique ou sur la première note, ou sur la quatrième, et dont la note dominante, c'est-à-dire celle qui est le pivot de la mélodie, n'est pas plus semblable que la finale. La différence considérable qu'établit à cet égard la constitution des modes authentiques et plagaux du plain-chant avec la musique grecque, ne paraît avoir fixé l'attention d'aucun des historiens de la musique; car tous ont constaté l'identité des gammes dans les modes de l'une et de l'autre musique sans attacher d'importance à la différence des divisions. Cependant, au point de vue esthétique, ces deux conceptions d'une même tonalité ont eu des résultats qui ne peuvent être assimilés. J'ai déjà fait remarquer que le caractère de la musique des Grecs consistait dans la propriété d'accent et de rhythme : avec le christianisme, l'art prit une direction nouvelle et plus élevée. Pour la première fois, un sentiment sublime, puisé dans la morale de l'Évangile, se manifesta dans les chants des chrétiens en accents tour à tour solennels, reconnaissants, résignés, ou pénétrés d'une douce joie, et toujours inspirés par ce qu'il y a de plus pur dans le cœur de l'homme. Or, la diversité de caractère, qui réside dans la conformation des modes du plain-chant, fournissait aux auteurs des chants de l'Église des moyens d'expression naturelle pour tous ces sentiments. La variété des formes du chant était sans doute le produit des déterminations du sentiment et de la pensée ; mais sa réalisation

---

[1] Voyez, sur ce sujet, le travail que j'ai publié concernant le *Système général de la musique*, dans la *Gazette musicale de Paris* (année 1846, numéros 46 et 47).

ne pouvait se faire que par la variété des formes tonales.

L'examen attentif du chant ecclésiastique ne laisse pas de doute sur l'heureux choix des modes employés par ceux qui l'ont composé, relativement au sentiment exprimé dans les textes, et l'on est également frappé de la propriété qu'ont les modes de répondre à ces sentiments, chacun par son caractère particulier, et par la position plus ou moins grave, plus ou moins élevée qu'il occupe dans l'échelle des sons. Pour ne citer que quelques exemples, examinons d'abord le caractère de douce joie qui règne dans tout le chant de la fête de Noël, composé en grande partie dans les modes les plus élevés de l'échelle, dont l'analogie avec les tons majeurs de la musique moderne est remarquable. Le septième mode, dont la division harmonique est sur la cinquième note, parce qu'il est authentique, est le plus fréquemment employé. C'est dans ce mode que sont écrits les chants *Puer natus est nobis*, *Magnificat*, *Rex pacificus*, *Angelus ad pastores ait*, *Facta est cum Angelo*, *Redemptionem misit Dominus*, *Exortum est in tenebris*, etc. La plupart des autres chants sont composés dans le huitième mode. Quelle placidité dans l'hymne *Jesu Redemptor omnium*, résultant non seulement de la beauté du chant en lui-même, mais du choix de sa tonalité et de son mode authentique ! Quel enthousiasme, mêlé de reconnaissance et de vénération dans le *Te Deum laudamus*, où la tonalité seconde si bien les inspirations du compositeur ! Comparons le chant de cette solennité avec celui de la semaine sainte, et nous aurons une preuve évidente de la puissance de la tonalité ; car dans ce dernier chant, le caractère de mélancolie, de tristesse profonde, est le produit des quatre premiers modes, analogues aux tons que nous appelons *mineurs*. C'est dans ces modes que les auteurs du chant ont trouvé des accents propres à rendre les sentiments dont ils étaient animés. Cette conception des propriétés tonales pour l'expression des sentiments, si bien sentie et si bien appliquée par les chrétiens des premiers siècles, fut, comme il a été dit tout à l'heure, une nouvelle et grande manifes-

tation du beau dans l'art, parce qu'elle est tout à fait indépendante de l'effet rhythmique. Rien d'analogue n'avait
existé dans l'antiquité, parce que les sentiments qui ont imprimé à la tonalité du plain-chant son caractère spécial ne
pouvaient s'éveiller dans l'humanité que sous l'influence de
la loi du Christ.

Plus nous avançons dans l'examen auquel nous nous li-
vrons, et plus il devient évident que les formes déterminées des
séries de sons qu'on désigne en général sous les noms de *modes*
ou de *gammes* et de *genres*, sont les produits immédiats de la
double activité sentimentale et intellectuelle de l'espèce humaine. L'instinct et l'empire des circonstances peuvent nous
diriger à notre insu dans les modifications ou transformations que nous leur faisons subir; mais à peine ces modifications ou transformations se manifestent-elles à notre sentiment, que l'esprit s'en empare et les coordonne sous une
forme systématique. Alors nos facultés esthétiques se développent dans le domaine du nouvel ordre tonal qui leur est
offert ; et ce n'est qu'après qu'elles en ont épuisé les ressources, que là nécessité d'une autre transformation se fait pressentir.

Bien que la tonalité du chant des Églises de l'Orient et de
l'Occident fût basée sur le même principe, le caractère mélodique ne tarda pas à être différent entre elles ; car le penchant des Orientaux pour les mouvements rapides de la
voix , les tremblements et les ornements de tous genres
dans la pratique , avait pénétré jusque dans les chants de
leur Église , tandis que le goût d'un chant beaucoup plus
simple était général en Italie et dans la Gaule. De là les différences considérables qui se font remarquer dans les livres
des deux Églises.

Ici se présente, dans l'ordre chronologique , une des plus
importantes transformations que l'art ait éprouvées depuis
les temps anciens : on comprend qu'il s'agit de l'introduction, dans la musique, de l'harmonie simultanée des sons ,
qui, en l'état actuel des choses, en paraît inséparable , bien

que toute l'antiquité en ait ignoré le principe, et qu'aujourd'hui même encore la plupart des nations qui couvrent le globe terrestre s'y montrent insensibles. Les premiers essais qui furent faits de cette harmonie ne pouvaient faire prévoir ce qu'elle est devenue plus tard ; car ils étaient en opposition manifeste avec le principe qui , seul, peut régler les rapports des sons, à savoir, l'unité tonale.

Les premiers temps de l'histoire de l'harmonie sont enveloppés d'obscurité. Isidore , évêque de Séville, qui vécut au viie siècle, est le plus ancien auteur qui en parle en termes clairs, il la définit : *La modulation de la voix et la concordance de plusieurs sons entendus simultanément*[1]. Entre l'évêque de Séville , qui mourut en 636 , et Hucbald , moine de Saint - Amand , qui écrivait dans les dernières années du ixe siècle, on ne trouve aucun renseignement sur l'usage de l'harmonie au moyen âge ; mais nous voyons dans le *Traité de musique* de celui-ci qu'il y avait déjà de son temps plusieurs manières d'harmoniser le chant de l'Église, et qu'on les désignait sous le nom d'*organum*. L'ouvrage de Hucbald renferme des exemples de ces divers systèmes. Le premier , qui s'appliquait aux mélodies des modes authentiques, s'appelait *symphonie :* il consistait à accompagner le chant par une harmonie qui faisait entendre la quinte de chacune de ses notes , en sorte que le même chant était entendu à la fois dans deux modes différents. On réunissait ordinairement à la symphonie une troisième voix qui faisait entendre l'*antiphonie* , c'est-à-dire, le chant à l'octave supérieure. Dans les modes plagaux, l'harmonie consistait à accompagner le chant à la quarte de chaque note, ce qui faisait aussi entendre ce chant dans deux modes différents à la fois. Cette harmonie à la quarte s'appelait *diaphonie :* on y réunissait aussi l'antiphonie[2] ; mais en général les noms de symphonie et de diaphonie se donnaient à cette réunion

(1) Harmonica (musica) est modulatio vocis, et concordantia plurimorum sonorum, et coaptatio. *Sentent. de musica,* c. 6.

(2) Voyez mon travail sur *les époques caractéristiques de la musique d'église,* dans la *Revue de la musique religieuse* (t. III, p. 169-173).

de modes différents, soit qu'elle fût accompagnée du redoublement du chant à l'octave, soit que ce redoublement n'eût pas lieu.

La quinte, considérée isolément, est un intervalle harmonieux, con sonnant, sans attraction, et qui, conséquemment, produit un sentiment de repos harmonique presque aussi satisfaisant que l'octave. La réunion de ces intervalles est donc un élément d'harmonie que les Grecs ont très bien connu, mais dont ils n'ont pu rien tirer qui les ait conduits à l'harmonie véritable, parce que, dans leur système musical, les autres éléments leur manquaient. La quarte était aussi considérée par eux comme une consonnance, et véritablement elle a ce caractère, car elle est engendrée par la quinte dans la division de l'octave ; mais elle est moins harmonieuse que la quinte, parce qu'elle ne sonne pas, comme celle-ci, le sentiment du repos harmonique. Ces intervalles étaient seuls admis par les Grecs parmi le sconsonnances, parce qu'on ne pouvait former que ceux-là avec les cordes stables des deux tétracordes disjoints qui composaient l'octave. Ces cordes stables étaient la première, la quatrième, la cinquième et la huitième de chaque espèce d'octave ou de chaque mode. La deuxième, la troisième, la sixième et la septième cordes, variables en raison des genres enharmonique, chromatique et diatonique, étaient placées dans un ordre inférieur, et considérées comme ne pouvant concourir à la formation des consonnances. De là l'opinion qui faisait refuser cette qualité aux tierces et aux sixtes dans l'ancien système musical des Grecs, et qui empêchait de les admettre parmi ceux qui pouvaient former harmonie simultanée. C'est cette fausse doctrine, sans aucun doute, qui s'est opposée à la conception de l'harmonie véritable dans la musique de l'antiquité.

Entrés dans cette voie, si les Grecs ont fait usage d'une autre musique que du chant et de l'accompagnement à l'unisson et à l'octave, ils n'ont pu imaginer qu'un accompagnement ou à la quinte ou à la quarte, et ils n'ont pu la réaliser qu'en accompagnant un mode par un autre ; ce qui est évidemment destructif de tout sentiment d'harmonie dans le sens de *bonne relation* ; car, ou l'unité tonale est une nécessité de notre organisation, ou elle ne l'est pas : dans le premier cas, tout doit concourir à cette unité; dans le second il n'y aurait pas de modes proprement dits, pas de gammes, pas de relations bonnes ou mauvaises entre les sons. La *symphonie*, la *diaphonie*, c'est-à-dire, les suites de quintes ou de quartes, qui semblent introduites dans la musique des Grecs, vers les temps de décadence, sont d'un effet affreux par leurs faux rapports : ce sont les mêmes choses que les écrivains du moyen âge reproduisent sous les mêmes noms, et dont ils nous ont laissé des exemples.

En vain chercherait-on dans ces formes, supposées harmoniques, quelque élément qui pût conduire à l'harmonie véritable, c'est-à-dire, à des agrégations successives de sons qui participassent de l'unité tonale des mélodies. Cependant Hucbald nous apprend que dès la fin du neuvième siècle il y avait, indépendamment de la symphonie et de la diaphonie, un système d'*organum*, où l'unisson, la tierce majeure, la quarte et la quinte étaient tour à tour employés dans l'harmonisation du chant, par des successions de mouvements parallèles ou contraires des voix : il nous en fournit des exemples[1]. D'où provenait ce commencement d'art, et comment la tierce s'était-elle introduite parmi les consonnances? J'ai dit[2] ailleurs les motifs qui portent à croire que l'harmonie de la tierce réunie à la quinte est originaire des contrées septentrionales de l'Europe, et qu'elle a été importée dans les chants populaires en Allemagne, en Italie, dans les Gaules et en Espagne, par les invasions des peuples sortis du Nord aux ve et vi[e] siècles. La constitution tonale des antiques mélodies encore en usage chez ces nations; les principes qui ont présidé à la construction des instruments

(1) Hucbaldi Musica enchiriadis, c. XVIII, ap. Gerberti *Script. e·cles. de Musica*, t. I, p. 170.

(2) *Résumé philosophique de l'histoire de la musique*, en tête de la *Biographie universelle des musiciens*, t. I, p. CXXVI et suiv.

rustiques dont elles se servent pour l'accompagnement des mélodies, et le penchant qui porte les paysans sauvages à harmoniser en chœur à la tierce certains sons de leurs chants plaintifs, semblent des preuves suffisantes que c'est de cette source qu'est sorti le premier élément de l'harmonie, de cette partie de la musique devenue dans les temps modernes un art si complet et si beau! Ce germe, déposé par les nations gothiques dans les contrées méridionales et occidentales de l'Europe, a passé vraisemblablement des traditions populaires dans l'*organum* du chant de l'Église.

Quoi qu'il en soit, nous pouvons constater qu'à la fin du ixe siècle, l'idée de l'harmonie tonale, basée sur des successions d'intervalles d'espèces diverses, s'était produite, et qu'elle tendait à se développer. Les habitudes de la diaphonie et de la symphonie ne disparurent pas immédiatement; mais l'art s'en dégagea par de lents progrès, et vers la fin du xive siècle, l'harmonie consonnante et tonale fut définitivement constituée d'une manière régulière et conforme à sa nature diatonique.

Alors apparut un singulier phénomène; car on vit les musiciens, séduits par les charmes de l'harmonie et par la plénitude de ses accords, diriger toutes les ressources de leur talent vers le développement mécanique de ses formes, se posant des problèmes de combinaisons dont la solution n'allait pas au but de l'art, et oubliant que l'harmonie simultanée des sons, lorsqu'on la sépare de la pensée mélodique, n'est que la partie d'un tout dont l'ensemble seul peut éveiller dans l'âme et dans l'intelligence le sentiment et la conception du beau. Telle est pourtant l'influence de l'exemple et de l'habitude, que pendant plus de cent cinquante ans, la musique, ou religieuse ou profane, n'eut pas d'autre base que les chants de l'église, ou les mélodies vulgaires des chansons populaires, lesquels n'étaient que le prétexte de recherches ingénieuses dans l'art de grouper des sons. Le sujet, l'objet à exprimer, le sentiment àémouvoir, en raison du sens des paroles, étaient également dédaignés, et par les auteurs des combinaisons harmoniques, et par les exécutants, et même par les auditeurs. Une seule chose fixait l'attention des tons, à savoir, l'intelligence du travail matériel et l'agrément de son effet. Remarquons toutefois que cette direction, si opposée au but esthétique de la musique, conduisit les artistes à la connaissance d'une multitude de propriétés d'agrégations des sons, et que l'art d'écrire l'harmonie avec élégance et pureté, dans des conditions données, lui dut les plus grands progrès.

Vers le milieu du xvie siècle, quelques hommes de génie, à la tête desquels se placent Clément Jannequin, en France, et Palestrina, en Italie, dirigèrent l'art dans une meilleure voie, par l'expression déterminée qu'ils donnèrent à leurs compositions, eu égard au sujet et au sens des paroles. L'instinct de Jannequin le portait vers l'expression comique : mais un sentiment plus élevé se manifeste dans la musique d'Église de Palestrina et dans ses madrigaux. Le calme doux de la tonalité du plain-chant secondait ses dévotes inspirations : nul n'en a mieux saisi l'esprit et n'a mis autant de majesté, de vénération et d'amour dans le chant de la prière. Les messes, les lamentations et le *Stabat mater* de cet artiste, sont la plus haute manifestation du sentiment chrétien, et le beau idéal de la forme, analogue à ce sentiment, est poussé jusqu'au sublime dans quelques unes de ses productions. Un peu plus jeune, Marenzio, compatriote de Palestrina, porta dans ses madrigaux à plusieurs voix une perfection non moins remarquable, par une heureuse expression des sentiments tendres et doux. Son génie mélancolique éprouvait le besoin de s'ouvrir des voies nouvelles, pour trouver des accents plus pathétiques ; mais ses tentatives n'aboutirent pas à ce qu'il cherchait, parce que la tonalité diatonique du plain-chant ne renferme pas les éléments de ce genre d'expression passionnée.

Les grands musiciens du xve siècle et de la première moitié du xvie avaient épuisé tout ce que cette tonalité pouvait offrir de ressources pour les combinaisons mécaniques et conventionnelles de l'harmonie des sons ; et les artistes ne se dissimulaient pas, à la fin du xvi⁰ siècle, qu'il serait difficile d'atteindre à la grandeur unie à la simplicité qu'on admire dans le chant d'église, à la perfection de formes et de style de Palestrina, enfin, à l'élégance, à la grâce empreinte de douceur et de mélancolie qui prêtent leur charme aux madrigaux de Marenzio. Par instinct, ils étaient avertis que l'époque d'une transformation nécessaire était arrivée. Une vague inquiétude se faisait remarquer dans leurs tentatives d'innovations. Mais quel principe devait les diriger? Voilà ce que tous ignoraient. L'harmonie consonnante, dont ils trouvaient les éléments dans la tonalité diatonique du plain-chant, était composée de relations de sons sans tendances, qui faisaient subsister le sentiment du repos dans toutes les successions harmoniques. A l'égard des dissonances qu'ils y introduisaient par artifice, elles n'étaient que le produit du retard d'un des sons d'un accord par la prolongation instantanée d'un des sons de l'accord précédent; or, l'artifice venant à cesser, le son naturel devait se faire entendre. Cet artifice n'était qu'un moyen de variété dans la forme, sans résultat quant au sentiment de repos, inhérent à la constitution de la tonalité.

Dès l'année 1555, un savant musicien italien, nommé Nicolas Vicentino, avait compris que la tonalité diatonique ne renfermait pas la variété d'accents dont l'art avait besoin pour entrer dans une voie de formes nouvelles, et ses méditations l'avaient conduit à conclure que l'introduction du genre chromatique des anciens dans la musique moderne serait le seul moyen d'atteindre ce but. Plein de conviction, il écrivit un livre volumineux (1), dans lequel il essayait, non seulement d'établir par la théorie la solidité de son système, mais où il en faisait l'application dans quelques exemples. Séduits par une doctrine qui répondait aux besoins de leur génie, Marenzio, le Vénitien Croce, et Charles Gesualdo, prince de Venouse, cherchèrent à la mettre en pratique dans quelques

____

(1) L'*Antica musica ridotta alla moderna prattica*, etc. Rome, 1555, in-fol.

uns de leurs ouvrages, publiés avant 1590, et d'en tirer des
effets nouveaux ; mais ni ces hommes, doués d'un talent distingué, ni Vicentino, ne parvinrent à faire la synthèse d'une
échelle chromatique dont les demi-tons ont des tendances de
résolution avec une harmonie qui, par la nature de ses agrégations, est essentiellement diatonique et dépourvue d'attraction. L'incompatibilité de ces choses se fait voir avec évidence
dans les ouvrages où les artistes célèbres qui viennent d'être
nommés ont essayé de faire succéder des modes étrangers
l'un à l'autre, par les demi-tons de l'échelle chromatique, en
faisant entendre sur chaque son l'harmonie de l'accord parfait ; accord dont le caractère est celui du repos absolu. L'impression pénible, je dirais presque douloureuse, que font
éprouver des successions de ce genre, provient du défaut de
logique aperçu par l'esprit dans l'association d'éléments
hétérogènes.

Pour réaliser le genre chromatique dans l'harmonie, il
fallait trouver la formule d'une agrégation de sons, un accord
qui eût le caractère de l'attraction comme l'échelle des
demi-tons. L'instinct musical de Claude Monteverde, illustre
compositeur vénitien, le conduisit à cette découverte dans
les dernières années du xvıe siècle. Avant lui, toute dissonance introduite dans l'harmonie n'avait été, comme on l'a
vu précédemment, qu'un artifice par lequel un son d'un
accord, se prolongeant sur l'accord suivant, y faisait entendre une note étrangère, et retardait l'audition de la note
naturelle ou consonnante ; mais Monteverde, sans autre guide
que son sentiment intime, aperçut la possibilité de faire
entendre avec plaisir un accord dans lequel il y aurait une
dissonance indépendante de la prolongation, sous de certaines conditions que lui-même n'apercevait pas distincte-
ment. Pour connaître ces conditions, remarquons d'abord
qu'il n'y a de dissonance que dans le choc de deux sons
voisins, qui forment l'intervalle de seconde, ou dans le renversement de cet intervalle par celui de septième, ou enfin,
dans le redoublement de la seconde, à l'octave supérieure,

qui produit l'intervalle de neuvième. Supposons maintenant qu'un son soit accompagné par un autre, qui forme avec lui une dissonance de septième; cette dissonance, pour se faire entendre immédiatement, comme une harmonie consonnante, devra se grouper avec la tierce majeure et avec la quinte juste. Mais une harmonie ainsi combinée ne peut exister qu'avec une gamme disposée de cette manière : 1 ton, 1 ton, $\frac{1}{2}$ ton; 1 ton, 1 ton, 1 ton, $\frac{1}{2}$ ton, et la cinquième note de cette gamme est la seule qui, par la disposition des sons, pourra être harmonisée avec la tierce majeure, la quinte juste et la septième mineure, comme *sol, si, ré, fa*. Or, la note qui forme la tierce majeure (*si*) contre la cinquième (*sol*), est la septième de la gamme; elle n'est séparée de la huitième que par un demi-ton, et la dissonance de septième (*fa*) est formée par la quatrième note, qui n'est séparée de la troisième que par un demi-ton. Ces deux notes (*si, fa*), mises en contact, forment une harmonie attractive qui ne peut satisfaire la sensibilité musicale et l'intelligence que par la résolution de ces mêmes notes sur celles qui n'en sont séparées que par un demi-ton, comme *si* suivi de *ut*, et *fa* suivi de *mi*; en sorte que la septième note monte à la huitième, tandis que la quatrième descend à la troisième, et que la tendance attractive des deux sons se satisfait en attirant l'un vers l'autre.

Pour construire toutes les gammes de telle sorte que les deux demi-tons soient entre les troisième et quatrième notes, et entre les septième et huitième, tandis que toutes les autres notes sont à la distance d'un ton, l'échelle diatonique est insuffisante, car elle ne fournit pas tous les sons qui peuvent remplir ces conditions. Il faut donc avoir recours à l'échelle chromatique des demi-tons, et lui emprunter les sons dont on a besoin pour construire toutes les gammes sur le modèle de *ut, ré, mi, fa, sol, la, si, ut*. Supposons, par exemple, que *ré* soit la première note de la gamme : pour mettre la troisième note à l'intervalle d'un demi-ton de la quatrième, il faudra que *fa* soit remplacé par un son plus élevé d'un demi-ton, appelé *fa dièse* dans le langage des musiciens; et pour que la huitième note soit à la distance d'un ton de la septième, il faudra remplacer le son *ut* par un autre plus élevé d'un demi-ton, qui est communément désigné sous le nom d'*ut dièse*. Au moyen de ces transformations, la gamme de *ré* sera disposée exactement comme la gamme d'*ut*, c'est-à-dire, par 1 ton, 1 ton, $\frac{1}{2}$ ton, 1 ton, 1 ton, 1 ton, $\frac{1}{2}$ ton. Si la gamme a *fa* pour première note, on trouvera un ton entre la première note et la seconde, un ton entre la deuxième et la troisième, et enfin un ton entre la troisième et la quatrième. Celle-ci sera donc trop élevée d'un demi-ton, et cette note (*si*) devra être remplacée par un autre son plus bas d'un demi-ton, pris dans l'échelle chromatique, et désigné sous le nom de *si bémol*. Cela fait, le reste de la gamme est tel qu'il doit être; car, de *si* bémol à la cinquième note, il y a un ton; de la cinquième à la sixième, un ton; de la sixième à la septième, un ton; et de celle-ci à la huitième, un demi-ton.

Si toutes les gammes de la tonalité engendrée par l'accord dissonant naturel sont uniformes dans leur construction, toutes cependant ont deux modes, dont un est appelé *majeur*, et l'autre *mineur*. La disposition qui vient d'être expliquée est celle du mode majeur. Dans le mode mineur, les gammes ont le premier demi-ton placé entre les deuxième et troisième notes, et le deuxième demi-ton entre les cinquième et sixième notes; en sorte que deux demi-tons se trouvent ici placés dans les six premières notes de la gamme, tandis qu'ils ne se trouvent que dans l'étendue de l'octave du mode majeur. Mais l'accord dissonant ayant sa place, dans ce mode, sur la cinquième note, comme dans le majeur, ne peut se réaliser qu'autant que la tierce de cette note est majeure; or, celle-ci ne peut exister qu'en élevant d'un demi-ton la septième note, qui, par cela même, n'est séparée de la huitième que par un demi-ton, comme dans le mode majeur. Il y a donc en réalité trois demi-tons dans le mode mineur de chaque gamme, dont les éléments ascendants et descendants peuvent être rangés sous cette forme :

En montant :   En descendant :   En montant :

la, si, ut, ré, mi, fa, mi, ré, ut, si, la, sol dièse, *la.*

L'attraction de l'harmonie dissonante naturelle rendant obligatoire le demi-ton de la septième note à la huitième pour la résolution ascendante, l'euphonie d'intonation et les nécessités du genre diatonique, qui ne peut admettre d'intervalle plus grand que le ton entre deux sons voisins, conduisent à élever aussi le sixième degré d'un demi ton dans la gamme du mode lorsque celle-ci est complète en montant; la forme de cette gamme est alors celle-ci :

la, si, ut, ré, mi, fa dièse, *sol* dièse, *la ;*

mais l'attraction harmonique n'existant pas dans la gamme descendante, le demi-ton de la septième à la huitième est supprimé, et le demi-ton caractéristique de la cinquième note à la sixième est rétabli. La forme de la gamme est alors celle-ci :

la, sol, fa, mi, ré, ut, si, la.

Remarquez que les attractions harmoniques des demi-tons constituent les accents tendres, mélancoliques et passionnés de la musique; or, dans le mode mineur il y a deux de ces attractions, à savoir, une entre le quatrième degré et le septième ascendant de la gamme, et une autre entre le second degré et le sixième; de là vient que la tonalité du mode mineur est particulièrement propre à l'expression des sentiments dont il s'agit[1].

____

[1] Par une coïncidence très digne d'attention, tous les peuples anciens et modernes ont exprimé, dans leurs chants nationaux, leurs penchants habituels de tristesse ou de joie, par le caractère de tonalité qu'ils y ont appliqué. Les nations fières, celles qui

Tel est le système de tonalité que l'introduction inattendue de l'harmonie dissonante naturelle dans l'art a fait naître. Jetons un rapide coup d'œil sur les conséquences très considérables de la découverte de Monteverde.

1° Dans sa conception la plus étendue, la tonalité du plain-chant avait quatorze modes ou gammes, dont douze seulement avaient été employés. Par la transposition des chants du neuvième mode dans le premier, du dixième dans le second, du treizième dans le cinquième et du quatorzième dans le sixième, le nombre des modes et des gammes avait été réduit à huit. En cet état, la tonalité du plain-chant s'engendre d'elle-même, et toutes les gammes diffèrent entre elles par le placement des demi-tons. Il n'en est pas de même dans la nouvelle tonalité créée par l'harmonie dissonante naturelle; car, bien que la forme de ces gammes soit diatonique, cette tonalité s'allie à l'échelle chromatique et lui emprunte les moyens de transformer les tons en demi-tons, et les demi-tons en tons, pour l'uniformité de ses gammes. Le genre diatonique s'alllie aussi à l'échelle chromatique, en prenant pour première note de ses gammes chacun des demi-tons de cette échelle. Mais l'échelle chromatique a une double tendance qui coïncide avec les attractions de l'harmonie dissonante; l'une ascendante par les sons appelés *dièses;* l'autre descendante par les sons appelés *bémols.* Or, toute gamme diatonique ayant nécessairement sept sons différents, attendu que le huitième n'est que le redoublement du premier à l'octave, il suit de là que les sons contenus

jouissent sans entraves du fruit de leurs travaux, composent leurs chansons populaires dans le mode majeur. En parcourant les recueils des chants de cette espèce qui appartiennent au pays de Galles, à l'ancienne Irlande, à la Suisse, au Tyrol, on remarque que leur tonalité, bien que souvent singulière, a de l'analogie avec le mode majeur; mais les peuples esclaves et dégénérés de leur énergie primitive expriment en général dans leurs chants un sentiment de mélancolie et de tristesse qui se caractérise par un mode de tonalité mineure. Cette tonalité est celle de la plupart des airs populaires des peuples slaves de la Russie, de la Gallicie, de la Pologne, et des paysans d'une partie de la Silésie. Il faut en excepter les Bohêmes, dont les chants sont presque tous en mode majeur, parce que l'esclavage en droit n'a pas pesé sur eux.

dans l'étendue de l'octave sont au nombre de vingt et un , dont sept indépendants des dièses et bémols, sept dièses et sept bémols. Chacun de ces sons peut être l'initial d'une gamme diatonique disposé comme la gamme *ut, ré, mi, fa. sol, la, si, ut;* et conséquemment il y a vingt et une gammes semblables. D'autre part, chaque gamme ayant deux modes, l'un majeur, l'autre mineur , le nombre des gammes ou tons[1] est donc en réalité porté à quarante-deux.

2° L'harmonie consonnante, la seule qui pouvait exister dans la tonalité du plain-chant, ne fournissait aucun moyen d'introduire *la modulation* dans la musique, c'est-à-dire, de mettre en rapport de connexité les gammes entre elles, parce que, conforme à la tonalité dont elle tirait son principe , elle était sans tendance, sans attraction, et constituait conséquemment la musique *unitonique.* Par la découverte de l'harmonie dissonante naturelle, qui est essentiellement attractive, Monteverde ayant mis en relation les gammes diatoniques avec l'échelle chromatique, le moyen de transition d'une gamme dans une autre fut trouvé, la *modulation* exista, et la musique passa, par ce fait même, de l'ordre unitonique dans l'ordre *transitonique.*

3° Par cette innovation, le caractère de l'art fut changé, et la transformation fut complète; car l'accent expressif, passionné, dramatique, est inséparable de l'attraction des sons, et ne peut exister sans elle. La tonalité et l'harmonie unitoniques, excellentes pour l'expression des sentiments de piété, pour imprimer à l'âme des affections douces et calmes, enfin pour donner à la musique d'église un caractère solennel et majestueux, étaient, par cela même, impuissantes à faire naître des émotions passionnées. Au contraire, l'harmonie attractive et la nouvelle tonalité se trouvaient tout à coup richement pourvues des qualités qui manquaient

---

(1) C'est une pauvreté de la langue musicale que de n'avoir qu'un mot pour deux choses très différentes, dont une est un intervalle entre deux sons, et l'autre la formule d'une gamme. C'est à celle-ci que s'applique le substantif *tonalité.*

à l'ancienne musique ; mais il était à craindre que, sortant de leur domaine spécial, c'est-à-dire de l'expression des passions, les tendances du nouvel art ne fissent irruption dans la musique religieuse, et n'en dénaturassent le caractère : ce fut, en effet, ce qui arriva. A peine les artistes furent-ils en possession de l'accent pathétique, que le drame en musique fut inventé. A l'ancienne musique de concert, si calme et si remplie de recherches harmoniques, au genre madrigalesque concerté pour quatre, cinq ou six voix, succédèrent les airs à voix seule ou les duos, dans lesquels l'expression des sentiments et de la parole était évidemment l'objet que se proposaient les musiciens. Incertains du nom qu'ils devaient donner à ces pièces de formes nouvelles, ils en imaginaient de bizarres, tels que *Badinages amoureux* (*Scherzi amorosi*), *Grâces et sentiments* (*Grazie ed affetti*), *Nouvelles musiques* (*Nuove musiche*), et beaucoup d'autres semblables. Un peu plus tard vint la *cantate*, sorte de petit · drame en monologue. Le concert de plusieurs voix réunies avait été remplacé par le chant à voix seule, accompagné par un ou par plusieurs instruments. Le sentiment, ému par l'attraction harmonique, avait éprouvé de nouvelles jouissances par la variété des sonorités qui se combinaient dans le mélange des instruments. Monteverde, qui fut le grand novateur de cette époque, n'avait pas seulement trouvé l'harmonie dissonante naturelle, source de toutes ces nouveautés, car le premier il avait donné au récitatif une expression dramatique, dont on voit un bel exemple dans le combat de Tancrède et de Clorinde, sur ces paroles : *Amico; hai vinto, io ti perdona.* Le premier il fut véritablement pathétique dans les airs, dont il marqua la séparation d'avec le récitatif, d'une manière plus nette que les autres compositeurs de son temps : rien, en effet, n'est plus touchant que la mélodie des regrets d'Ariane (*Lasciate mi morire*), dans le *Thésée.* Enfin, Monteverde a montré, eu égard au temps où il a vécu, une prodigieuse intelligence des ressources de l'instrumentation, pour augmenter l'expression du chant[1].

Dans ces transformations, tout était conquête ; mais le désir d'innover dans toutes les parties de l'art s'était emparé de l'esprit des artistes : il les égara lorsqu'ils voulurent que le sentiment esthétique de la musique religieuse fût modifié par les résultats de l'harmonie dissonante naturelle et par sa tonalité ; car, autant la tonalité du plain-chant est impuissante à exprimer les passions, autant le caractère passionné de la tonalité et de l'harmonie moderne est antipathique au sentiment religieux. On vient de voir qu'avec celles-ci naquirent les formes dramatiques et les recherches d'effets par l'instrumentation ; or, tout cela s'introduisit par degrés dans la musique d'église, d'où la ferveur chrétienne et catholique fut insensiblement bannie pour faire place aux accents mondains.

Nous touchons à l'un des mystères les plus remarquables, à l'un des faits les plus délicats, les plus singuliers de la théorie de la musique ; je prie le lecteur de m'accorder toute son attention. Après la grande transformation tonale qui s'était opérée par l'harmonie dissonante, dont on vient de voir l'analyse, il était permis de croire que l'art aurait désormais à tirer toutes ses créations harmoniques des relations de sons établies par cette grande révolution. Le xviie siècle tout entier et la première moitié du xviiie ne virent naître en effet que des compositions conçues sous l'influence de cet ordre tonal ; mais, un peu plus tard, il se trouva des musiciens qui, guidés par leur instinct, comme l'avait été Monteverde, reconnurent que si l'attraction de deux sons d'une même gamme avait pu mettre en relation deux tons différents, des attractions de sons qui appartiendraient à des

---

(1) Plusieurs personnes, au nombre desquelles se trouve M. Alexandre Oulibicheff, auteur d'une *Nouvelle Biographie de Mozart* (Moscou, 1843, 3 vol. in-8), m'ont objecté que Palestrina et d'autres musiciens qui précédèrent Monteverde, ont fait usage avant lui de l'accord dissonant de septième : voyez, à ce sujet, la note A à la fin de ce volume.

gammes diverses établiraient des relations multiples de tons,
et que de ces relations sortiraient des accents expressifs plus
abondants. Un nouveau genre d'émotions devait d'ailleurs
être le résultat d'associations harmoniques de tons étrangers
l'un à l'autre ; car l'unité tonale, qui est la loi de toute musique, ne permet pas que deux tons ou deux modes saisis-
sent à la fois le sentiment et l'intelligence musicale. L'association ne peut avoir lieu que dans leur succession, lorsque
le son dièse d'une gamme, par exemple, peut se prendre
pour le son non diésé d'une autre gamme, et que son caractère véritable ne se manifeste qu'au moment de la résolution.
Supposons, pour plus de clarté, qu'on ait réuni dans une
seule agrégation harmonique les deux attractions du mode
mineur, à savoir : celle de la septième note élevée d'un
demi-ton avec la quatrième, et celle de la seconde note
avec la sixième, de telle sorte que l'association soit celle-ci :
sol dièse, *si ré fa ;* la résolution naturelle de cet accord serait l'accord parfait de la tonique du mode (*la, ut, mi*) ; car
les tendances de la double attraction y conduisent. On voit
que l'accord dissonant et celui qui fait la résolution de ses
attractions, renferment toutes les notes de la gamme. Mais
si, au moment de la succession, le son *fa* se change en *mi*
dièse, qui n'en diffère que de l'intervalle minime d'un neuvième de ton (différence qui disparaît dans l'accord des
instruments à clavier par une opération appelée *tempérament*), *mi* dièse, au lieu d'avoir une tendance descendante,
comme *fa*, en aura une ascendante vers *fa* dièse ; or, une
gamme dans laquelle *mi* dièse et *fa* dièse entrent comme
éléments constitutifs, ne peut être que celle qui a *fa* dièse
pour tonique ; en sorte que la résolution de l'accord dissonant se fera dans les modes majeur ou mineur de cette
gamme, et que deux tons absolument étrangers l'un à l'autre
auront été mis en contact par le seul fait de l'enharmonie
tonale d'une des notes de l'accord dissonant.

Voyons maintenant ce qui arriverait si, au moment de la
résolution de l'accord *sol* dièse, *si, ré, fa,* le *sol* dièse était

change en *la* bémol, qui n'en diffère que d'un neuvième de ton. *La* bémol, par une attraction contraire à celle de *sol* dièse, sera appelé à descendre vers *sol*, et, par cette transformation de tendance, la note *ré* prendra un caractère attractif vers *mi* bémol, tandis que *si* conservera sa tendance vers *ut*. La résolution de l'accord, par le seul fait du changement enharmonique de *sol* dièse en *la* bémol, se fera donc sur l'accord consonnant *sol*, *ut*, *mi* bémol, et la gamme d'*ut*, mode mineur, succédera immédiatement à celle de *la*, mode mineur.

Enfin, si dans le moment où *sol* dièse se change en *la* bémol, *si* se transforme en *ut* bémol, qui n'en diffère que du minime intervalle d'environ un neuvième de ton, la tendance attractive de cet *ut* bémol, au lieu d'être ascendante vers *ut*, sera descendante vers *si* bémol, tandis que les autres notes conserveront leurs tendances comme dans la transformation précédente; en sorte que la résolution de l'accord ainsi transformé ou modifié se fera sur l'accord consonnant *sol*, *si* bémol, *mi* bémol, *sol*, et que la gamme de *mi* bémol, mode majeur, succédera à celle de *la*, mode mineur.

De ces remarquables transformations harmoniques naît un nouvel ordre de faits de tonalité, dans lequel plusieurs gammes sont mises en contact par un seul accord. Cet ordre, je l'appelle *pluritonique*. Il introduit, parmi les émotions excitées par la musique, l'effet de surprise, par des successions inattendues d'accords qui, non seulement affectent la sensibilité d'une manière très vive, mais qui procurent à l'esprit la satisfaction de saisir et d'analyser avec la rapidité de l'éclair le principe de la transformation des rapports de sons.

Entré dans cette voie, l'art devait s'y développer et parvenir au dernier terme du problème de l'attraction des sons, lequel peut s'énoncer ainsi : *Trouver des formules harmoniques telles qu'une note, c'est-à-dire un son déterminé étant donné, il puisse être mis en relation immédiate avec toutes les gammes des deux modes.* Sans se poser le problème, de célèbres mu-

siciens de ces derniers temps, parmi lesquels on remarque
Mozart, Beethoven et Rossini, en ont résolu par instinct des
cas particuliers. Dans la quatrième partie de cet ouvrage,
j'ai traité la question d'une manière générale, et je crois
l'avoir épuisée. Indiquons le principe qui conduit à la solution du problème.

Dans les agrégations harmoniques, toute association de
sons qui, sans trahir le sentiment de la tonalité actuelle,
établit des tendances à d'autres tonalités, est normale. Ce
principe, en vertu duquel l'harmonie dissonante naturelle
a pris place dans l'art, et qui a rendu possibles les transformations harmoniques dont il vient d'être parlé, justifie suffisamment, à l'égard de la sensibilité et de l'intelligence, le
remplacement de certains sons naturels d'une gamme, dans
les accords consonnants et dissonants, par des sons empruntés à d'autres gammes. Cette opération est connue
dans les écoles sous le nom d'*altérations*. Dans l'application
ordinaire, l'altération ne constitue qu'un accent attractif de
demi-ton qui ne conduit pas dans la gamme à laquelle elle
a été empruntée, mais qui fait sa résolution comme ferait
la note naturelle dont elle a pris la place. Cependant la
tendance d'une note empruntée à une gamme n'en existe
pas moins vers cette gamme, et la résolution naturelle de
l'accord peut, au moyen de telle note étrangère, être détournée de sa destination. Si les altérations sont multiples
dans l'accord, les unes auront des attractions ascendantes,
d'autres descendantes; et dans ce cas, les possibilités de
résolutions diverses se multiplieront en raison du mode
d'agrégation. Dans ces combinaisons, la volonté du compositeur détermine seule le choix de l'attraction qui doit l'em-
porter sur les autres. Mais un phénomène remarquable se
produit dans l'âme de l'exécutant bien organisé, dont la
partie vocale ou instrumentale d'un ensemble harmonique
a la note attractive qui détermine la résolution et domine
les autres: car si la note est ascendante, l'artiste en élève
par instinct l'intonation pour en rendre la résolution plus

sensible ; au contraire, il baisse autant qu'il peut l'attraction descendante, si c'est elle qui opère la résolution de l'accord. Dans ces singulières péripéties tonales, les variations d'intonations dépassent quelquefois un sixième de ton, suivant des expériences réitérées que j'ai faites avec l'instrument de Scheibler. La multiplicité des altérations résultant d'un accord modifié par des altérations collectives permet, comme je l'ai démontré dans le cours de cet ouvrage, de le mettre en relation tonale avec toutes les gammes, dans leurs deux modes. Alors il est évident que la musique est entrée par l'harmonie dans un ordre final de tonalité que j'appelle *omnitonique*. L'unité tonale existe toujours au moment où se fait entendre l'accord, parce que l'esprit saisit parfaitement les rapports des sons altérés, et que la sensibilité, loin d'en être blessée, en reçoit de vives jouissances ; mais les affinités de l'accord, ainsi modifiées avec toutes les gammes, ne se manifestent qu'au moment où l'une de ces résolutions se fait entendre. Alors l'incertitude se dissipe, et cette succession d'accords et de tonalités qui est restée le secret de l'artiste jusqu'au moment où elle se fait entendre, cause d'une part une émotion de surprise mêlée de plaisir à la sensibilité ; et de l'autre, satisfait l'intelligence, qui ressaisit immédiatement tous les points de contact par où la transformation tonale s'est opérée. Parvenu à ce point de transfusion des gammes, l'art réalise dans sa plus complète acception l'unité dans la variété et la variété dans l'unité. Il lui est loisible de rester dans l'unité absolue de tonalité, si le sentiment esthétique exige que la musique soit calme, douce ou religieuse. Si la transition lui est nécessaire, il la trouve dans l'harmonie dissonante naturelle, pure de toute altération. Mais si la simple modulation ne lui suffit pas, et s'il lui faut une commotion puissante, par l'effet d'un changement inattendu de tonalité, l'enharmonie pluritonique lui en offre les moyens. Enfin, s'il doit remuer des passions ardentes, ou exprimer des sentiments d'une profonde mélancolie, l'ordre omnitonique lui ouvre l'infini de ses ressources.

Si nous jetons maintenant un coup d'œil sur la diversité de conceptions des tonalités, depuis l'antiquité la plus reculée jusqu'à nos jours, nous verrons avec étonnement l'art commencer par l'enharmonie, et arriver par degrés à la tonalité diatonique ; puis, au moyen de l'harmonie, revenir, par la transition des gammes, aux petits intervalles attractifs, sans lesquels les tendances énergiques des gammes l'une vers l'autre ne pourraient se manifester, et ne satisferaient ni le sentiment, ni l'intelligence.

Telle est l'histoire des tonalités, à laquelle est intimement liée celle de l'harmonie ; histoire longtemps obscure et ignorée des musiciens, mais qui seule peut guider le théoricien dans sa recherche d'une théorie complète et rationnelle de l'harmonie. En vain des hommes distingués par un mérite réel se sont-ils flattés d'arriver à la formulation d'un système semblable par d'autres voies ; en vain se sont-ils tracé des routes plus ou moins différentes ; en vain ont-ils appelé à leur aide le calcul, les expériences de physique, les propriétés particulières des agrégations de sons, et toutes les ressources de l'imagination la plus hardie : l'histoire de leurs efforts n'est que celle de leurs erreurs. La quatrième partie de cet ouvrage fournit sur ce sujet des renseignements et des analyses qu'on chercherait vainement ailleurs, et donne la démonstration la plus évidente de l'impuissance de l'esprit humain à fonder une théorie de la science de l'harmonie sur d'autres bases que sur celles de l'art, à savoir, les lois de la tonalité et de ses transformations ; car la tonalité, c'est la musique tout entière, sous ses attributs harmoniques et mélodiques.

Quiconque lira cette préface avec attention comprendra sans peine en quoi mon ouvrage est complétement différent de tous ceux qui ont été publiés sur le même sujet. Au lieu d'y établir *à priori* des règles tirées de choses étrangères à l'art pour y assujettir celui-ci, c'est de l'art lui-même que je suis parti pour en déduire la théorie. Le bon accueil fait à mon livre a paru justifier jusqu'à ce jour mon entreprise : mais il lui manque encore d'avoir subi l'épreuve du temps, qui seule est décisive; car d'autres systèmes aussi ont obtenu de brillants succès d'abord, pour tomber ensuite dans le discrédit. Plein de confiance dans le principe qui m'a guidé, j'attendrai cette dernière épreuve, dont d'autres que moi seront appelés à constater les résultats.

Bruxelles, 13 janvier 1849.

L'AUTEUR.

TRAITE

DE LA THÉORIE ET DE LA PRATIQUE

DE L'HARMONIE.

INTRODUCTION.

Objet de l'Harmonie comme art et comme science.

1. La musique est le produit de combinaisons successives et simultanées des sons.

Les combinaisons successives des sons se désignent par le nom de *mélodie;* les combinaisons simultanées, par celui d'*harmonie* en général, et par celui d'*accords* en particulier.

EXEMPLES .

2. Les sons entendus successivement ou simultanément sont dans des rapports quelconques. Coordonner les sons dans des rapports qui développent des sensations et des idées plus ou moins vives, plus ou moins élevées, plus ou moins agréables, plus ou moins capables de réaliser les vues de l'artiste, est l'objet de l'art; découvrir les lois de ces rapports, est celui de la science.

L'harmonie est donc à la fois un art et une science.

3. Il y a nécessairement succession entre les groupes de sons ou accords dont se compose l'harmonie; or, la considération des rapports de chaque groupe isolé ne saurait faire découvrir ceux de l'ordre successif : ceux-ci sont donc un des éléments de l'art et de la science de l'harmonie.

4. Si les lois des rapports de succession harmonique étaient différentes des lois de succession mélodique, l'effet de l'harmonie serait destructif de celui de la mélodie, et l'une ne pourrait servir d'accompagnement à l'autre : les lois de l'harmonie et de la mélodie sont donc identiques dans l'objet de la succession.

5. Toute loi de rapport se formule d'une manière quelconque : la formule de la loi de succession mélodique et harmonique de la musique moderne réside dans les modes majeur et mineur de la gamme [1].

La gamme est à la fois la règle de l'ordre de succession des sons, en raison de leurs affinités les plus immédiates, et la mesure des distances qui les séparent.

6. Les résultats des affinités harmoniques et mélodiques de la gamme majeure et mineure donnent aux successions de l'un et de l'autre genre un caractère de nécessité qui se désigne en général par le nom de *tonalité*.

7. L'ordre des sons de la gamme est si bien déterminé par la nature du mode, que celui-ci étant donné, il n'y a point de doute pour une oreille exercée concernant le degré de la gamme auquel chaque son appartient, ni sur la succession normale des sons de tous les degrés.

8. Les degrés de la gamme se désignent par des noms dont quelques-uns indiquent le caractère mélodique ou harmonique des sons qui la composent.

Ainsi la première note de la gamme d'un ton quelconque est appelée *tonique*, parce qu'elle donne son nom au ton : la deuxième s'appelle *second degré* (et, dans le langage de quelques anciens harmonistes, *sus-tonique*) ; la troisième, *troisième degré* (autrefois *médiante*, parce qu'elle est intermédiaire entre le premier son et le cinquième dans l'accord appelé *parfait*) ; la quatrième, *quatrième degré* (autrefois *sous-dominante*) ; la cinquième, *dominante*, parce qu'elle se trouve dans un grand nombre de combinaisons d'harmonie ; la sixième, *sixième degré* (autrefois *sus-dominante*) ; la septième, *note sensible*, lorsqu'elle a une tendance ascendante vers la tonique, et *septième degré* dans les autres cas.

TABLEAU

DES DEGRÉS DE LA GAMME DU TON D'*UT* DANS LES MODES MAJEUR ET MINEUR.

MODE MAJEUR.

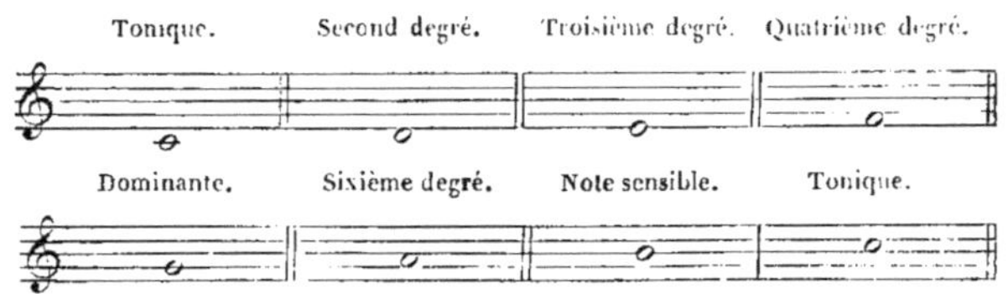

---

(1) Je ne crois pas devoir expliquer ici ce qu'on désigne sous le nom de *gamme* ; car cet objet appartient à la musique élémentaire, dont la connaissance est supposée chez toute personne qui veut se livrer à l'étude de l'harmonie.

MODE MINEUR.

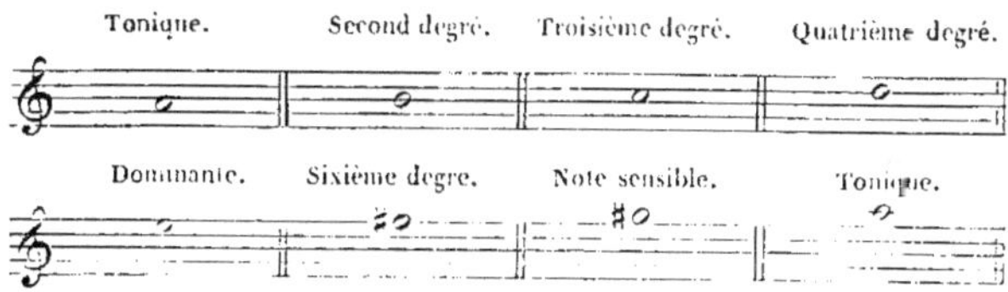

La sixième et la septième note de la gamme mineure descendante, ayant d'autres affinités que dans la gamme montante, sont baissées d'un demi-ton.

9. Chaque son d'une gamme, ayant un caractère particulier et remplissant une fonction spéciale dans la musique, est accompagné d'une harmonie analogue à ce caractère et à cette fonction. La collection des harmonies propres à chaque degré de la gamme détermine la tonalité.

Donner à un des sons de la gamme une autre harmonie que celle qui lui est destinée par la nature de cette tonalité, serait trahir la destination même de l'harmonie et blesser le sens musical, qui ne peut être satisfait que par le logique emploi des accords.

10. Les combinaisons d'harmonie conformes aux conditions de la tonalité d'une gamme sont appelées *naturelles*.

Celles qui réunissent en un seul groupe les éléments de plusieurs gammes prennent le nom d'altérées.

11. Souvent les harmonies naturelles se présentent sous des modifications qui en changent l'aspect. Ces modifications sont de deux sortes, savoir : celles qui n'altèrent pas le caractère d'affinité des notes naturelles des accords, et celles qui établissent des affinités nouvelles. Dans le premier cas, elles ne changent pas la tonalité et ne font qu'introduire la variété dans l'unité ; dans le second, elles donnent naissance à la *modulation*, c'est-à-dire à la succession d'une gamme à une autre.

12. Il résulte de ce qui vient d'être dit, que l'art de l'harmonie consiste : 1° à accompagner chaque note de la gamme d'un ton par les harmonies naturelles ou modifiées qui lui sont propres, et à pratiquer la succession de ces harmonies, suivant de certaines lois qui seront exposées dans ce livre ; 2° à faire succéder les harmonies d'un ton aux harmonies d'un autre ton par la modulation, dont les lois se puisent dans des affinités qui seront aussi expliquées.

Tout produit quelconque de l'harmonie est nécessairement renfermé dans ces deux opérations.

13. Il résulte également de ce qui précède, que la science de l'harmonie consiste : 1° à rechercher dans les harmonies isolées les éléments dont elles se composent, et les origines des agrégations de ces éléments ; 2° à découvrir et exposer les lois d'affinités qui déterminent les caractères de la tonalité ; 3° à établir les lois de succession, en raison des affinités.

Toute la science réelle et dégagée d'hypothèse est renfermée dans ces conditions.

14. Exposer à la fois les procédés de l'art et les faits de la science est l'objet de ce livre.

LIVRE PREMIER.

DES RAPPORTS DES SONS, OU DES INTERVALLES CONSIDÉRÉS COMME ÉLÉMENTS DE L'HARMONIE.

CHAPITRE PREMIER.

NATURE ET NOMS DES INTERVALLES.

15. La différence d'intonation de deux sons établit entre eux un rapport auquel on donne, en général, le nom d'*intervalle,* parce que cette différence se mesure par la position où chacun des deux sons se trouve sur le monocorde.

16. Dans la mesure d'un intervalle, le point de départ est toujours le son le plus grave : c'est la distance de ce son au plus élevé qui donne son nom à l'intervalle.

17. La plus petite distance mesurable, admise dans l'harmonie, est le *demiton* [1] : c'est l'intervalle qui se trouve, par exemple, entre le son *ut* et le son *ré* ♭. On lui donne le nom de *seconde mineure*. La *seconde majeure* est composée d'un ton ou de deux demi-tons ; la *tierce mineure* renferme un ton et demi ; la *tierce majeure*, deux tons ; la *quarte juste,* deux tons et demi ; la *quarte majeure*, trois tons : on donne quelquefois le nom de *triton* à cet intervalle, à cause du nombre de tons qui entrent dans sa composition [2] ; la *quinte mineure* renferme deux tons et deux demi-tons [3] , la *quinte juste*, trois tons et demi ; la *sixte mineure*, trois tons et deux demi-tons ; la *sixte majeure*, quatre tons et demi ; la *septième mineure*, quatre tons et deux demi-tons ; la *septième majeure*, cinq tons et demi ; l'*octave*, cinq tons et deux demi-tons.

Bien que les intervalles qui sortent des bornes de l'octave ne soient que la répétition, à une, deux ou trois octaves supérieures, etc., de ceux qui sont con-

---

(1) Je ne fais pas ici mention de la différence des demi-tons majeur et mineur, parce qu'elle n'est d'aucune utilité dans la théorie de l'harmonie.

(2) Il ne faut pas confondre le sens du mot *triton*, tel qu'il est ici employé, avec celui de l'accord de trois sons, appelé aussi *triton* par quelques didacticiens de l'Allemagne, parce que le son déterminé prend le nom de *ton* dans la langue allemande, comme il prend celui de *note* dans le langage des musiciens français.

(3) Je dis ici *deux tons et deux demi-tons*, au lieu de me servir de l'expression fort simple de *trois tons*, parce que la quinte mineure se trouve entre la note sensible et le quatrième degré, et que les deux demi-tons sont séparés.

tenus dans la première octave, on compte, par des motifs qui seront expliqués plus loin, la *neuvième mineure*, composée de cinq tons et trois demi-tons, et la *neuvième majeure*, formée de six tons et deux demi-tons, comme des intervalles distincts, bien qu'en réalité leur constitution soit semblable à celle des secondes mineure et majeure.

TABLEAU

DES INTERVALLES NATURELS DANS LES MODES MAJEUR ET MINEUR.

18. Quelquefois les intervalles naturels d'un ton et d'un mode sont altérés par la fantaisie du compositeur, qui cherche dans ces altérations momentanées des accents plus expressifs que ceux des intervalles naturels.

19. On ajoute aux noms des intervalles altérés les adjectifs *diminué* ou *augmenté*, selon que l'altération contracte ou dilate l'intervalle naturel ; ainsi, on dit une *tierce diminuée*, une *quinte augmentée* [1].

L'intervalle diminué a toujours un demi-ton de moins que l'intervalle mineur du même nom ; l'intervalle augmenté a toujours un demi-ton de plus que l'intervalle majeur du même nom.

20. Les altérations mettent en rapport des tons naturellement étrangers l'un à l'autre.

La relation étrangère des tons se manifeste lorsque les notes qui forment l'intervalle altéré sont accompagnées de signes qui ne peuvent se trouver en-

(1) Les harmonistes français du XVIIIe siècle donnent le nom de *superflus* aux intervalles augmentés : cette expression n'a aucune signification rationnelle, et peut donner lieu à de fausses interprétations. Il ne peut y avoir rien de superflu dans un art.

semble dans un ton quelconque. Par exemple, la *tierce diminuée*  est composée des deux notes *ré* ♯ et *fa* ♮ qui, dans aucun ton, ne peuvent exister simultanément ; car dans tous les tons où l'on trouve *ré* ♯, *fa* est aussi diésé.

Ainsi, la *sixte augmentée*  met en relation deux tons étrangers, puisqu'il n'en est aucun qui ait à la fois *mi* ♭ et *ut* ♯.

TABLEAU

DES INTERVALLES ALTÉRÉS ADMIS DANS L'HARMONIE, LE TON ÉTANT SUPPOSÉ *UT*.

Seconde augmentée.	Tierce diminuée.	Tierce augmentée.	Quarte diminuée	Quinte augmentée(1).

Sixte diminuée.	Sixte augmentée.	Septième diminuée (2).	Octave diminuée.	Octave augmentée.

21. Considérés isolément, plusieurs intervalles altérés blessent l'oreille, parce qu'elle ne peut comprendre leur rapport tonal ; mais, dans la succession, ces rapports s'établissent à l'égard de l'ouïe d'une manière logique et sensible.

CHAPITRE II.

CONSONNANCES ET DISSONANCES ; CLASSIFICATION DES INTERVALLES DANS CES DEUX ORDRES D'HARMONIE.

22. Certains intervalles plaisent immédiatement à l'oreille, parce que leur constitution saisit l'esprit d'un rapport parfait de tonalité , et développe en même temps en nous le sentiment de repos ou de sens fini : ces intervalles sont

(1) Catel a introduit dans la nomenclature l'expression de *quinte diminuée* pour la quinte du septième degré d'une gamme : il devait l'appeler *quinte mineure ;* car il n'y a rien de diminué dans un intervalle dont les deux notes sont dans l'état naturel du ton.

(2) La *seconde augmentée* et la *septième diminuée* ne sont des altérations que dans le mode majeur ; car dans le mode mineur, elles sont composées de la note sensible et du sixième degré de ce mode.

La *septième augmentée* ne figure pas dans le tableau, parce que cette altération, se confondant avec l'octave, ne pourrait être employée, puisqu'on devrait la résoudre sur ce dernier intervalle.

la *quinte* et l'*octave*. On leur donne le nom de *consonnances parfaites*, c'est-à-dire, *consonnances de conclusion*.

L'*unisson* est aussi une *consonnance parfaite*, puisqu'il est le résultat de l'identité des sons ; mais il est évident que ce n'est pas un intervalle.

23. D'autres intervalles nous plaisent aussi par le rapport harmonieux et tonal de leurs sons constitutifs. Ils déterminent le mode par leur qualité ou majeure ou mineure : ces intervalles sont les *tierces* et les *sixtes*. On leur donne le nom de *consonnances imparfaites,* parce qu'elles ne donnent pas le sentiment du repos [1] . Le défaut de sens fini se fait particulièrement remarquer dans la sixte. Il se peut que dans la pensée du compositeur, et pour laisser un certain vague dans l'esprit, la conclusion d'une phrase, ou même d'une pièce de musique, soit faite par une tierce, particulièrement par une tierce majeure : mais jamais on ne pourra terminer par une sixte sur la note principale du ton, c'est-à-dire sur la première note de la gamme, parce que l'oreille désire une conclusion plus positive.

24. La quarte a été l'objet de longs dissentiments et de vifs débats entre les harmonistes. Considérée d'abord comme une consonnance excellente, elle a fait naître ensuite des doutes qui ont été débattus dans des livres spéciaux ; mais dès la seconde partie du quinzième siècle, les musiciens la traitèrent comme une dissonance, et cet usage subsista jusque dans les premières années du dix-huitième. Alors, par une erreur singulière, dont l'origine sera expliquée plus loin, on crut que dans certains cas elle est une consonnance, et dans d'autres, une dissonance.

En réalité, la quarte juste est une consonnance, puisqu'elle n'est pas soumise par elle-même à se résoudre comme les dissonances ; mais ce n'est point une consonnance parfaite, car rien ne donne moins le sentiment du repos et du sens fini que cet intervalle. Ce n'est pas non plus une consonnance imparfaite, de l'espèce des tierces et des sixtes, car elle est invariable dans les deux modes : c'est une consonnance mixte, dont l'usage est limité à un petit nombre de cas qui sont indiqués dans le second livre de cet ouvrage.

25. Les harmonistes n'ont pas été moins embarrassés, jusqu'à l'époque actuelle, pour fixer la nature de la quarte majeure et de la quinte mineure. La plupart en ont fait des dissonances, mais sans pouvoir nier que ces dissonances sont d'autre espèce que celles dont il sera parlé tout à l'heure. Leur erreur est venue de ce que le quatrième degré, qui entre dans la composition de ces intervalles, est réellement en état de dissonance dans certains accords, par son contact avec la dominante ; mais cette circonstance est étrangère à la nature même de la quarte majeure et de la quinte mineure. L'emploi de ces intervalles, dans les accords où ce contact n'existe pas, est une source de contradictions ou de réticences pour ces mêmes harmonistes.

---

(1) Les harmonistes ont donné une explication assez ridicule de ce nom de **consonnances impar-faites,** en disant qu'on les désigne ainsi parce qu'elles peuvent être majeures ou mineures sans cesser d'être consonnantes, tandis que les consonnances parfaites n'ont qu'un mode ; comme s'il y avait plus d'imperfection à caractériser le mode que le ton !

Il est remarquable que ces intervalles caractérisent la tonalité moderne par les tendances énergiques de leurs deux notes constitutives, la note sensible, appelant après elle la tonique, et le quatrième degré, suivi en général du troisième. Or, ce caractère, éminemment tonal, ne peut constituer un état de dissonance : en réalité, la quarte majeure et la quinte mineure sont employées comme des consonnances dans plusieurs successions harmoniques.

La quarte majeure et la quinte mineure sont donc des consonnances, mais des consonnances d'une espèce particulière, que je désigne sous le nom de *consonnances appellatives*.

TABLEAU

DES INTERVALLES CONSONNANTS.

26. Il est des intervalles qui, bien que conformes à l'unité de ton, ne plaisent point par eux-mêmes et ne satisfont le sens musical que par leur enchaînement avec les consonnances : on leur donne le nom de *dissonances*.

27. La dissonance de deux notes résulte de ce qu'elles se touchent, soit dans l'ordre direct, soit dans l'ordre indirect : ainsi les notes *ut* et *ré*, en quelque position qu'elles soient, forment entre elles une dissonance. Si le choc est direct et immédiat, comme , ces deux notes forment la dissonance de seconde ; si le choc est inverse, c'est-à-dire, si *ré* est la note inférieure et *ut* la supérieure, comme , l'intervalle est une dissonance de *septième;* enfin, si le choc est direct, mais médiat, c'est-à-dire si *ut* est la note inférieure et si *ré* se trouve dans une octave supérieure, comme , l'intervalle est une dissonance de *neuvième.*

La *seconde*, la *septième* et la *neuvième* sont donc des dissonances qui prennent la qualité de majeures ou de mineures, suivant que l'une des deux notes constitutives de l'intervalle est rapprochée ou éloignée de l'autre d'un demi-ton.

28. Il est une question qui n'a jamais été examinée ni résolue d'une manière scientifique, savoir : quelle est la nature des intervalles altérés? Pour la résoudre, il est important de se souvenir que la condition du plaisir le plus pur pour le sens musical réside dans un parfait rapport de tonalité entre les sons, et que les jouissances placées en dehors de cette condition résultent d'agitations, de mouvements passionnés et de crises nerveuses, exprimés par des contacts de tonalités diverses et par des alternatives de dissonances et de consonnances. Il n'y a donc, pour le sens musical, de sensation de consonnance que dans l'unité tonale ; d'où il suit que les intervalles altérés sont des dissonances, mais des dissonances d'une espèce particulière, que je crois devoir désigner par le nom d'*attractives*.

Et ce qui prouve que la plupart de ces intervalles n'ont le caractère de dissonance que parce que leurs notes constitutives ont des tendances de tonalités différentes, qui font éprouver une sorte d'anxiété au sens musical jusqu'à la résolution, c'est que les sons qui entrent dans leur composition sont synonymes à l'oreille d'autres sons qui, combinés d'une manière analogue, mais ayant des tendances de tonalité unique, sont de véritables consonnances. Par exemple, la *seconde augmentée*  sonnerait à l'oreille comme la *tierce mineure*  , si la succession des harmonies ne faisait pressentir divers modes de résolution, qui jettent l'esprit dans l'incertitude jusqu'à ce que l'une des résolutions soit opérée. Il en est de même de la *quinte augmentée*  , qui ne donnerait que la sensation de la *sixte mineure*  , si des tendances de tonalités différentes ne lui donnaient un caractère dissonant.

Les intervalles altérés sont donc des dissonances que j'appelle *attractives variables*, parce qu'elles ont des tendances à des tonalités différentes [1] . Les dissonances de cette espèce sont : 1º la *seconde augmentée*, 2º la *tierce diminuée*, 5º la *tierce augmentée*, 4º la *quarte diminuée*, 5º la *quinte augmentée*, 6º la *sixte augmentée*, 7º la *septième diminuée*, 8º l'*octave diminuée*, 9º l'*octave augmentée*.

---

(1) La classification des intervalles contenue dans ce chapitre est très différente, en plusieurs points, des classifications ordinaires : elle pourra causer de l'étonnement aux harmonistes ; moi-même j'ai flotté dans l'incertitude à ce sujet, jusqu'à ce que la loi de tonalité, m'ayant ouvert un trésor de théories positives, m'eut révélé le secret de toutes les classifications harmoniques.

TABLEAU

DES INTERVALLES DISSONANTS.

Dissonances tonales.

| Seconde mineure. | Seconde majeure. | Septième mineure. | Septième majeure. |

Dissonances attractives variables.

| Neuvième mineure. | Neuvième majeure. | Seconde augmentée. | Tierce diminuée. |

| Tierce augmentée. | Quarte diminuée. | Quinte augmentée. | Sixte augmentée. |

| Septième diminuée. | Octave diminuée. | Octave augmentée. |

CHAPITRE III.

DU RENVERSEMENT DES INTERVALLES.

29. L'échelle générale des sons démontre qu'ils sont rangés dans un ordre identiquement semblable d'octave en octave, en s'élevant par degrés du grave à l'aigu. Or, une note (considérée comme *son déterminé*), étant prise pour intermédiaire entre deux autres qui sont à l'octave l'une de l'autre, et dont la dénomination est la même, forme, à l'égard de l'une et de l'autre, des intervalles différents. Par exemple, *sol* étant pris pour intermédiaire entre *ut* grave et *ut* aigu, est à la quinte de la première note, et à la quarte de l'autre.

30. Cela posé, si nous considérons *ut* et *sol* abstractivement, c'est-à-dire, sans distinction d'octaves, nous verrons que ces notes peuvent être dans des positions différentes à l'égard l'une de l'autre. Ce changement de position de deux notes données, par la transposition de l'une des deux à une autre octave, est appelé *renversement des intervalles*.

31. Tous les intervalles des sons peuvent être renversés. Le renversement de la *seconde* produit une *septième*; celui de la *tierce*, une *sixte*; celui de la *quarte*, une *quinte*; celui de la *quinte*, une *quarte*; celui de la *sixte*, une *tierce*; celui de la *septième*, une *seconde*.

32. On voit par là que le renversement des consonnances produit des consonnances, et que celui des dissonances engendre des dissonances.

33. Mais les intervalles majeurs produisent par le renversement des intervalles mineurs, et *vice versâ*.

De même, les intervalles augmentés produisent des intervalles diminués par le renversement, et les diminués produisent les augmentés.

34. On verra plus loin que le renversement des intervalles est une source féconde de variétés dans l'harmonie.

TABLEAU

DU RENVERSEMENT DE TOUS LES INTERVALLES.

Quinte augmentée.	Quinte juste.	Quinte mineure.	Quarte majeure.	Quarte juste.	Quarte diminuée.	Tierce augmentée.
Quarte diminuée.	Quarte juste.	Quarte majeure.	Quinte mineure.	Quinte juste.	Quinte augmentée.	Sixte diminuée.

Tierce majeure.	Tierce mineure.	Tierce diminuée.	Seconde augmentée.	Seconde majeure.	Seconde mineure.	Unisson.
Sixte mineure.	Sixte majeure.	Sixte augmentée.	Septième diminuée.	Septième mineure.	Septième majeure.	Octave.

35. Les intervalles qui sortent des bornes de l'octave ne sont pas susceptibles de renversement, parce que la note inférieure, étant transportée à une
octave plus haut se trouve encore dans la même position à l'égard de la note
inférieure.

DÉMONSTRATION.

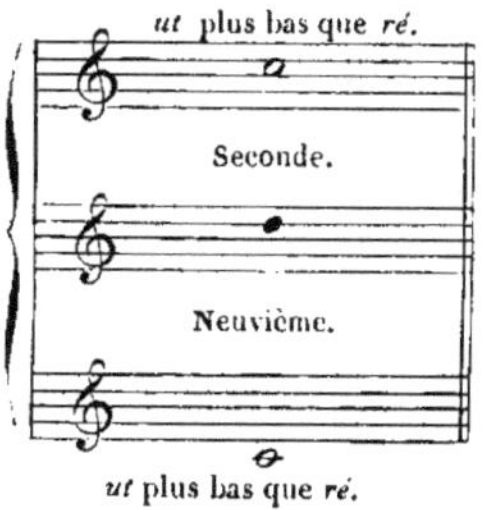

CHAPITRE IV.

DE LA SUCCESSION DES INTERVALLES, CONSIDÉRÉE DANS LEURS AFFINITÉS ET DANS LA DÉTERMINATION DE LA TONALITÉ.

36. Le sujet de ce chapitre est le plus important de toute la science de l'harmonie, et même de l'art tout entier, car il s'agit des lois mystérieuses qui règlent l'enchaînement des sons entre eux, soit dans la conception mélodique, soit dans les combinaisons harmoniques.

En effet, sans entrer dans les considérations philosophiques qui ont pour objet la forme des gammes des deux modes, considérations qui ne peuvent être développées ici, il peut être démontré que toute la musique a pour base le caractère de repos dans certains intervalles, l'absence de ce caractère dans certains autres, enfin, les affinités appellatives de quelques-uns.

Ce triple caractère, réparti entre tous les intervalles qui entrent dans la composition des accords, renferme les conditions qui déterminent la tonalité, et assigne à chacun de ces intervalles la place qu'il doit occuper sur les degrés de l'échelle des sons.

37. S'il est des harmonies qui donnent à l'oreille le sentiment du repos et de la conclusion, il est évident que ces harmonies ne peuvent être bien placées que sur les notes de la gamme qui ont le même caractère, par la position qu'elles occupent dans cette gamme, ou par les diverses circonstances de leur enchaînement avec les autres notes.

De même, s'il est des harmonies qui excluent la sensation du repos et de la conclusion, elles ne peuvent conserver leur caractère qu'autant qu'elles ont pour bases des notes de la gamme qui n'impliquent point par elles-mêmes, ou par leur corrélation avec d'autres notes, l'idée de la conclusion ou du repos.

Enfin, il n'est pas moins évident que les harmonies attractives, qui déterminent des appellations de certaines autres harmonies, ne peuvent être formées qu'au moyen des notes de la gamme qui sont entre elles dans cette relation d'attraction, et conséquemment que les harmonies de cette espèce ne peuvent appartenir qu'à ces mêmes notes.

38. Cela posé, il ne s'agit que de reconnaître les notes de la gamme dans lesquelles se fait remarquer un des trois caractères dont il vient d'être parlé. Pour procéder à la recherche de ces notes, les observations contenues dans tous les paragraphes suivants sont de la plus haute importance.

De la première note de la gamme.

39. La première note de la gamme d'un ton quelconque est la seule dont l'harmonie propre donne à la fois le sentiment du repos et la connaissance du ton et du mode

Lorsqu'elle est accompagnée par la quinte ou par l'octave, elle a le caractère d'un repos absolu dont rien n'indique la perturbation.

EXEMPLES :

Le ton d'ut étant donné.

, Avec l'harmonie de la tierce la tonique ne perd pas le caractère du repos, mais cette harmonie ajoute l'indication du mode à celle du ton ; car si la tierce de la première note de la gamme est majeure, le mode est aussi majeur ; et si la tierce est mineure, le mode est conforme à cette tierce.

EXEMPLES :

Mode majeur.   Mode mineur.

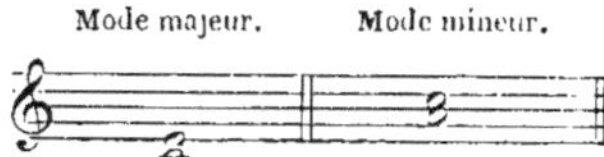

Les propriétés de la première note de la gamme, et la spécialité de l'harmonie qui lui appartient, lui ont fait donner le nom de *tonique*.

Toute autre harmonie que celle dont la quinte, l'octave et la tierce sont les éléments, ôte à la tonique son caractère de repos. Par exemple, la quarte et la sixte, qui sont dénuées de ce caractère, bien qu'elles soient des consonnances, et qui conséquemment appellent après elles d'autres harmonies pour conclure, ne peuvent accompagner la tonique sans lui enlever immédiatement son caractère de repos et sans suspendre l'idée de la conclusion : c'est pourquoi l'harmonie composée de ces deux intervalles ne se place quelquefois sur la tonique que transitoirement et pour conduire à l'harmonie de conclusion finale.

EXEMPLE :

De la quatrième note de la gamme.

40. Bien que la quatrième note de la gamme n'ait pas le caractère de repos absolu qui n'appartient qu'à la tonique, elle n'exclut pas l'idée du repos momentané. Mais par cela même que le repos sur le quatrième degré n'est que transitoire, il se peut que ce repos n'ait pas lieu ; d'où découle la conséquence que tous les intervalles, soit de repos ou autres, peuvent accompagner le qua-

trième degré et déterminer par leur nature ou le repos momentané, ou la nécessité de succession immédiate. Ainsi, la tierce, la quinte, la sixte et l'octave peuvent également bien accompagner cette note.

41. A l'égard de la quarte dont le quatrième degré est quelquefois accompagné, elle est nécessairement majeure, car elle est formée avec la note sensible. Or, on a vu précédemment (25) que la quarte de cette espèce est une consonnance appellative dont la résolution se fait par le mouvement ascendant de la note supérieure et par le mouvement descendant de l'inférieure ; d'où il suit que tout quatrième degré, accompagné de la quarte majeure, doit être suivi du troisième, si l'harmonie n'établit pas un changement de ton.

DÉMONSTRATION.

De la dominante.

42. La dominante, ou cinquième note de la gamme, est une note de repos incident, comme le quatrième degré : la tierce, la quinte et l'octave sont les seuls intervalles dont l'harmonie lui donne ce caractère de repos.

A l'égard de la sixte, elle ne produit une harmonie satisfaisante pour l'oreille sur la dominante que lorsqu'elle est accompagnée de la quarte qui, formée avec la tonique, conserve à l'harmonie de la sixte le caractère de la tonalité ; mais cette harmonie n'est admissible sur la dominante que lorsqu'elle offre un passage transitoire au repos (*voy.* l'exemple 1 suivant), ou lorsque la dominante, privée de tout caractère de repos, se résout par des mouvements ascendants ou descendants d'un degré (*voy.* exemples 2 et 3).

L'harmonie de la quarte et sixte est aussi convenable sur la dominante dans une succession qui n'offre que le renversement de ses propres intervalles, parce que ce renversement n'est qu'une suspension de la résolution réelle.

DÉMONSTRATION.

Mais si la dominante est suivie immédiatement d'une autre note, à la distance de tierce, quarte, quinte, etc., l'harmonie de la quarte et sixte ne peut lui convenir, parce qu'elle est privée des qualités de succession résolutoire.

43. Le quatrième degré et la dominante, ayant un caractère de repos tonal, caractère qui les assimile momentanément à des toniques transitoires, l'oreille est blessée lorsque les harmonies d'intervalles qui donnent le sentiment de ce repos se succèdent immédiatement sur ces deux notes; car deux repos immédiats, par des harmonies qui n'ont entre elles aucun point de contact, présentent au sens musical l'aspect d'une absurdité tonale. De là les règles qui interdisent, dans l'art d'écrire, la succession de deux quintes et de deux tierces majeures dans le passage réciproque du quatrième degré à la dominante, et de la dominante au quatrième degré, telles qu'on les voit dans les exemples suivants :

On donne à la succession des deux tierces majeures des exemples 3, 4, 5, 6, le nom de *fausses relations*, parce que leur qualité d'intervalles de repos et de mode met en contact immédiat des tonalités qui n'ont pas de point de relation; mais si la tierce du quatrième degré est accompagnée de la sixte, la succession devient bonne, parce que la note de cette sixte est en même temps la quinte de la dominante, et qu'elle établit le contact.

DÉMONSTRATION.

44. La dominante reçoit immédiatement et sans préparation un intervalle dissonant de septième pour accompagnement: cette septième est formée par le quatrième degré.

EXEMPLE :

Dans l'ordre de l'unité tonale, ces deux notes (le quatrième degré et la dominante) sont les seules qui jouissent de la faculté de former une dissonance dont le sens musical admet l'audition de prime abord, et sans consonnance précédente. Toute autre dissonance, provenant du choc de deux sons voisins ou du renversement de ces sons, est nécessairement le produit de la prolongation d'une note entendue d'abord dans l'état de consonnance, comme dans cet exemple :

2

45. La faculté dont jouissent le quatrième degré et la dominante, de former une dissonance naturelle, résulte de la disposition des notes de la gamme, en deux suites de quatre sons (appelées *tétracordes* par les Grecs), composées de deux tons consécutifs suivis d'un demi-ton.

DÉMONSTRATION.

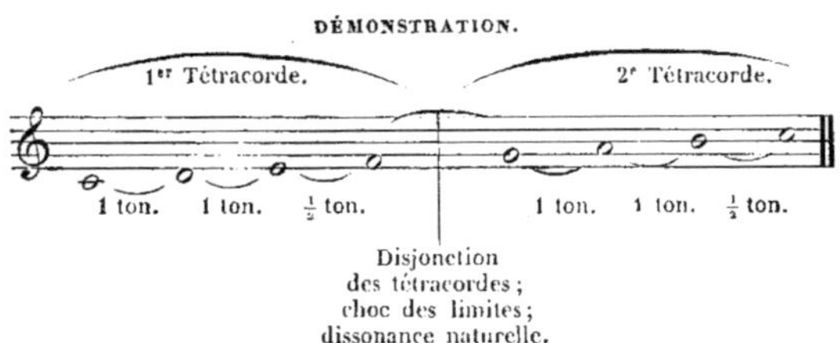

La dissonance naturelle du quatrième degré et de la dominante est donc au point de contact entre les deux parties égales de la gamme.

Dans le mode mineur, la disposition des tons et demi-tons des deux tétracordes n'est pas symétrique ; mais la dissonance naturelle est aussi placée au point de séparation des deux tétracordes, entre le quatrième degré et la dominante.

46. L'expérience démontre que les dissonances tonales ne satisfont l'oreille que lorsqu'elles se résolvent en descendant d'un degré sur une consonnance. Dans l'intervalle de seconde, la note inférieure est la dissonance, et dans la septième, qui est son renversement, c'est la note supérieure.

Or, le quatrième degré étant la note inférieure de l'intervalle de seconde, et la supérieure de celui de septième, il est évident que les dissonances naturelles n'ont d'emploi que lorsque le quatrième degré est immédiatement suivi du troisième, soit au grave, soit à l'aigu.

DÉMONSTRATION.

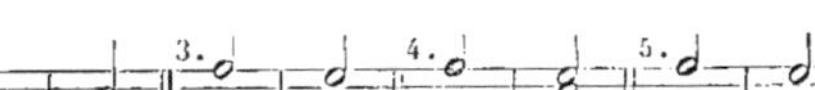

Les deux derniers de ces exemples portent le nom de *cadences*. Le n° 4, qui offre une terminaison sur la tonique, s'appelle *cadence parfaite ;* le n° 5 est une *cadence rompue.* On verra plus loin quel est le caractère du sixième degré, lorsqu'il est accompagné de la quinte, comme dans cet exemple.

47. Les dissonances naturelles du quatrième degré et de la dominante, réunies aux consonnances appellatives qui naissent du rapport du quatrième degré avec la note sensible, caractérisent la tonalité moderne de la manière la plus spéciale, et lui impriment un cachet absolument différent de celui des anciennes tonalités [1] .

(1 Voyez sur ce sujet d'importantes observations dans le chapitre II du livre IIIe de ce traité d'harmonie, et dans la deuxième section du second livre de ma *Philosophie de la musique* (maintenant sous presse).

De la sixième note de la gamme.

48. Le sixième degré n'a pas de caractère de repos comme la tonique, le quatrième degré et la dominante; toutefois on l'accompagne quelquefois de la quinte, parce qu'il est la même note que la tonique du mode mineur relatif de la tonalité majeure à laquelle il appartient, et parce que, dans la tonalité mineure, il peut être considéré comme le quatrième degré du mode majeur relatif. Ainsi, dans la tonalité d'*ut* majeur, il représente la tonique de *la* mineur, qui en est le relatif; et dans la tonalité d'*ut* mineur, il représente le quatrième degré de *mi* bémol, qui en est le majeur relatif.

Or, le passage alternatif qui s'opère fréquemment entre les tonalités majeures et mineures relatives, est cause qu'une cadence incidente se fait sur le sixième degré, et y établit un repos momentané, à cause de son caractère équivoque : c'est ce qui a lieu dans la *cadence rompue* qu'on a vue précédemment (§ 46, exemple 5), et dans plusieurs autres successions.

49. Il n'en est pas de la sixte comme de la quinte; elle fait disparaître toute équivoque concernant la nature tonale du sixième degré, car cette sixte ne pourrait l'accompagner s'il devait être considéré comme tonique du mode mineur relatif. L'harmonie de la sixte est donc celle qui caractérise le mieux le sixième degré.

EXEMPLE :

50. La tierce, dont on accompagne tous les degrés de la gamme, appartient aussi au sixième, mais ne détermine ni son caractère tonal, ni sa signification modale, car elle est mineure sur le sixième degré du mode majeur l'*ut*, comme sur la tonique du mode mineur relatif.

DÉMONSTRATION.

De la seconde note de la gamme.

51. Dans la tonalité moderne, le second degré n'est pas une note de repos. Si quelquefois on l'accompagne avec la quinte, comme dans la suite d'intervalles de cet exemple :

on lui enlève son caractère tonal, et l'on opère un vague changement de tonalité qui ouvre la voie de plusieurs terminaisons en des tons différents; par
exemple, celles-ci :

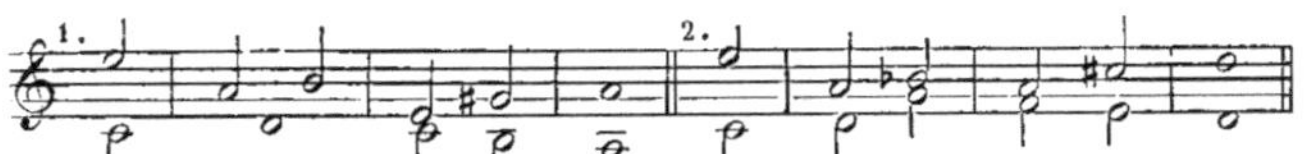

52. Les intervalles qui conservent au second degré son caractère tonal sont
la sixte (ex. 1), la tierce (ex. 2) et la quarte (ex. 3), qui se combinent de diverses
manières dans les harmonies des accords.

53. Remarquez, en ce qui concerne la quarte, que la convenance de cet intervalle, pour l'accompagnement de certaines notes de la gamme, est une conséquence nécessaire de l'emploi de la quinte, comme intervalle de repos, sur
d'autres ; car le renversement de la quinte engendre la quarte. Ainsi, la quinte
de la tonique produit la quarte dont on accompagne la dominante lorsqu'elle
est privée du caractère de repos (*voy.* ci-dessous l'exemple 1) ; la quinte du
quatrième degré donne la quarte sur la tonique (ex. 2) ; enfin, la quinte de la
dominante produit la quarte sur le deuxième degré (ex. 3).

L'emploi de la quarte sur ces notes, et seulement sur elles, est donc une des
conditions de la tonalité. Or, remarquez que ceci est une preuve évidente que
l'usage de la quinte sur le second degré et sur le sixième n'est pas tonal ; car la
quarte, qui en serait le renversement, n'est employée dans aucun cas sur le
sixième degré ni sur le troisième.

De la troisième note de la gamme.

54. Le caractère tonal du troisième degré est absolument opposé à tout sentiment de repos, et conséquemment exclut l'harmonie de la quinte. Les causes
de cette exclusion sont : 1° que la quinte de cette note serait formée avec le
septième degré, dont l'attraction naturelle vers la tonique ne peut satisfaire aux
conditions du repos ; 2° que cette même septième note établirait une fausse
relation de tonalité avec le quatrième degré, vers lequel le troisième a lui-même
une tendance attractive, n'en étant séparé que par un demi-ton.

55. Les harmonies qui, seules, appartiennent au troisième degré sont la
sixte, parce qu'elle exclut l'idée du repos (ex. 1), et la tierce, dont le caractère
est de déterminer le mode (ex. 2), en raison de sa nature mineure ou majeure.

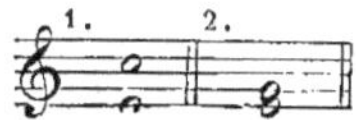

De la septième note de la gamme.

56. Le caractère tonal du septième degré n'est pas moins opposé que celui du troisième à tout sentiment de repos ; il l'est même davantage, en ce qu'il serait impossible de l'accompagner de la quinte juste, puisque cet intervalle n'existe pas entre la septième note et la quatrième.

57. Les harmonies qui conservent au septième degré son caractère tonal sont : 1° la quinte mineure ; 2° la sixte.

On l'accompagne aussi de la tierce, qui se combine avec les autres intervalles.

58. La quinte mineure, consonnance appellative et attractive, détermine le mouvement ascendant du septième degré sur la tonique : c'est alors que ce degré prend le nom de *note sensible*.

EXEMPLE :

Dans toute autre succession, la sixte est l'harmonie tonale du septième degré.

EXEMPLE :

RÉSUMÉ DE CE QUI PRÉCÈDE.

59. La tonalité moderne réside dans les attractions de certains intervalles vers des intervalles de repos, et dans l'enchaînement de ceux-ci avec d'autres qui, bien que dépourvus du caractère d'attraction, n'ont pourtant pas celui de conclusion.

60. Les intervalles attractifs sont la quarte majeure, la quinte mineure et la dissonance naturelle de la dominante avec le quatrième degré.

61. La quinte et l'octave sont les seuls intervalles de repos.

62. Les intervalles dépourvus du caractère de conclusion, bien que non attractifs, sont la quarte et la sixte.

63. La tierce n'a de caractère tonal que sur la dominante, où elle est majeure dans les deux modes, et sur le deuxième degré, lorsqu'elle forme harmonie avec la sixte, car alors la note de cette tierce est en relation attractive avec la note sensible.

Sur toute autre note de la gamme la tierce n'a pas de caractère tonal, mais sa qualité détermine le mode sur la tonique, sur le troisième degré, le quatrième et le sixième.

64. La tonique, le quatrième degré et la dominante, sont les seules notes de la gamme qui sont susceptibles de prendre le caractère du repos : elles seules admettent l'harmonie de la quinte.

65. Le renversement de la quinte de la tonique, du quatrième degré et de la dominante, place tonalement la quarte sur la dominante, sur la tonique et sur le second degré, dans des harmonies transitoires. Lorsque la quarte est employée tonalement sur ces notes, elle est accompagnée de la sixte, parce qu'elle exclut l'idée de conclusion.

66. L'intervalle de sixte est le seul qui conserve au second degré, au troisième et au sixième, leur caractère de tonalité. Il est également bien placé sur le septième.

67. Les consonnances appellatives et attractives de la quarte majeure et de la quinte mineure ne pouvant être formées que par la réunion du quatrième degré avec le septième, n'appartiennent qu'à ces notes.

La quarte majeure se place sur le quatrième degré, lorsqu'il est suivi du troisième ; la quinte mineure appartient à la note sensible, lorsqu'elle monte à la tonique.

Ces intervalles, réunis à la dissonance naturelle du quatrième degré et de la dominante, sont ceux qui constituent absolument la tonalité moderne.

68. La dissonance naturelle ne peut être formée que par le choc du quatrième degré et de la dominante ; elle se résout en descendant d'un degré.

69. Ces préceptes supposent la tonalité unique d'une gamme : tout ce qui semblerait y apporter des exceptions résulte du passage de la tonalité d'une gamme dans une autre : d'où naît un autre ordre de faits qui sera exposé dans le second et dans le troisième livre.

70. Dans ce résumé se trouve la solution, depuis long-temps attendue, de cette question, en apparence si simple : *Qu'est-ce que la tonalité?* Son énoncé, en termes généraux, peut s'exprimer ainsi : *La tonalité se forme de la collection des rapports nécessaires, successifs ou simultanés, des sons de la gamme.*

Dans les lois tonales qui viennent d'être exposées résident donc non-seulement toute la théorie de l'harmonie tonale, mais l'unité de cette harmonie et de la mélodie, en un mot, de toute la musique.

Je ferai voir, dans le quatrième livre, comment la conception incomplète de ces lois a donné naissance à une multitude de systèmes plus ou moins ingénieux, mais plus ou moins faux : véritables jeux d'esprit qui n'ont de base que dans l'imagination de leurs auteurs, dont quelques-uns furent cependant de savants hommes.

FIN DU PREMIER LIVRE.

LIVRE SECOND.

DES ACCORDS.

71. Toute harmonie qui se compose de plus de deux sons prend le nom d'*accord*.

72. Tout accord complet, conforme à l'unité tonale, qui n'est formé que de trois sons, ne renferme que des consonnances et s'appelle *accord consonnant*.

Les accords qui ne peuvent être complets qu'avec quatre ou un plus grand nombre de sons appartiennent à la classe des *accords dissonants*, parce qu'ils contiennent inévitablement un choc de deux sons voisins, ou le renversement de ce choc.

PREMIÈRE SECTION.

Accords consonnants.

CHAPITRE PREMIER.

DE L'ACCORD PARFAIT, ET DE SON EMPLOI DANS LA PÉRIODE HARMONIQUE.

73. Un accord consonnant formé d'une note, de sa tierce et de sa quinte juste, s'appelle *accord parfait*, parce qu'il nous donne le sentiment du repos et de la conclusion.

Le caractère de conclusion et de repos attaché à cet accord lui assigne une position sur la tonique, le quatrième degré, la dominante et le sixième degré (suivant les considérations développées dans les §§ 39, 40, 42 et 48).

EXEMPLES,

dans le ton d'*ut*.

74. Lorsque la tierce de l'accord parfait est majeure, comme dans les exemples 1, 2, 3, ci-dessus, l'accord est majeur; lorsque l'accord a la tierce mineure, il est mineur.

Dans le mode majeur, l'accord parfait est majeur sur la tonique et sur le quatrième degré; dans le mode mineur, il est mineur sur les mêmes degrés; car c'est la tierce de ces deux notes qui caractérise le mode (§ 39).

DÉMONSTRATION.

L'accord parfait est majeur dans les deux modes sur la dominante, parce que la tierce de cette note est formée avec la note sensible, dont l'état est invariable.

DÉMONSTRATION.

L'accord parfait est mineur sur le sixième degré dans le mode majeur; il est majeur dans le mode mineur.

DÉMONSTRATION.

75. Lorsque l'harmonie est écrite pour quatre voix ou pour quatre parties instrumentales, un des trois sons de l'accord est nécessairement doublé, soit à l'unisson, soit à l'octave. Le redoublement le plus harmonieux est celui du son grave à une des octaves supérieures.

EXEMPLE :

Cependant certaines considérations de mouvements réguliers des voix obligent quelquefois à doubler ou la tierce ou la quinte.

76. Dans la succession des harmonies, les intervalles qui entrent dans la composition de l'accord parfait sont soumis à divers ordres d'arrangement qui leur assignent tantôt la position supérieure et tantôt l'inférieure.

EXEMPLE :

Au premier accord de cette phrase harmonique, la tierce est à la note inférieure; la quinte tient le milieu, et l'octave est à la note supérieure; au second, c'est la quinte qui est à la position inférieure, la tierce est à la supérieure, et l'octave tient le milieu; le troisième est semblable au premier; au quatrième, l'octave est à la note inférieure, la tierce est au milieu, et la quinte tient la position supérieure; le cinquième accord est semblable au second, et le sixième au premier. Tel est l'entrelacement harmonique des voix dans toute pièce de musique.

Ces divers arrangements prennent le nom de *positions*. La première position est celle où la tierce est à la note inférieure et l'octave au-dessus (*voy.* l'exemple 1, ci-dessous); la seconde, celle où la quinte est la note inférieure, et la tierce la supérieure (ex. 2); la troisième, celle où l'octave est à la note inférieure, et la quinte à la supérieure (ex. 3).

77. Ces arrangements des intervalles qui composent l'accord parfait sont

particulièrement indiqués par la nécessité de les réunir sous la main, dans l'accompagnement de l'orgue ou du piano. Les diverses espèces de voix, et les diapasons différents des instruments donnent lieu à d'autres dispositions, plus conformes à l'étendue de ces voix et de ces instruments, et dont l'effet est plus harmonieux, parce que la distance comprise entre la note la plus basse de l'accord, et la plus élevée, s'y trouve divisée de telle sorte, que toutes les notes y sont à des intervalles à peu près égaux.

EXEMPLE :

Dans cette disposition des intervalles de l'accord parfait, la basse, le ténor, le contralto et le soprano ont des notes qui appartiennent au médium de leur étendue moyenne, et l'effet harmonique est plus satisfaisant que celui de toute autre disposition harmonique.

78. J'ai tâché de démontrer, dans ce qui précède, que la position déterminée de l'accord parfait sur certaines notes de la gamme est la conséquence nécessaire des lois de la tonalité ; mais un phénomène se présente dans certaines formules harmoniques appelées dans l'école *marches de basse*, et plus exactement *progressions*, car les mouvements de la basse ne sont qu'une partie du phénomène. Dans ces progressions, deux accords se succèdent sous la forme d'un mouvement ascendant ou descendant : cette succession et ce mouvement fixent l'attention de l'esprit, qui en saisit d'autant mieux la forme, qu'aucune anomalie de tonalité ne s'y fait remarquer. Or, la succession étant accomplie, si le mouvement recommence entre deux notes situées à des degrés plus hauts ou plus bas, et continue une série de successions semblables, par une progression ascendante ou descendante sur tous les degrés de l'échelle, l'esprit, absorbé dans la contemplation de la série progressive, perd momentanément le sentiment de la tonalité, et ne le retrouve qu'à la cadence finale, où se rétablit l'ordre normal.

Il suit de ceci que dans les progressions il n'y a point de degrés déterminés, et que les intervalles et les accords qui, par leur nature, appartiennent à telle ou telle note de la gamme, perdent leur caractère spécial, qu'il n'y a plus de gamme proprement dite, et que les mêmes accords peuvent se placer sur toutes les notes de la série progressive. Les exemples suivants de progressions ascendantes et descendantes d'accords parfaits éclairciront ce que cette théorie pourrait avoir d'obscur pour le lecteur.

Dans ces progressions, les ✶ indiquent le moment où le sentiment de la tonalité se rétablit par l'harmonie de la dominante.

79. Les considérations relatives à ce genre de phénomènes harmoniques sont de la plus haute importance, car c'est dans ces phénomènes que réside la cause d'une multitude d'erreurs répandues dans la plupart des théories de l'harmonie. Les harmonistes n'ayant pas vu que la loi d'uniformité dans les progressions suspend jusqu'au moment de la cadence les effets de la loi de tonalité, et remarquant l'accord parfait placé sur tous les degrés de la gamme, en ont conclu la règle générale que cet accord appartient en effet à toutes les notes de l'échelle tonale [1]. De là est résulté une confusion de principes, où l'on ne s'est pas aperçu qu'on assimilait la tonalité moderne à celle du plain-chant, en lui ôtant le caractère de spécialité de chacune des notes de sa gamme.

(1) Rameau et les harmonistes de son école n'ont pas fait cette faute. Ce créateur du premier système d'harmonie n'assigne à l'accord parfait d'autre place que la tonique, le quatrième degré et la dominante : à la vérité, il n'a point traité des progressions continues.

Catel, qui n'a pas connu la loi de tonalité ni l'influence des progressions sur la suspension de cette loi, dit d'une manière absolue que *toutes les notes de la gamme sont susceptibles de recevoir l'accord parfait* (*Traité d'harmonie*, pag. 9).

Dans l'école allemande, Kirnberger place l'accord parfait sur la tonique, la dominante, le second degré, le quatrième et le sixième (*Grundsætze des General-Basses*, 1er *Abschnitt*, 3e, 4e, 5e *Vorlesungen*). Sorge dit que la gamme donne naturellement trois accords parfaits majeurs, sur la tonique, le quatrième degré et la dominante, et trois accords parfaits mineurs, sur le second degré, le troisième et le sixième (*Compendium harmonicum*, 3e *cap.*, pag. 7) : il ne voit pas qu'il confond ainsi la tonalité du plain-chant avec la tonalité moderne.

Parmi les harmonistes allemands de l'époque actuelle, l'abbé Vogler, Godefroi Weber, M. Fr. Schneider et André, placent l'accord parfait sur toutes les notes de la gamme ; Reicha et M. Marx en bornent l'emploi, ainsi que Sorge, aux six premiers degrés.

80. Une des plus singulières conséquences de la suspension du sentiment de tonalité, par les progressions qui parcourent toute l'étendue de l'échelle, ou du moins une partie de cette étendue, se trouve dans l'accord dont on accompagne le septième degré : cet accord est composé, comme l'accord parfait, de tierce et de quinte ; mais cette quinte est mineure, parce qu'il ne peut y en avoir d'autre pour accompagner le septième degré.

DÉMONSTRATION.

Cet accord a donné la torture aux harmonistes modernes. Rameau ne l'ayant pas remarqué, ne l'a pas fait entrer dans ses classifications ; mais, après lui, ceux qui en ont parlé n'ont su à quelle catégorie il appartient, à cause de l'incertitude qui régnait dans l'école concernant la nature de la quinte mineure. Ceux qui admettaient l'accord parfait sur toutes les notes de la gamme en faisaient un accord consonnant. Reicha, qui ne voulait pas que la quinte mineure, ainsi que la quarte majeure, fussent des intervalles consonnants d'une espèce particulière, et qui n'avait pas remarqué qu'il n'y a de dissonance que dans le choc de deux sons voisins ou dans leur renversement, rangeait cet accord dans la classe des accords dissonants, sous le nom d'*accord de quinte diminuée* [1] .

Catel, entre tous les harmonistes, se distingua par la confusion d'idées la plus singulière, car après avoir fait la *quinte diminuée* (mineure) une dissonance, il range l'accord, dont cet intervalle est un des éléments, parmi les consonnants, et prétend même qu'il peut servir à un repos momentané. Le passage de son livre où il émet cette opinion mérite d'être rapporté.

« Quoique l'intervalle de quinte diminuée (dit-il) ne soit pas consonnant, on
« ne peut pas cependant classer cet accord dans le nombre des accords disso-
« nants, puisqu'aucune des notes qui le composent n'a une marche déterminée
« (comme l'ont toutes les dissonances), et qu'elles peuvent toutes monter, des-
« cendre ou rester en place : d'où l'on peut conclure que si cet accord est moins
« parfait que les deux autres, *il peut néanmoins être employé à faire un repos mo-*
« *mentané avant d'arriver à un repos plus parfait : ainsi, il doit être classé parmi les*
« *accords consonnants* [2] . »

Ainsi, voici un accord consonnant dont un des intervalles est une dissonance ! C'est à des contradictions si manifestes, à de telles confusions de principes que conduisent de fausses notions premières.

En réalité, il est évident que l'*accord de quinte mineure*, dont il s'agit, est un accord consonnant, conformément à la nature de ses intervalles ; mais il n'a d'emploi que par analogie dans des formules progressives, parce que sa résolution n'est pas conforme aux règles de la tonalité.

(1) *Cours de composition musicale*, pag. 8.
(2) *Traité d'harmonie*, pag. 9.

A l'égard de l'assertion de Catel, que cet accord peut être le signe d'un repos momentané, il est évident qu'elle est absolument fausse ; car la qualité attractive de l'un de ses intervalles le rend précisément le moins propre des accords consonnants pour un emploi de ce genre.

81. Rien ne prouve mieux combien l'attention du sens musical est détournée du sentiment de la tonalité par la symétrie de mouvement et de succession, que le consentement tacite donné par l'esprit à l'emploi de la consonnance appellative de quinte mineure, sans que sa résolution attractive soit opérée. En effet, dans cette succession :

le mouvement des parties, tracé par la progression, conduit la quinte mineure à monter, au lieu de se résoudre en descendant, conformément à la loi de tonalité.

82. Enfin, tel est l'effet dominant de la symétrie de mouvement et de succession sur l'esprit, dans les progressions dont il s'agit, que la fausse relation du passage du quatrième degré au septième dans le mouvement de la basse, partout ailleurs si désagréable, est à peine remarquée dans ces formules :

83. Remarquez que le consentement tacite de l'esprit à la suspension du sentiment de la tonalité ne peut être complet, qu'autant que la régularité du mouvement progressif est parfaite à toutes les voix ; car c'est cette régularité seule qui peut détourner l'attention du sentiment de la tonalité. De là vient que le mouvement progressif entraîne toujours les voix qui l'accompagnent dans le sens de sa marche, comme on le voit dans les exemples précédents. Si la progression est ascendante, toutes les voix montent par des mouvements réguliers ; si elle est descendante, toutes les voix descendent.

Il y aurait conséquemment quelque chose de blessant pour l'oreille dans une progression irrégulière semblable à celle-ci :

Le sens musical ne peut être satisfait qu'autant que le mouvement employé dans la succession des deux premiers accords se reproduit symétriquement dans tout le reste de la progression, comme dans l'exemple suivant :

Un seul exemple de progression non modulante, par mouvement contraire, se trouve dans une basse qui descend de tierce en tierce ; mais la régularité de mouvement n'existe pas moins dans toutes les parties. Voici cette progression :

84. Toute interruption dans la symétrie du mouvement des voix n'est pas seulement une cause de perturbation dans l'attention de l'esprit à la marche progressive : elle engendre aussi des successions vicieuses d'intervalles, sous le rapport de l'art d'écrire, comme on peut le voir dans le deuxième livre de la première partie de mon *Traité du contrepoint et de la fugue* [1].

85. Si je ne me trompe, je viens de résoudre une des plus grandes difficultés métaphysiques de la théorie de l'harmonie. Cette solution fait disparaître la cause de graves erreurs où les harmonistes sont tombés, et des anomalies qui semblaient contredire la loi de tonalité ; elle nous prépare aussi des voies faciles pour la carrière qui nous reste à parcourir.

(1) Paris, Troupenas, 1846, 2 parties gr. in-4", 2ᵉ édition.

CHAPITRE II.

DU RENVERSEMENT DES INTERVALLES CONSTITUTIFS DE L'ACCORD PARFAIT. — DES
ACCORDS QUI EN PROVIENNENT. — EMPLOI DE CES ACCORDS.

86. Ainsi qu'on l'a vu dans le chapitre précédent, l'accord parfait est composé de trois notes essentielles qui forment les intervalles de tierce et de quinte. Si l'on applique à ces notes les procédés du renversement expliqués dans le troisième chapitre du premier livre, on en tire deux autres combinaisons de l'accord consonnant.

87. La première de ces combinaisons consiste à transposer la note grave de l'accord parfait à l'une des octaves supérieures, de manière à renverser la tierce en une sixte.

Dans cette combinaison, la quinte de l'accord parfait devient la tierce de l'accord renversé, qui est ainsi composé de la note inférieure, de sa tierce, et de sa sixte, et qui prend le nom d'*accord de sixte*.

EXEMPLE :

88. On voit dans cet exemple que la note inférieure de l'accord de sixte est à la tierce de la note grave de l'accord parfait, dont il provient par le renversement. Il suit de là, que la tierce de toute note qui porte l'accord parfait, suivant les lois de la tonalité, peut être la basse d'un accord de sixte. Or, l'accord parfait ayant place sur la tonique, sur le quatrième degré et sur la dominante, il est évident que l'accord de sixte peut avoir pour basse le troisième degré, le sixième et le septième.

DÉMONSTRATION.

1er dérivé de l'accord parfait de la tonique.	1er dérivé de l'accord parfait du 4e degré.	1er dérivé de l'accord parfait de la dominante.
Accord de sixte sur le 3e degré.	Accord de sixte sur le 6e degré.	Accord de sixte sur le 7e degré.

La tierce et la sixte des accords de sixte dérivés des accords parfaits de la tonique, du quatrième degré, et de la dominante, sont mineures dans le mode majeur, et majeures dans le mode mineur.

89. On a vu (§ 80) les circonstances qui peuvent conduire à placer sur le septième degré un accord composé de tierce et de quinte mineure sur le septième degré. Cet accord a pour dérivé par le renversement un accord de sixte dont la note de basse est le second degré. Cette harmonie est bien caractéristique de la tonalité, parce que la tierce et la sixte forment un intervalle de quarte majeure qui se résout tonalement, par la tendance naturelle de ses notes constitutives.

DÉMONSTRATION.

90. J'ai expliqué (§ 45) comment on évite la fausse relation qui résulte de la succession de deux tierces majeures sur le quatrième degré et sur la dominante, au moyen de l'accompagnement de la sixte sur la tierce du quatrième degré. Si l'on cherche l'origine de cet accord de sixte, on ne peut la trouver que dans l'accord parfait placé sur le second degré dans les progressions qui suspendent le sentiment de la tonalité. L'emploi de cet accord de sixte sur le quatrième degré se voit dans l'exemple suivant :

C'est aussi une suspension du sentiment tonal qui fait admettre l'accord de sixte sur la tonique, comme dérivé de l'accord parfait du sixième degré ; accord qui n'est lui-même qu'une suspension de ce sentiment ; cependant, l'absence absolue du caractère tonal dans l'accord de sixte sur la tonique est cause que cet accord n'y est employé que lorsqu'il est précédé ou suivi de l'accord parfait sur le même degré.

EXEMPLES :

91. Dans l'harmonie à quatre voix ou à quatre parties instrumentales, un des intervalles de l'accord de sixte doit être redoublé à l'octave ou à l'unisson. Une des notes redoublées doit être ou la basse, ou la tierce, ou la sixte : le choix de cette note dépend de la position de l'accord précédent, ou de l'accord qui succède à celui de sixte.

On peut énoncer en général de la manière suivante les règles concernant le redoublement des intervalles dans l'accord de sixte : 1° l'accord de sixte du troisième degré et celui du septième, suivis tous deux d'un accord parfait en montant d'un degré, ne doivent point avoir la note de basse doublée à l'octave, mais la tierce ou la sixte, comme dans les exemples suivants :

La raison de cette règle, comme de toutes celles de la science de l'harmonie, est dans les lois de la tonalité. En effet, les tendances ascendantes qui résultent du demi-ton entre le troisième et le quatrième degré de la gamme, et entre le septième et le huitième, ne permettent pas aux notes inférieures de ces demi-tons de descendre dans le mouvement de l'une des parties, pendant qu'elles montent dans l'autre, parce que le sens musical y serait blessé d'un défaut de succession logique. Les successions suivantes affecteraient donc notre sentiment tonal d'une sensation désagréable :

Lorsque la voix supérieure arrive à l'octave, dans de semblables successions, et quand le redoublement descendant de la note de basse est dans une voix intermédiaire, le sentiment de conclusion, qu'éveille cette disposition, affaiblit la sensation désagréable qui résulte de la transgression de la loi de tendance.

Toutefois, les redoublements de tierce et de sixte, dont j'ai présenté des exemples, sont beaucoup plus satisfaisants, et seront toujours préférés par les harmonistes en qui le sentiment des tendances tonales sera bien cultivé.

2° Les successions d'un accord de sixte à un autre accord de sixte, par mouvement ascendant d'un degré, et celle d'un accord parfait à un accord de sixte, par un mouvement descendant de seconde, ou par un saut d'intervalle quelconque, permettent de doubler la basse de l'accord de sixte, sans que le sentiment de la tonalité soit blessé.

EXEMPLES DE CES SUCCESSIONS :

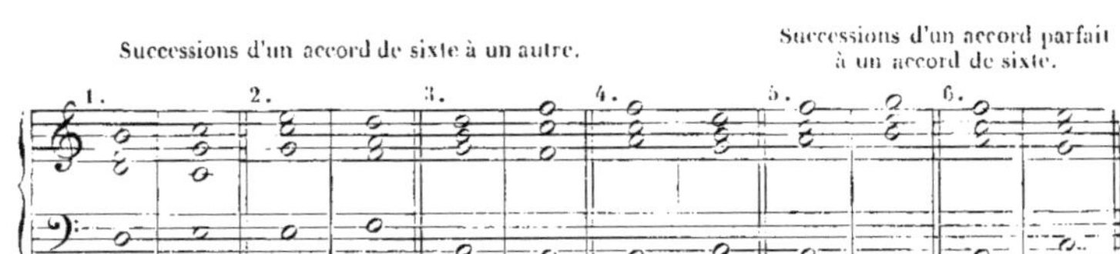

92. Les progressions où les accords de sixte sont employés produisent sur eux le même effet que sur les accords parfaits, en suspendant le sentiment de la tonalité jusqu'à la cadence tonale. C'est en ces circonstances seulement que la spécialité de position de ces accords sur certaines notes de la gamme s'évanouit, et qu'ils prennent place sur tous les degrés. Les formules suivantes représentent quelques-unes de ces progressions

Dans toutes ces formules, la symétrie du mouvement fixe seule l'attention.

93. La deuxième combinaison du renversement des intervalles de l'accord parfait consiste à prendre pour note inférieure celle qui forme la quinte de cet accord, en transportant les deux autres notes aux octaves supérieures. Il en résulte un accord composé des intervalles de quarte et de sixte, appelé, du nom de ces intervalles, *accord de quarte et sixte*.

EXEMPLE :

Cet accord complète l'ordre de combinaisons des trois notes qui entrent dans la formation des accords consonnants.

DÉMONSTRATION.

Après la troisième combinaison, elles se représentent toutes trois dans le même ordre, à l'octave supérieure.

94. L'intervalle de quarte, dépourvu d'aplomb, et le moins satisfaisant de tous les intervalles consonnants, est d'un usage limité à de plus rares circonstances que les autres : de là vient que l'accord de quarte et sixte est aussi celui dont l'emploi est le moins fréquent. Il est destiné principalement à précéder le repos de l'accord parfait sur la note où il est placé :

EXEMPLE :

Quelquefois il fait sa résolution sur un accord de sixte, lorsque la basse fait un mouvement ascendant de seconde.

EXEMPLE ·

95. Le renversement de l'accord parfait de la tonique produit l'accord de quarte et sixte sur la dominante; celui de l'accord parfait du quatrième degré donne naissance à l'accord de quarte et sixte sur la tonique; enfin, le renversement de l'accord parfait de la dominante produit celui de quarte et sixte sur le second degré. La dominante, la tonique et le second degré sont les seules notes où l'accord de quarte et sixte trouve son emploi, dans des circonstances semblables à celles dont il est parlé au § 94. Voici des exemples de l'emploi tonal de l'accord sur ces trois notes :

Emploi de l'acord de quarte et sixte sur la tonique.   Emploi de l'accord de quarte et sixte sur la dominante.

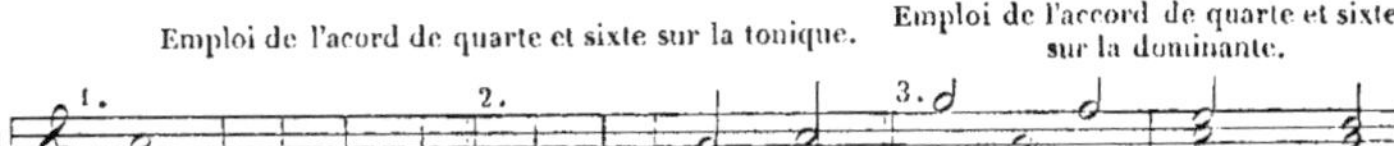

Emploi de l'accord de quarte et sixte sur le second degré.

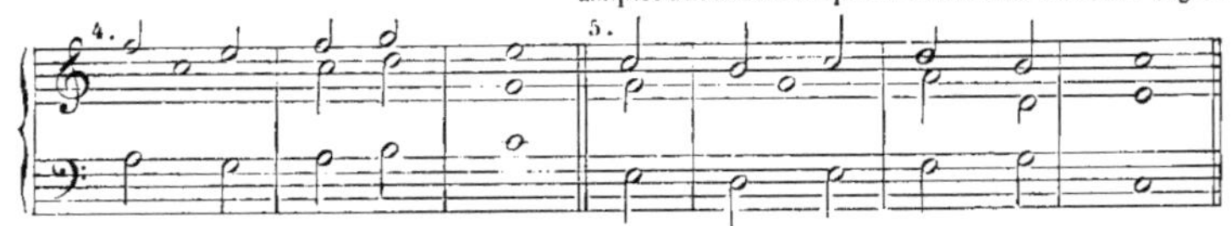

96. Lorsqu'on écrit à quatre voix ou à quatre parties instrumentales, on double la note de basse à l'octave (*voy.* ci-dessous l'exemple 1). On ne double la sixte que dans la musique à cinq voix (*voy.* l'exemple 2); mais la quarte ne se double pas, à cause de sa faiblesse tonale.

EXEMPLES :

97. Telles sont toutes les harmonies consonnantes possibles qui résultent de l'unité tonale ; telles sont aussi les circonstances de l'emploi de ces harmonies, basées sur la loi suprême de la tonalité. Quelles que soient les combinaisons de ce genre d'accords employées dans la musique, on ne peut y trouver autre chose, à moins qu'on y ait introduit des modifications qui leur donnent un aspect nouveau, comme on le verra dans la troisième section de ce livre.

DEUXIÈME SECTION.

Des accords dissonants.

CHAPITRE III.

DE L'ACCORD DISSONANT NATUREL APPELÉ **SEPTIÈME DOMINANTE**, ET DE SON EMPLOI

DANS LA PÉRIODE HARMONIQUE.

98. J'ai dit précédemment (§§ 44 et 45) que, par la nature de la division de la gamme en deux tétracordes dont les limites se heurtent, le quatrième degré forme avec la dominante une dissonance de septième ou de seconde, en raison de la disposition inférieure ou supérieure de ces notes, et que cette dissonance est inhérente à la tonalité, comme l'harmonie consonnante.

De plus, j'ai fait voir (§§ 41 et 58) que le rapport du quatrième degré et de la note sensible établit entre ces degrés de la gamme une consonnance attractive qui se résout, par le mouvement descendant du quatrième degré, et par le mouvement descendant de la note sensible, dans l'ordre de l'unité tonale.

Or, si l'on réunit dans une seule harmonie la dissonance naturelle de septième et la note sensible, qui établit avec le quatrième degré le rapport d'attraction qui caractérise la tonalité moderne ; si, de plus, on y ajoute la quinte de la dominante, formée avec le second degré, on aura un accord dissonant naturel, composé de quatre sons, dans cette forme :

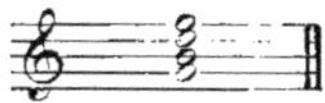

Cette harmonie est appelée *accord de septième de dominante*, parce qu'elle a pour note inférieure ou pour soutien la dominante, et parce qu'elle ne peut trouver ses intervalles constitutifs que sur cette note. Ces intervalles sont : 1º la tierce majeure ; 2º la quinte juste ; 3º la septième mineure. La nature de ces intervalles est identiquement la même dans les deux modes.

99. Les accords consonnants, qui peuvent appartenir à différents degrés de la gamme, n'ont pas le caractère de détermination tonale aussi prononcé que cet accord dissonant naturel, qui ne peut trouver sa constitution que sur une seule note. Lorsque celui-ci se fait entendre, il n'y a plus de doute sur le ton ; tout le secret de la tonalité est révélé par le rapport du quatrième degré avec la dominante, et par le rapport attractif de ce quatrième degré avec la note sensible.

100. La disposition des intervalles de l'accord de septième de dominante peut se faire, lorsqu'il est complet, de cinq manières différentes, dans l'harmonie à quatre parties.

DÉMONSTRATION

Le choix de ces dispositions est réglé par la nécessité du mouvement le plus naturel et le plus facile pour les voix, dans la succession des accords.

101. L'obligation de résoudre la dissonance, en la faisant descendre d'un degré, et de faire monter la note sensible à la tonique, dans l'unité tonale (voy. §§ 41 et 46), donne à l'enchaînement de l'accord de septième de dominante avec les accords consonnants un caractère de résolution finale et de cadence que n'a pas l'accord parfait de la dominante, dont toutes les notes ont une direction libre.

Lorsqu'il n'y a pas de changement de ton, l'accord de septième doit être suivi d'une *cadence parfaite* sur la tonique, ou d'une *cadence rompue* sur le sixième degré, ou enfin d'une harmonie dérivée de l'accord parfait de la tonique, qui fait une *suspension de cadence*, mais qui établit la résolution tonale.

EXEMPLES :

Cadence parfaite.   Cadence rompue.   Suspension de cadence.

Toute succession régulière dans laquelle les deux mouvements nécessaires du quatrième degré et de la note sensible ne s'exécutent pas, conduit à un changement de ton, comme on le verra dans le troisième livre de cet ouvrage.

Il est vrai que certains harmonistes, dans le dessein de compléter l'accord parfait qui succède à celui de septième dans la cadence parfaite (*voy.* l'exemple 1 précédent), résolvent seulement la dissonance, en la faisant descendre, et ne font pas monter la note sensible ; en sorte qu'ils écrivent ainsi :

Mais, bien que cette manière d'écrire ait été fréquemment employée dans la musique composée depuis la fin du dix-huitième siècle, elle n'en est pas moins vicieuse, en ce qu'elle ne satisfait pas à toutes les exigences du sentiment tonal.

102. L'objet du paragraphe précédent nous conduit à examiner par quel moyen on peut compléter l'harmonie de l'accord parfait de la tonique, qui succède à celui de septième dans la cadence parfaite, sans transgresser les lois de la tonalité, à l'égard du mouvement des intervalles de ce dernier accord.

Cette cadence nous démontre (§ 101, exemple 1) que l'harmonie de l'accord de septième étant complète, le mouvement forcé des notes qui la composent ne permet pas de compléter celle de l'accord parfait. Cependant un accord de trois sons, dont on est obligé de retrancher un, ne produit qu'une harmonie très faible. Ce grave inconvénient ne peut être évité que par la suppression de la quinte de l'accord de septième, lorsqu'on écrit à quatre voix ou parties instrumentales, et par le redoublement de la note inférieure de l'accord. Cette note redoublée fournit le moyen de conserver la quinte à l'accord parfait qui succède à celui de septième, sans nuire aux mouvements de résolution du quatrième degré et de la note sensible.

DÉMONSTRATION.

La quinte n'étant pas un des intervalles de constitution tonale, dans l'accord de septième, et cet accord étant composé de quatre sons, sa suppression n'est pas essentiellement nuisible à l'harmonie.

On peut cependant éviter cette suppression, par le passage de la quinte du premier accord à la quinte du second, au moyen du mouvement contraire, lorsque la disposition des voix de ce qui précède le permet.

DÉMONSTRATION.

Dans l'harmonie écrite à cinq parties, aucune suppression n'est nécessaire, et toutes les voix font des mouvements réguliers, conformes aux exigences de la tonalité.

DÉMONSTRATION.

CHAPITRE IV.

DU RENVERSEMENT DES INTERVALLES DE L'ACCORD DE SEPTIÈME. — DES ACCORDS QUI EN PROVIENNENT, ET DE L'EMPLOI DE CES ACCORDS.

103. Les trois sons de l'accord parfait se combinent, par le renversement, de trois manières différentes dans les accords consonnants; les quatre sons de l'accord de septième fournissent quatre combinaisons d'accords dissonants par le même procédé.

104. Si l'on prend pour note inférieure d'une de ces combinaisons la tierce de l'accord de septième, en transportant la dominante à une des octaves supérieures, on a un accord composé de la note sensible à la basse, de sa tierce mineure, de sa quinte mineure et de sixte.

DÉMONSTRATION.

On donne à cette harmonie le nom d'*accord de quinte mineure et sixte* [1].

---

(1) Les anciens harmonistes français donnaient à cet accord le nom de *fausse quinte*. Catel et son école l'appellent *accord de quinte diminuée*. Ces désignations sont imparfaites; car il n'y a rien de

Comme dans l'accord de septième, et comme dans tous ses autres dérivés, la dissonance est ici formée du choc du quatrième degré avec la dominante.

105. On peut disposer les intervalles de cet accord, pour les voix ou pour les parties instrumentales, de quatre manières différentes.

DÉMONSTRATION.

Comme dans l'accord de septième, comme dans tout accord, le choix de ces dispositions est déterminé par le mouvement le plus naturel des voix.

106. Conformément à la loi tonale, et lorsqu'il n'y a point de modulation, l'accord de quinte mineure et sixte ne peut avoir qu'une seule résolution, qui consiste à être suivi de l'accord parfait de la tonique; car l'attraction de la quinte mineure oblige la note sensible de la basse à monter d'un degré, et le quatrième à descendre. Les exemples suivants offrent cette résolution dans les diverses positions des intervalles.

Cette résolution obligatoire de l'accord de quinte mineure et sixte démontre que cet accord ne peut être employé sur le septième degré que lorsque cette note est suivie de la tonique, et que, si le sixième degré lui succède, on doit l'accompagner de l'accord de sixte, dont toutes les notes ont un mouvement libre. On n'écrira donc pas comme dans l'exemple 1 suivant, mais comme dans le 2e.

Mauvaise succession.   Bonne succession.

faux ni de diminué dans les harmonies conformes à la constitution d'une tonalité unique et rationnelle. Reicha, qui ne donne pas de noms aux dérivés des accords parfait et de septième, les désigne simplement comme *premier, deuxième* et *troisième renversement,* etc.

107. Si l'on prend pour note inférieure de l'accord dissonant la quinte de l'accord de septième, en transportant les autres notes aux octaves supérieures, on a pour troisième combinaison un accord composé de tierce **mineure, quarte juste** et **sixte majeure**, qui a pour basse le second degré.

DÉMONSTRATION.

Cette disposition de l'accord dissonant est appelée *accord de sixte sensible* [1] , parce que l'intervalle de sixte, qui entre dans sa composition, est formé avec la *note sensible*.

108. Les intervalles de l'accord de sixte sensible peuvent être disposés de quatre manières différentes pour les voix.

DÉMONSTRATION.

109. Conformément à la loi tonale, l'accord de sixte sensible peut avoir deux résolutions naturelles : la première, sur le troisième degré accompagné de l'accord de sixte ; l'autre, sur la tonique portant l'accord parfait. Les exemples suivants offrent ces résolutions dans les diverses positions des accords.

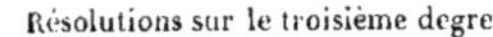

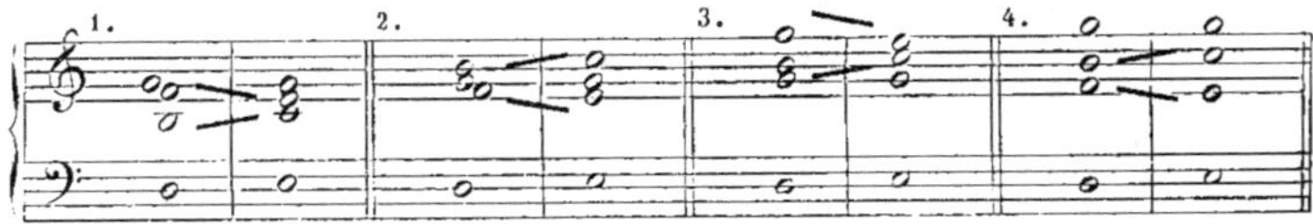

(1) Cet accord est appelé par Rameau *accord de petite sixte majeure.* Le ridicule d'une semblable dénomination se voit de lui-même ; car comment un intervalle pourrait-il être **petit et majeur** à la fois ? Le fait est que cet intervalle de sixte est le plus grand qu'on puisse former avec les notes naturelles d'une gamme, puisqu'il est formé avec la note sensible, qui a une tendance ascendante.

On voit, par ces exemples, que les mouvements des intervalles sont les mêmes dans les deux résolutions de l'accord dissonant, et qu'elles ne diffèrent que par le mouvement de la basse.

Toute autre succession après l'accord de sixte sensible empêcherait la résolution des intervalles dissonants et attractifs de cet accord. Par exemple, dans un mouvement de basse du second degré au sixième, la dissonance ne pourrait pas avoir de résolution, car sa note dissonante devrait rester immobile. Dans un cas semblable, on ne doit pas accompagner le second degré avec l'accord de sixte sensible, mais avec l'accord de sixte consonnant, dont les intervalles ont une allure libre. On n'écrira donc pas comme dans le premier exemple suivant, mais comme dans le deuxième.

110. Si on prend pour note inférieure de l'accord dissonant le quatrième degré, en transportant les autres notes aux octaves supérieures, on a la quatrième et dernière combinaison de ses éléments. L'harmonie qui en est le produit est composée de seconde, de quarte majeure et de sixte majeure. Sa note de basse est la dissonance de l'accord ; car on se souvient que la dissonance résulte du choc du quatrième degré contre la dominante.

DÉMONSTRATION.

On donne à cette harmonie le nom d'accord de *triton*, parce que la quarte majeure, réunie à la dissonance de seconde, en est l'intervalle caractéristique.

111. L'accord de triton complète l'ordre de combinaison des quatre notes de l'accord dissonant.

DÉMONSTRATION.

Accord de septième.   Accord de 5te mineure et 6te.   Accord de sixte sensible.   Accord de triton.

Après la quatrième combinaison, elles se représentent toutes quatre dans le même ordre, à l'octave supérieure.

112. Les intervalles de l'accord de triton peuvent être disposés de cinq manières différentes pour les voix.

DÉMONSTRATION.

113. Conformément à la loi de tonalité, l'accord de triton n'accompagne le quatrième degré que lorsque cette note descend à la troisième de la gamme, parce qu'il a une double tendance descendante par sa qualité de dissonance et par son rapport avec la note sensible. Il suit de là que le quatrième degré ascendant doit être accompagné d'une autre harmonie que l'accord de triton. Les exemples suivants offrent la résolution de cet accord dans ses diverses dispositions et suivant les exigences du sentiment tonal.

Tout autre emploi de l'accord de triton blesserait le sentiment de la tonalité, bien que l'harmonie consonnante de la tonique lui succédât, par les motifs exposés ci-dessus : c'est donc une grave erreur que le saut de la note inférieure de cet accord sur la tonique, ou son ascension sur la dominante, dont on trouve des exemples dans plusieurs compositions, d'ailleurs estimables, et même dans les œuvres de quelques musiciens célèbres.

EXEMPLES

De résolutions vicieuses de l'accord de triton.

114. Un fait harmonique, dont on trouve beaucoup d'exemples, semble au premier examen être en opposition avec ce que j'ai dit de la nécessité de faire descendre le quatrième degré, et monter la note sensible, dans les résolutions des diverses combinaisons de l'accord dissonant conformément à l'unité tonale : ce fait consiste dans la succession immédiate de l'une à l'autre de ces combinaisons, et sans harmonie consonnante intermédiaire. Voici des exemples de ces successions :

Mais il est évident que ces changements immédiats de combinaisons d'une même harmonie ne sont qu'une suspension de la nécessité de la résolution tonale, et que tous les exemples qu'on vient de voir doivent se terminer par la double résolution du quatrième degré et de la note sensible sur l'harmonie consonnante, sous peine de blesser le sentiment de la tonalité.

DÉMONSTRATION

115. Nous voici arrivés à la complète constitution de l'unité tonale de la musique moderne. Tous les rapports consonnants et dissonants d'une gamme unique sont établis, démontrés, tant pour l'ordre successif que pour l'ordre simultané : chaque note de la gamme, quelles que soient les circonstances de son enchaînement avec les autres, a pour toutes ces circonstances des harmonies propres et spéciales.

Des exemples de périodes harmoniques, dans les deux modes de la tonalité moderne, achèveront de démontrer cette vérité.

Mode majeur.

116. Ces exemples démontrent que l'accord parfait et celui de septième composent, avec leurs dérivés, toute l'harmonie naturelle. La suite de ce livre aura pour objet de prouver, jusqu'à l'évidence, que toutes les autres agrégations harmoniques ne sont que des modifications de celles-là; modifications qui se classent de la manière suivante : 1º substitution artificielle et facultative d'une note à une autre; 2º retard des notes naturelles des accords par la prolongation des notes des accords précédents; 3º altérations accidentelles des intervalles naturels des accords; 4º combinaisons de ces divers genres de modifications; 5º notes de passage étrangères à l'harmonie; 6º *appogiatures;* 7º anticipations; 8º pédales.

TROISIÈME SECTION.

Des modifications des accords naturels.

CHAPITRE V.

MODIFICATION DES ACCORDS DISSONANTS NATURELS PAR LA SUBSTITUTION D'UNE NOTE A UNE AUTRE. — ACCORDS QUI EN PROVIENNENT.

117. Nous touchons à l'une des questions les plus délicates de la théorie de l'harmonie, à l'un des faits les plus singuliers de l'art dont la science ait à rendre raison. Je dois ici redoubler de soins pour exposer avec clarté les conséquences de la loi de tonalité dans le phénomène dont il s'agit; mais je ne puis espérer d'atteindre le but que je me propose, qu'autant que le lecteur, m'accordant une attention soutenue, se dépouillera des préoccupations de théories basées sur d'autres considérations que celles de la tonalité.

118. J'ai fait voir (§ 101) que dans la résolution de l'accord de septième, qui conduit à la cadence parfaite, la meilleure disposition de cet accord, soit à quatre voix, soit à cinq, est celle qui double l'octave du son grave, et fournit par là le moyen de compléter l'harmonie de l'accord parfait. Or, un fait harmonique, contemporain de l'introduction de l'accord dissonant naturel dans la musique, et de la formation de la tonalité moderne, a démontré que l'oreille admet la substitution du sixième degré à la dominante, qui forme cette octave de l'accord de septième, d'où résulte la double dissonance de septième et de neuvième dans l'accord.

En cet état, l'accord dissonant se présente sous cette forme :

Accord de 7me à 4 voix.   Note substituée.   Accord de 7me à 5 voix.   Note substituée.

On donne a l'accord dissonant avec la note substituée le nom d'*accord de neuvième de la dominante*.

119. La modification de l'accord dissonant, par la substitution d'une note à une autre, n'a point été comprise par les harmonistes qui n'ont considéré les accords que dans leur construction isolée, et sans avoir égard aux lois de succession et de conformation tonale. Deux théoriciens seuls ont été sur la voie de cette importante vérité, d'où dépendent des faits harmoniques d'une analyse fort délicate, et qu'elle seule peut éclairer; mais ils ne l'ont qu'entrevue environnée de nuages qu'ils n'ont pu dissiper. Le premier de ces harmonistes est Rameau, qui, n'ayant saisi le fait de la substitution que dans les renversements de l'accord de septième du mode mineur, a donné aux modifications de cette espèce le nom d'*accords par emprunt* [1] ; l'autre est Catel, qui, sans apercevoir avec netteté le mécanisme de la substitution, a pourtant vu l'analogie de l'emploi des accords modifiés par cette substitution avec les accords dissonants naturels, car il dit : « La similitude qui existe entre ces deux accords (ceux de septième et de neuvième) prouve leur identité et démontre clairement qu'ils ont « la même origine [2]. »

120. La substitution du sixième degré à la dominante, qui se fait dans l'accord de septième et dans ses renversements, est un accent mélodique toujours

---

(1) *Traité d'harmonie*, liv. II, chap. xii, pag. 79 et suiv.
(2) Catel, *Traité d'harmonie*, pag. 14.

placé, par ce motif, à la note supérieure, dans le mode majeur, et qui fait souvent sa résolution sur la note remplacée, avant la cadence.

DÉMONSTRATION

Des deux manières de résoudre la note substituée.

121. La même substitution du sixième degré à la dominante se fait dans les renversements de l'accord de septième. Le premier renversement, ainsi modifié, produit un accord de septième dont la note sensible est la basse, et qu'on appelle, à cause de cela, *accord de septième de sensible* (voy. ci-dessous l'exemple n° 1). Dans le deuxième renversement, la substitution remplace la quarte par la quinte, et produit un *accord de quinte et sixte sensible* (voy. l'exemple 2). Dans le troisième renversement, la substitution remplace la seconde par la tierce majeure. On donne à l'accord ainsi modifié le nom d'*accord de triton et tierce majeure* (voy. l'exemple 3).

Ainsi qu'on l'a vu plus haut, la note substituée est toujours le sixième degré, qui prend la place de la dominante; elle est un accent mélodique dans les renversements comme dans l'accord fondamental, et, conséquemment, elle est toujours placée dans la voix supérieure, et se trouve à la distance de septième de la note sensible.

DÉMONSTRATION.

(1) Le génie d'artiste le plus sublime ne peut enfreindre les lois de la tonalité sans qu'il en résulte une tache pour son œuvre : un fait qui se rapporte à la règle énoncée dans ce paragraphe, concernant

122. La substitution fait sa résolution en descendant sur la note remplacée, dans les renversements de l'accord de septième, comme dans l'accord fondamental.

DÉMONSTRATION.

Comme on le voit, ces successions ont la même destination que les accords

la nécessité de placer la note substituée à la distance de septième de la note sensible, en fournit une preuve remarquable. Voici ce fait :

La première fois que la symphonie en *ut* mineur de Beethoven fut exécutée à Paris, dans les concerts du Conservatoire, et y obtint un succès d'enthousiasme, l'auditoire fut frappé de la sensation la plus désagréable, lorsqu'il entendit, dans une phrase de l'adagio, le renversement complet de la septième de sensible avec la note substituée placée à la partie inférieure. Artistes et amateurs se regardaient avec étonnement, avec une sorte de stupeur. Certes, à l'exception de deux ou trois harmonistes, il n'y avait personne dans la salle qui sût de quoi il s'agissait, ni s'il y avait quelque règle d'harmonie violée ; mais l'instinct, le sentiment tonal, avertissait chacun de la faute, ou, si l'on veut, de la bravade du compositeur.

Voici cette phrase malencontreuse qui gâte une des plus belles conceptions de Beethoven ; le renversement qui fait un si mauvais effet est marqué d'un astérisque.

Depuis l'époque dont je parle, on s'est habitué à cet effet d'harmonie, comme on s'habitue aux fautes de langage qu'on entend souvent répéter ; mais accoutumer le sentiment musical aux violences qui lui sont faites ne sera jamais considéré comme une conquête de l'art par les hommes de sens et de goût.

dissonants naturels, et remplissent les mêmes fonctions dans la période harmonique; elles sont facultatives et n'ont d'emploi que lorsque la pensée du compositeur a besoin d'un accent plus énergique que celui que peut fournir la note naturelle de l'accord.

Lorsque le second degré descend à la tonique, il faut que la substitution se résolve sur la note naturelle de l'accord avant que celui-ci fasse sa résolution sur l'accord parfait: sans cette précaution, il y aurait une succession de deux quintes par mouvement semblable entre la basse et la voix supérieure. Or, j'ai fait voir (§ 45) que cette succession accuse deux tonalités différentes, sans point de contact, ce qui l'a fait proscrire. On ne doit donc pas écrire comme dans l'exemple 1 suivant, mais comme dans le 2ᵉ.

Mauvaise succession.   Bonne succession.

125. Le phénomène de la substitution du sixième degré à la dominante, et de la sensation agréable qu'elle procure au sens musical, ne peut être expliqué que par l'attraction que la note sensible établit avec la dissonance qui en provient. C'est de cette attraction que résulte le caractère d'accent passionné de la note substituée, et l'absence de dureté de sa nature dissonante. La tonalité fait encore ici reconnaître son empire; car tout accord de septième, posé sur les autres notes de la gamme, développe dans le sens musical des sensations différentes de celui de la note sensible, et n'a pas son caractère attractif. La septième de sensible est, dans l'ordre des dissonances, ce que la quarte majeure et la quinte mineure sont dans l'ordre des consonnances.

Il suffit de faire voir que la substitution établit dans l'harmonie un accent mélodique, pour démontrer qu'elle doit toujours être placée dans la voix supérieure; mais la considération de l'intervalle attractif qui en résulte est un argument de plus pour la nécessité de cette disposition; car si la note sensible était placée au-dessus de la note substituée, il n'y aurait plus attraction entre elles, mais répulsion.

DÉMONSTRATION.

124. Lorsqu'on écrit l'harmonie à cinq parties, on conserve, dans les renversements de l'accord dissonant modifié par la substitution, la dominante à l'intervalle de neuvième de la note substituée : cette dominante reste immobile dans la résolution de l'accord dissonant sur le consonnant.

DÉMONSTRATION.

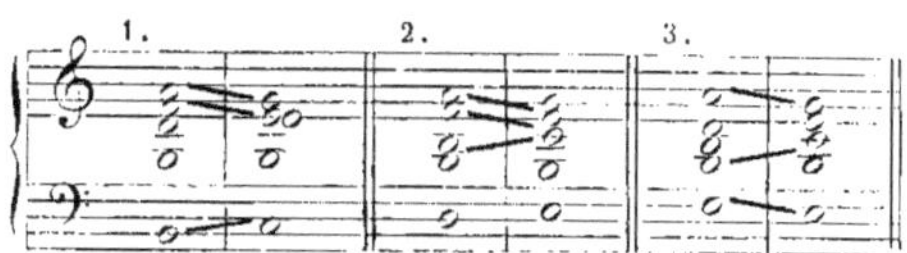

Si la dissonance qui résulte du choc de la note substituée avec la dominante n'était pas à la distance de neuvième, elle serait dure et développerait dans le sens musical une sensation désagréable; car trois sons, placés à la distance de seconde l'un de l'autre, se heurteraient mutuellement; de plus, la résolution de la note substituée, se faisant à l'unisson sur la dominante, ne serait pas entendue; nous n'en aurions pas conscience.

DÉMONSTRATION.

Ce serait bien pis si la note substituée n'était maintenue à la distance attractive de la note sensible, et si elle n'était la note supérieure, car l'oreille serait frappée de l'insupportable confusion harmonique de quatre sons consécutifs se heurtant dans une suite de secondes, et l'accord consonnant qui lui succéderait ne suffirait pas pour satisfaire le sens musical; car la résolution de toutes les dissonances, pressées les unes contre les autres, ne se manifesterait pas à l'intelligence avec clarté.

DÉMONSTRATION.

Cette analyse me paraît démontrer jusqu'à l'évidence la puissance des lois tonales, qui n'admettent la substitution du sixième degré à la dominante, qu'à la condition que cette note soit dans un rapport de neuvième avec cette dominante, par la raison que la substitution remplace l'octave de cette note; et dans

un autre rapport de septième avec la note sensible, puisqu'en prenant la place
de la dominante, à la distance de neuvième, la note substituée remplace la
sixte de la note sensible à un degré plus élevé, et qu'elle établit avec cette note
sensible une dissonance attractive. Enfin, je crois avoir démontré que, par ces
lois de tonalité, la résolution des dissonances devient claire pour l'esprit, tandis que leur transgression fait naître d'horribles cacophonies, dont la cessation,
par le retour de l'état normal dans l'accord consonnant, ne satisfait même pas
l'intelligence, parce qu'elle n'aperçoit pas la solution de tant de dissonances
accumulées.

125. Pour n'avoir pas fait une étude attentive de ces lois de tonalité, les
harmonistes sont tombés dans d'étranges erreurs et ont mis dans l'exposé des
faits de la science une singulière confusion. Il serait trop long et hors du plan
de mon ouvrage d'analyser toutes ces erreurs; mais je dois m'attacher à deux
faits qui ont inspiré des doutes dans les écoles.

Le premier de ces faits est l'erreur de Catel et de plusieurs autres harmonistes qui ont fait de l'accord de neuvième de la dominante et de celui de septième de sensible deux accords fondamentaux différents, ayant chacun leurs
dérivés par le renversement. Ces auteurs de traités d'harmonie n'ont pas vu
que l'accord de septième de sensible, celui de quinte et sixte sensible et celui
de triton avec tierce, sont les modifications des accords dissonants naturels à
quatre voix, par la substitution, tandis que ceux que je viens d'analyser sont
les mêmes modifications à cinq voix.

Il est résulté de là que, prenant l'accord de septième de sensible pour un
accord fondamental, Catel et ses imitateurs lui ont donné trois renversements
qu'ils ont disposés de cette manière :

Cependant, trop bon musicien dans la pratique pour ne pas savoir que ces
accords ont, sous une forme semblable, une harmonie dure qui ne permet pas
d'en faire usage, Catel ajoute dans une note :

« Pour employer le premier et le deuxième dérivé de cet accord d'une ma-
« nière plus agréable, il faut que l'intervalle de seconde qui s'y trouve soit pré-
« senté sous le renversement de septième. » Il donne les exemples suivants
de ces transformations, qui sont en effet la seule manière d'écrire ces harmonies :

Voilà donc des accords impraticables dans la prétendue forme primitive de Catel.

A l'égard du troisième dérivé, auquel il était invinciblement conduit par la logique du renversement, il est obligé d'avouer [2] *qu'il n'est pas d'usage sans la préparation*, dont il donne cet exemple :

Catel n'a pas vu que l'obligation de faire cette préparation constitue un ordre de modifications des accords naturels qui n'a point de rapports avec celui-ci. En effet, ce que ce maître et les harmonistes de son école ont pris pour un troisième renversement de l'accord de septième de sensible n'est que l'accord fondamental de septième de dominante, avec la substitution du sixième degré dans la note grave.

DÉMONSTRATION.

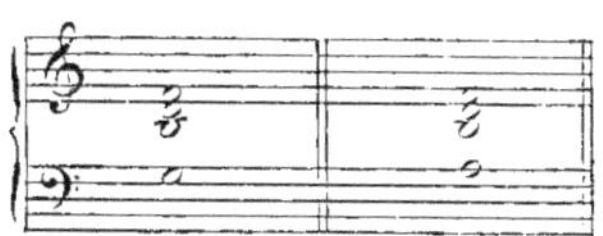

Or, cette substitution est inadmissible, parce que l'attraction de la note sensible et du sixième degré, exigée par la loi de tonalité, n'y existe pas ; en un mot, parce que la substitution n'est pas admise par le sens musical à l'état de seconde, dans le mode majeur.

Reicha, qui s'est complétement égaré dans son système d'harmonie, comme je le ferai voir au quatrième livre de cet ouvrage, a bien vu pourtant que l'accord de septième de sensible vient de la même source que celui de neuvième de dominante ; il a établi sa filiation de cette manière :

<hr>

(1) *Traité d'harmonie,* pag. 13.
(2) *Idem,* pag. 14.
(3) *Cours de composition musicale,* pag. 12.

On voit qu'il n'est pas conduit au prétendu troisième renversement de Catel, et qu'il dispose les intervalles comme ils doivent l'être, mais sans expliquer la cause de cette disposition.

126. Le deuxième fait harmonique dont je veux parler est fourni par la théorie de Calegari, de Valotti, de Sabbatini et de toute l'école de Padoue. Suivant cette théorie, il n'y a point de modification de l'harmonie naturelle qui ne puisse se renverser dans la pratique, point d'intervalle réglé par la tonalité qu'on ne resserre à volonté dans les renversements. Appliquant ce principe à l'accord de neuvième de dominante écrit à quatre voix, les maîtres que je viens de nommer lui donnent pour dernier renversement un accord construit comme dans l'exemple n° 2.

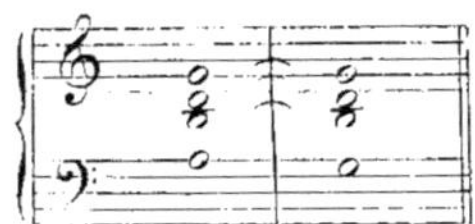

Ici l'esprit de système prétend triompher du sentiment tonal et harmonique, qui a toujours fait rejeter ce renversement, parce qu'il ne peut s'enchaîner d'une manière satisfaisante avec les autres accords, et parce que l'intervalle de septième qui s'y trouve ne pourrait être résolu que par le mouvement descendant de la basse, ce qui est en opposition directe avec les lois de la tonalité expliquées précédemment.

DÉMONSTRATION.

Mais c'est assez nous occuper des erreurs de systèmes : revenons à l'harmonie de la nature.

127. La substitution du sixième degré à la dominante est en harmonie avec le sentiment tonal dans le mode mineur comme dans le majeur. Elle produit les mêmes résultats ; mais, par la nature du mode mineur, le sixième degré étant moins élevé d'un demi-ton que dans le mode majeur, sa substitution produit des intervalles mineurs, et la septième que forme ce degré avec la note sensible est diminuée [2].

(1) Voyez le livre intitulé : *La vera idea delle musicali numeriche segnature*, par Sabbatini, page CLIV.

(2) Le principe si vrai, si fécond et si lumineux, de la modification des accords dissonants naturels

Il suit de là qu'un *accord de neuvième mineure de la dominante* est le résultat de la substitution du sixième degré à la dominante dans l'accord de septième du mode mineur (*voy.* ci-dessous ex. 1); que la même substitution, dans le premier renversement, produit un *accord de septième diminuée* (ex. 2); qu'elle transforme le deuxième renversement en un *accord de quinte mineure et sixte sensible* (ex. 3); enfin, qu'elle produit l'*accord de triton et tierce mineure* dans le dernier renversement (ex. 4).

DÉMONSTRATION.

128. J'ai fait voir (§ 34) que le renversement de l'intervalle de septième par la substitution, n'a été aperçu dans les accords du mode mineur que par un homme dont le nom et le livre sont maintenant inconnus. Ce musicien, père d'un artiste distingué de nos jours, se nommait *Boëly*. Partisan déclaré du système d'harmonie de Rameau, il en prit la défense avec chaleur contre la théorie de Catel, lorsque celle-ci parut, et publia en 1806 une critique amère de cette dernière dans un livre qui porte ce titre bizarre : ***Les véritables causes dévoilées de l'état d'ignorance des siècles reculés, dans lequel rentre visiblement aujourd'hui la théorie pratique de l'harmonie, notamment la profession** (l'enseignement) **de cette science*** (Paris. 1806, in-8°).

Parmi beaucoup de déclamations remplies de faux aperçus et de préjugés, on remarque que Boëly rejette avec indignation les accords de neuvième majeure et de septième de sensible, parce qu'il ne les trouvait pas dans le *Traité d'harmonie* de Rameau; mais il admet l'accord de septième diminuée, suivant les principes de cet harmoniste, et il fait sur cet accord les observations suivantes, qui sont pleines de justesse, bien qu'exprimées avec peu de clarté (pag. 125 de son livre) :

« Il (Catel) devait dire : 1° Que cette septième (diminuée) n'est point un accord primitif, et qu'il « n'est fondamental que secondairement;

« 2° Qu'il tire son origine de la dominante tonique *sol*, à laquelle l'art a substitué la sixième note « *la* bémol pour avoir par renversement un accord de septième composé de trois tierces mineures en « cette forme, *si, ré, fa, la* bémol, dans lequel on voit la note *la* bémol remplacer le *sol* qui fait or- « dinairement partie de l'accord de fausse quinte (quinte mineure et sixte), premier dérivé de la do- « minante tonique;

« 3° Que c'est pour cette raison qu'on le nomme en cet état *accord par substitution ou d'emprunt*, « pour être employé à volonté à la place de l'accord sensible du mode mineur qu'il représente tou- « jours, telle forme qu'il prenne dans ses dérivés. »

On ne pouvait être plus près d'une vérité générale et féconde; mais Boëly n'a pas été plus loin.

diminuée produit la seconde augmentée; or, la seconde augmentée sonne l'oreille comme la tierce mineure.

DÉMONSTRATION.

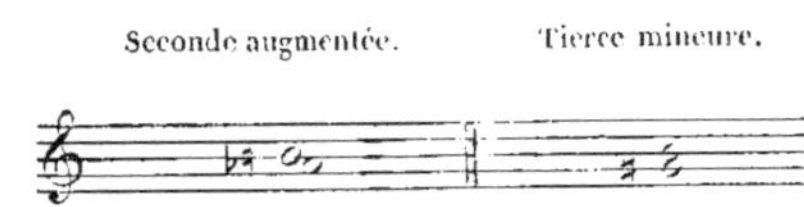

Il suit de là que la sensation dure de l'intervalle de seconde majeure qui résulterait du renversement de la septième de sensible, dans les accords du mode majeur, n'existe pas dans le mode mineur; d'où il résulte que la note sensible et la substitution du sixième degré de ce mode peuvent être à volonté disposées en intervalles de septième diminuée ou de seconde augmentée, dans les deuxième et troisième renversements, et que le sens musical en est également satisfait.

DÉMONSTRATION.

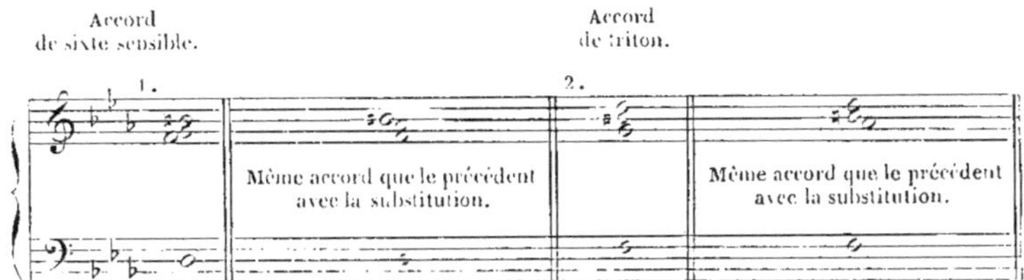

La même cause donne naissance à la substitution du sixième degré du mode mineur dans la note grave de l'accord de septième.

DÉMONSTRATION.

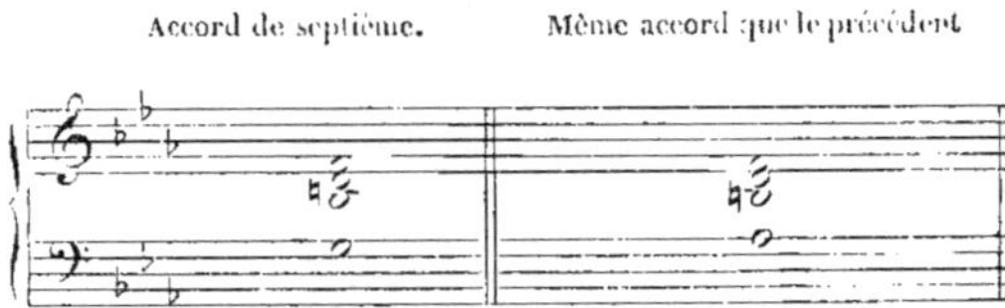

Telle est la véritable origine du prétendu troisième renversement de l'accord de septième diminuée, appelé *seconde augmentée*.

129. La substitution du mode mineur se résout comme celle du mode majeur, en descendant d'un degré sur la note naturelle de l'accord.

DÉMONSTRATION.

130. Comme dans le mode majeur, la substitution trouve son emploi dans
l'harmonie à cinq voix ou à cinq parties instrumentales, en faisant entendre à
la fois la note primitive de l'accord dissonant et la note substituée, à la condition de placer ces deux notes à l'intervalle de neuvième, par les motifs exposés précédemment (§ 124).

DÉMONSTRATION.

131. Si j'ai mis l'ordre et la clarté nécessaires dans l'analyse de la modification des accords dissonants naturels par la substitution, j'ai dû démontrer que
les accords artificiels qui en proviennent introduisent dans la musique des variétés d'accents, mais qu'ils ne créent pas de faits nouveaux de tonalité; enfin,
qu'ils ne sont point une nécessité de la période harmonique, comme les accords
consonnants et dissonants naturels. Ils tiennent quelquefois lieu de ceux-ci,
mais ils en supposent toujours l'existence; car, si l'on fait abstraction de ces
accords naturels, leurs modifications n'ont plus de réalité possible.

Il suit de là que l'enchaînement des harmonies modifiées avec les autres
peut toujours se réduire à l'harmonie naturelle; que leur emploi est facultatif.

et que le compositeur y est déterminé par des considérations formales de sa pensée, mais non par des nécessités tonales. Les exemples suivants achèveront de rendre ces vérités évidentes.

MODE MAJEUR.

1. Harmonie des accords naturels.

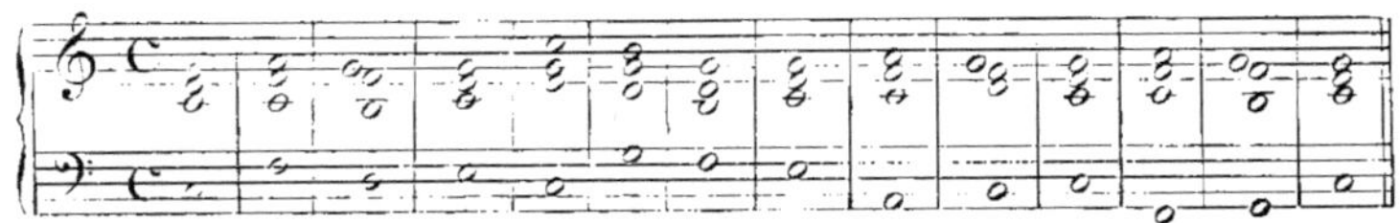

2. Même harmonie avec les substitutions.

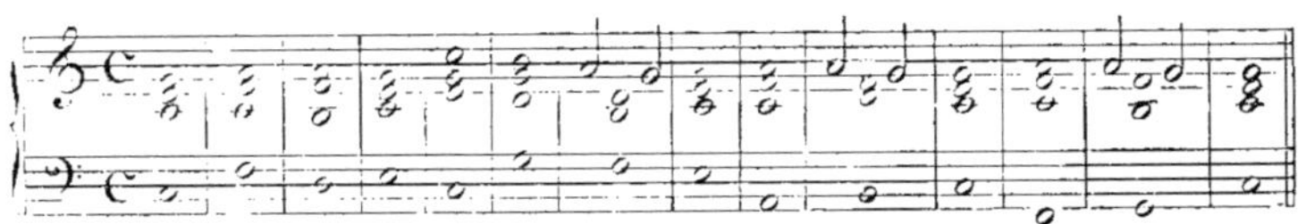

MODE MINEUR.

3. Harmonie des accords naturels.

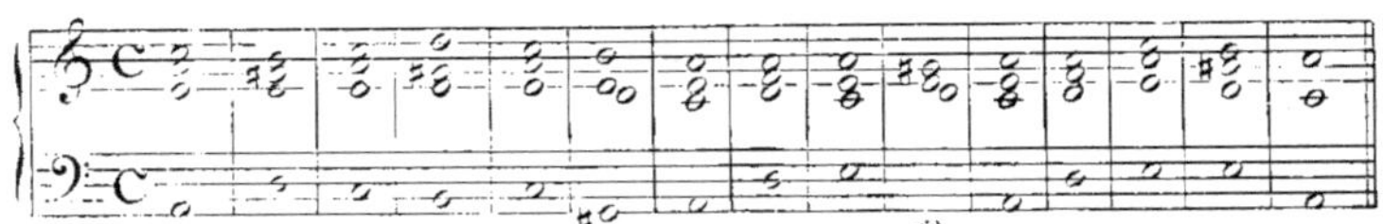

4. Même harmonie avec les substitutions.

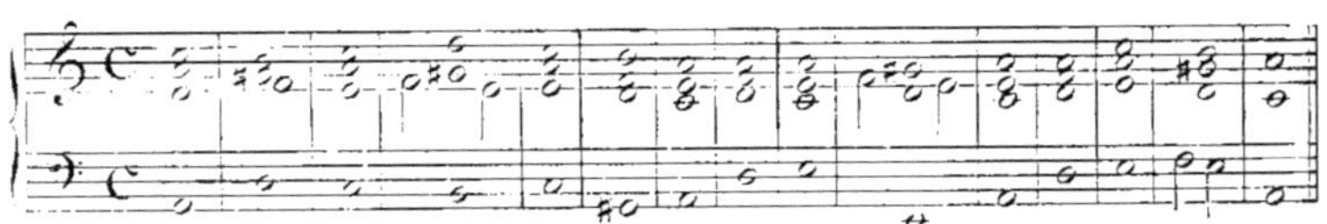

Le plus simple examen suffit pour donner la conviction que l'harmonie de l'exemple n° 2 remplit les mêmes fonctions que celle du n° 1, et que le n° 4 a la même signification tonale que le n° 3.

(1) Voyez sur la théorie exposée dans ce chapitre la note A, à la fin du volume.

CHAPITRE VI.

DES EFFETS DU RETARD DES INTERVALLES CONSONNANTS ET DISSONANTS PAR LA PROLONGATION,

DES ACCORDS ARTIFICIELS QUI EN PROVIENNENT.

132. Notre sentiment musical a pour premier principe la tonalité, qui n'est autre chose que le rapport logique des sons; le second principe, qui n'est qu'une modification du premier, est le besoin de variété dans l'unité. C'est ce besoin qui a conduit aux modifications des accords naturels. On a vu dans le chapitre précédent l'analyse d'une de ces modifications applicable seulement aux combinaisons de l'accord dissonant; il en est une autre qui trouve son application dans les harmonies consonnantes et dissonantes; *elle consiste dans le retard des intervalles naturels des accords, au moyen de la prolongation d'une ou de plusieurs notes des accords qui les précèdent.*

133. Pour comprendre le système de ce genre de modification des accords naturels, il faut remarquer qu'il s'opère des mouvements ascendants, descendants ou latéraux, entre les notes qui les composent, dans leur succession.

DÉMONSTRATION

Dans le premier exemple, deux des parties supérieures ont des mouvements descendants, et la voix intermédiaire reste immobile; dans le deuxième, la voix supérieure ne change pas de note, et les deux autres font des mouvements ascendants.

Or, tout mouvement descendant peut donner lieu à la prolongation d'une ou de plusieurs notes du premier accord sur le second, et conséquemment au retard des intervalles naturels de celui-ci, parce que, s'il en résulte quelque dissonance de seconde, de septième ou de neuvième, cette dissonance obéit à la règle de tonalité, et se résout en descendant, accomplissant en cela le mouvement retardé.

DÉMONSTRATION.

1. Harmonie naturelle.   2. Harmonie retardée.

La prolongation qui retarde la tierce du second accord parfait introduit dans celui-ci un intervalle de quarte contre la basse, qui est en relation de septième avec une des autres notes de l'accord; cette dissonance se résout en descendant d'un degré, et en cela, elle ne fait qu'accomplir le mouvement retardé.

Remarquons, en passant, que telle est l'origine de l'erreur qui a fait considérer la quarte comme une dissonance : on ne s'est préoccupé de cette quarte qu'à l'égard de la basse, et l'on n'a pas vu que c'est le choc de la note prolongée contre une autre, en seconde ou en septième, qui lui donne son caractère dissonant, et qui l'oblige à faire sa résolution descendante. Dans l'exemple premier suivant, la quarte produite par la prolongation est en relation de seconde avec une des voix supérieures; dans le second, elle est en relation de septième :

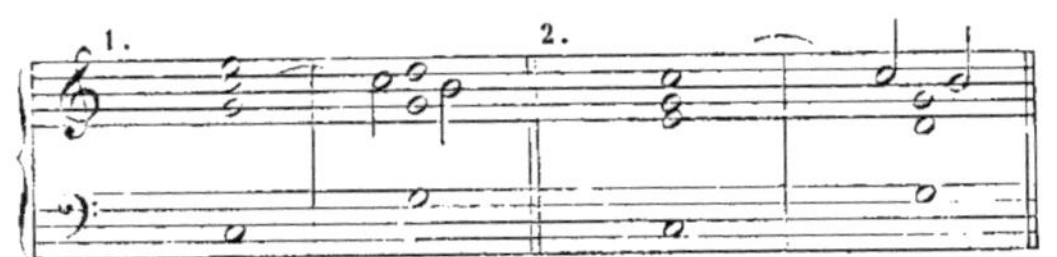

La quarte qui ne serait pas en relation de seconde ou de septième avec une des voix supérieures, n'aurait pas le caractère dissonant dans une harmonie retardée; elle serait libre dans la succession des accords.

DÉMONSTRATION.

Si le mouvement est ascendant, dans la succession de deux accords, toute prolongation qui fait naître des dissonances est inadmissible, parce que ces prolongations ne pourraient accomplir le mouvement retardé qu'en violant la loi de la résolution des dissonances.

DÉMONSTRATION.

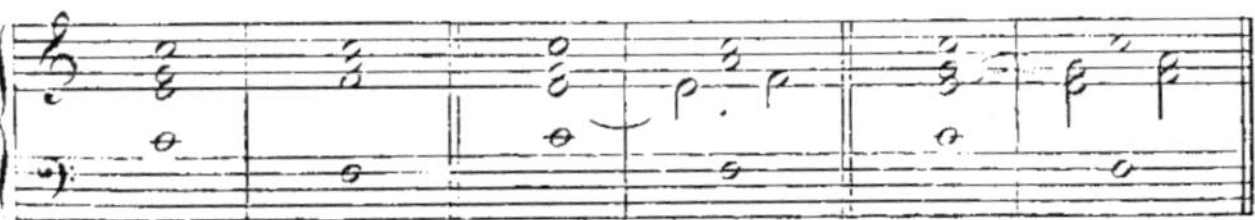

Il suit de là que les prolongations ne sont bonnes dans les mouvements ascendants que lorsqu'elles ne produisent pas de dissonances. En voici un exemple :

Cependant, si le mouvement ascendant a lieu de la note sensible à la tonique, l'attraction de la première de ces notes vers la seconde absorbe la sensation de la dissonance, et celle-ci, non-seulement ne blesse pas l'oreille dans son mouvement ascendant, mais la satisfait par une des conséquences les plus nécessaires de la loi de tonalité.

DÉMONSTRATION.

134. On donne le nom de *préparation de la dissonance* à toute note qui, avant la prolongation dissonante, est entendue dans l'état de consonnance ; et l'on dit de toute dissonance précédée d'une telle note, *qu'elle est préparée*.

Les dissonances naturelles primitives, ou produites par la substitution, diffèrent des dissonances provenant de la prolongation, en ce que les premières satisfont le sens musical de prime abord et sans être préparées, tandis que les autres n'existent que par le fait même de la préparation. Or, le choc du quatrième degré et de la dominante, réuni aux notes attractives, jouit seul de la propriété de pouvoir se faire entendre sans préparation, tandis que le choc de deux autres notes quelconques de la gamme n'est jamais, et ne peut être que le produit de la prolongation. On verra, dans le quatrième livre de cet ouvrage, que, pour n'avoir point fait cette distinction fondamentale, beaucoup d'harmonistes sont tombés dans des erreurs de système en opposition directe avec les principes véritables de l'art et de la science.

135. Les prolongations ne modifient les accords naturels qu'autant qu'ils y introduisent des dissonances. Ce genre de modification se réduit aux faits dont voici l'énoncé : 1º le retard de la tierce par la prolongation de la note inférieure produit la seconde ; 2º le retard de la sixte produit la septième, par la prolongation de la note supérieure ; 3º le retard de l'octave, par la prolongation de la note supérieure, engendre la neuvième.

DÉMONSTRATION.

Toutes les combinaisons d'accords, où les prolongations s'introduisent, ne peuvent contenir d'autres dissonances soit entre les parties supérieures, soit contre la basse, car ce sont les seules que fournissent les rapports des sons dans notre tonalité. C'est donc à tort que certains compositeurs inhabiles ont introduit dans leurs ouvrages des prolongations de la basse qui font naitre des retards de l'octave par la septième, comme dans cet exemple :

Pour acquérir la preuve que cette succession retardée est en opposition avec la loi de tonalité, il suffit de remarquer que la septième n'y est pas le renversement de la seconde, ainsi que le veut cette loi, mais bien celui de la neuvième.

DÉMONSTRATION.

Tous les faits de l'ordre tonal sont renfermés dans les limites de la gamme, c'est-à-dire dans l'octave. Dans les prolongations, on ne conçoit pas la neuvième comme représentant la seconde, mais comme ayant une signification propre et momentanée d'un son au-delà de la limite de l'octave; or, au-delà de cette limite les intervalles ne se renversent pas : la prolongation de la septième, retardant l'octave, n'est donc pas admissible.

156. Toute la théorie de la modification des accords naturels, par la pro-

longation, réside dans les principes exposés précédemment : on en verra successivement l'application dans les accords consonnants et dans les dissonants.

157. Toute succession descendante de deux accords dont le dernier est un accord parfait, peut donner lieu à des prolongations qui produisent le retard de la tierce de celui-ci par la quarte, et introduit entre les parties supérieures une dissonance de seconde ou de septième. Cette dissonance se résout en descendant d'un degré.

DÉMONSTRATION.

158. Dans toute succession de deux accords dont le dernier est parfait, la prolongation d'une note qui descend d'un degré sur l'octave de ce dernier accord produit une dissonance de neuvième, qui se résout sur l'octave retardée.

(1) G. Weber et M. Marx, le premier dans son Essai d'une théorie régulière de la musique (*Versuch einer geordneten Theorie der Tonsetzkunst*, t. III, page 50, 3ᵉ édit), et le second dans la Science de la composition musicale (*Die Lehre von der musikalischen Composition*, t. I, page 237), ont cité un passage de l'ouverture de *Cosi fan tutte*, par Mozart, où l'on voit un retard de tierce par la quarte qui n'est pas préparé, et qui ne résulte pas de la prolongation d'une note précédemment entendue. Voici ce passage :

M. Weber considérait ce passage comme un de ceux qui prouvent, selon lui, qu'il n'y a point de règle absolue et générale dans la musique. Pour moi, j'y vois exactement le contraire, et le sentiment tonal le plus délicat me paraît avoir guidé Mozart; car l'harmonie de l'accord parfait de *fa* lui a paru sous-entendue et persistante pendant les trois mesures qui précèdent le retard de l'accord par-

DÉMONSTRATION.

Lorsque deux notes descendent dans la succession de deux accords dont le dernier est un accord parfait, la prolongation de ces notes introduit dans le second accord une double dissonance de septième entre les parties supérieures,

fait de *sol*. Cela est si vrai que, répétant ensuite la phrase, il y place cette harmonie, et la succession devient parfaitement régulière. Voici le passage entier :

Il est évident que, dans la première partie de ce passage, l'*ut* est conçu dans l'harmonie des trois premières mesures avant la prolongation, comme il est entendu ensuite dans l'harmonie complète.

Si l'on suppose qu'au lieu des trois premières mesures, Mozart eût fait celles-ci :

Le retard deviendrait absurde, parce que rien ne ferait sous-entendre la prolongation; le sens musical en serait choqué.

et de neuvième contre la basse, dont la résolution se fait en accomplissant le mouvement retardé.

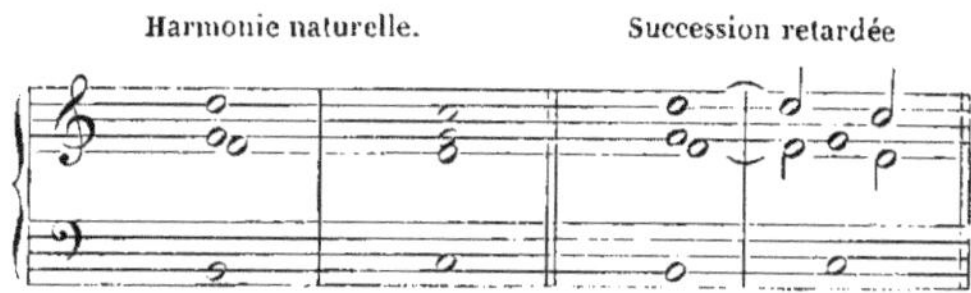

159. Toute succession descendante de deux accords, dont le dernier est un accord de sixte, peut donner lieu à des prolongations qui produisent des retards de la sixte par la septième : cette dissonance se résout en descendant sur l'intervalle retardé.

Ces prolongations, qui retardent l'intervalle de sixte, sont celles qui étaient employées par les compositeurs des temps où l'harmonie consonnante était seule en usage, avec les dissonances artificielles qu'y introduisaient les retards des intervalles naturels.

Les harmonistes modernes, guidés par l'analogie de l'accord de septième de dominante, ont cru que tout accord de septième devait avoir la quinte dans sa composition, et ont introduit cet intervalle dans les retards de sixte, au moyen d'une double prolongation, dont une produit la quinte, qui se résout sur la sixte en montant. Ils font usage de cette combinaison sur les degrés où se place l'accord de sixte.

Les compositeurs des anciennes écoles n'admettaient pas cette double prolongation qui produit la quinte dans le retard de l'accord de sixte : ils étaient guidés par un meilleur sentiment de la tonalité que les harmonistes modernes, ayant compris qu'une harmonie retardée ne doit renfermer que les intervalles qui la composeraient s'il n'y avait pas de retard. Or, l'accord de sixte n'étant composé que de tierce et de sixte, la prolongation qui retarde cette sixte par la septième ne doit présenter qu'un accord de tierce et de septième. En général, tout retardement d'un intervalle naturel venant à cesser, l'accord doit être dans son état primitif. Cette règle est violée dans le retard de la sixte avec la quinte; car si la quinte ne faisait pas un mouvement ascendant sur la sixte au moment de la résolution de la septième, on n'aurait pas un accord de sixte simple, mais un accord de quinte et sixte.

DÉMONSTRATION.

Ainsi que je viens de le dire, les harmonistes modernes ont été guidés par l'analogie de l'accord de septième de dominante, lorsqu'ils ont placé une quinte dans les retards d'accords de sixte, et cette analogie leur a fait oublier la loi de tonalité.

D'ailleurs, par la manière dont ils emploient l'accord ainsi combiné, le mouvement ascendant de la quinte sur la sixte n'est pas entendu, parce que cette sixte est à l'unisson de la note sur laquelle la prolongation de septième fait sa résolution : pour que le mouvement de la quinte soit entendu, il faut que cette quinte soit placée à une distance de dixième de l'intervalle dissonant de septième et monte à l'octave de la sixte.

DÉMONSTRATION.

Harmonie naturelle.   Double prolongation.

Il est important de remarquer que le retard de la sixte par la septième avec quinte, employé par les harmonistes modernes sur le troisième degré, sur le quatrième et sur le sixième, est l'origine réelle des accords de septième que les auteurs de certains systèmes d'harmonie considèrent comme appartenant absolument à ces notes de la gamme. Je traiterai ce sujet dans le quatrième livre de cet ouvrage.

140. Quelques compositeurs de l'époque actuelle présentent dans leurs productions des exemples de l'emploi simultané de la sixte non retardée, conjointement avec le retardement, en les plaçant à la distance de neuvième, comme dans cet exemple :

Mais la sensation contradictoire qui résulte de cette agrégation affecte désagréablement le sens musical.

141. Suivant la théorie des anciennes écoles d'Italie, le retard d'octave par la prolongation de neuvième ne peut accompagner la sixte. Cette règle était basée sur une considération tonale très juste à l'égard de l'harmonie de la sixte du septième degré, parce que, comme je l'ai dit (§ 91), la note de basse ne peut être doublée à l'octave dans cet accord de sixte, sans que le sentiment tonal soit blessé à l'égard des accords qui doivent lui succéder, à cause de la tendance du demi-ton entre la note sensible et la tonique ; or, la neuvième devrait précisément se résoudre sur cette octave.

DÉMONSTRATION.

Harmonie naturelle.   Succession retardée.

Mais en généralisant trop le principe, les anciens maîtres se sont trompés, car les notes de la gamme qui n'ont pas la tendance du demi-ton, et qui portent l'accord de sixte avec l'accompagnement de l'octave, peuvent certainement admettre la prolongation de neuvième sans blesser le sentiment tonal.

DÉMONSTRATION.

Harmonie naturelle   Succession retardee.

142. Si deux notes ont un mouvement descendant d'un degré dans la succession de deux accords, dont le dernier est un accord de sixte, ces mouvements peuvent être retardés et produire une double dissonance de septième et de neuvième.

DÉMONSTRATION.

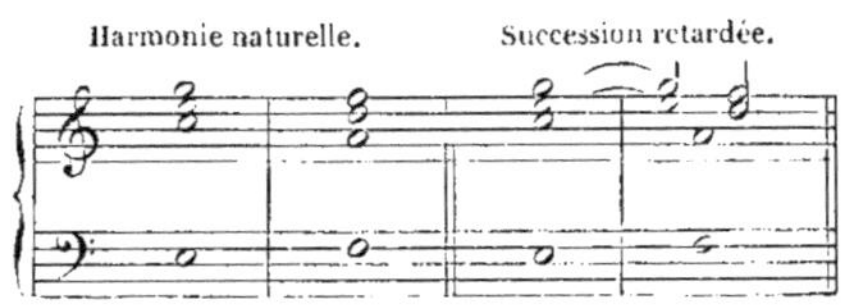

143. Lorsque la basse descend d'un degré dans une succession de deux accords dont le dernier est un accord de sixte, la prolongation de la note de basse du premier accord introduit dans le deuxième une dissonance de seconde, qui fait sa résolution en descendant d'un degré.

DÉMONSTRATION.

144. Si l'accord de quarte et sixte succède à l'accord parfait ou à l'accord de sixte, par un mouvement descendant d'un degré sur la sixte, la prolongation retarde cette sixte, et produit un accord de quarte et septième.

DÉMONSTRATION.

Les tendances tonales de la note sensible ne permettent pas d'employer ce retard de l'accord de quarte et sixte sur la tonique; mais la succession descendante sur la quarte y peut être retardée, et produire une dissonance de quinte et sixte qui fait sa résolution sur l'accord naturel.

DÉMONSTRATION.

Quelques harmonistes modernes introduisent dans cette succession retardée un intervalle de tierce, pour accompagner l'accord artificiel de quinte et sixte, comme dans cet exemple :

S'ils avaient mieux étudié les rapports logiques des sons qui dérivent de la loi de tonalité, ils ne feraient pas cette faute, identique avec celle de l'emploi de la quinte avec le retard de la sixte par la septième. Je me vois encore obligé de répéter ici ce que j'ai dit (§ 139) : *Une harmonie retardée ne doit renfermer que les notes qui composeraient l'harmonie naturelle s'il n'y avait pas de prolongation.*

145. Lorsqu'une note descend d'un degré sur l'octave qui accompagne la quarte et sixte, dans l'harmonie à quatre voix, le retard de ce mouvement produit un accord artificiel de quarte, sixte et neuvième.

DÉMONSTRATION.

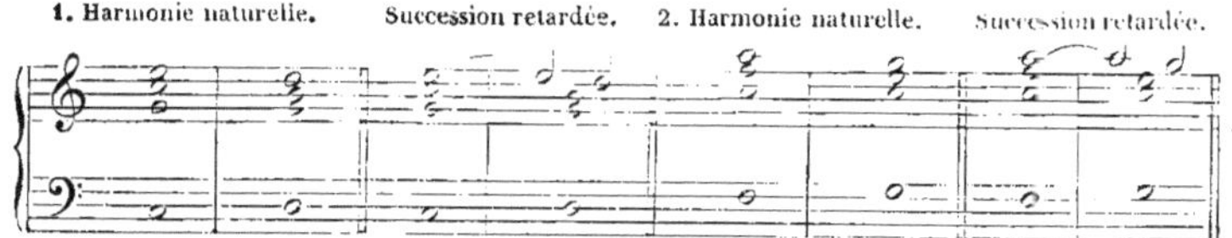

(1) Catel fournit ici un exemple bien remarquable de la confusion d'idées et de langage où l'on peut tomber dans des théories conçues à la légère, sur de simples aperçus; car, donnant cet exemple du retard introduit dans l'accord de quarte et sixte (*Traité d'harmonie,* pag. 25), il énonce ainsi le fait : *double dissonance de tierce et quinte, retardant la quarte dans l'accord de quarte et sixte.* La tierce et la quinte des dissonances ! Des dissonances qui retardent la quarte, considérée elle-même comme une dissonance par Catel! Que dire d'un semblable chaos d'erreurs? Cela rappelle les *consonnances dissonantes* de Rameau (*Traité de l'harmonie,* pag. 95) !

Cette même succession peut être retardée dans les deux mouvements descendants; la double prolongation produit un accord artificiel de quarte, septième et neuvième.

DÉMONSTRATION.

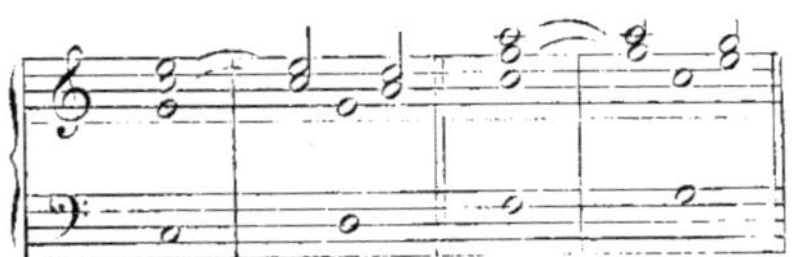

146. Les accords dissonants naturels sont quelquefois prolongés en entier sur les accords consonnants qui doivent leur succéder; dans ce cas, la note de basse sur laquelle se fait la prolongation est la seule qui appartienne à l'accord retardé, jusqu'au moment de la résolution.

DÉMONSTRATION.

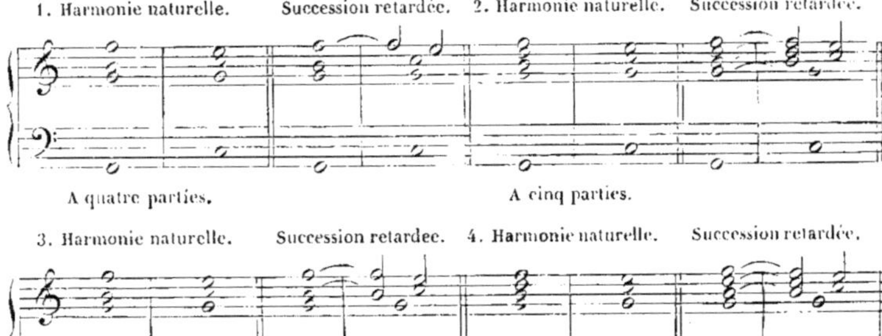

On voit que dans ces prolongations, la note sensible devient une septième majeure contre la tonique; cependant elle fait sa résolution en montant, parce que, comme je l'ai dit précédemment (§ 155, dernier exemple), son attraction vers la tonique absorbe le sentiment de la dissonance.

147. Les accords dissonants dans lesquels la substitution existe, peuvent aussi se prolonger sur la note de basse de l'accord consonnant qui doit leur succéder.

DÉMONSTRATION.

La prolongation de l'accord de septième de sensible et de celui de triton avec tierce ne peut se faire, parce que le second degré et le sixième y forment une quinte, qui devrait être suivie d'une autre quinte par mouvement direct dans la résolution ; car le second degré y étant en état de dissonance, ne pourrait monter, et serait obligé de descendre avec la note substituée.

Les substitutions de l'accord dissonant peuvent être prolongées dans le mode mineur comme dans le mode majeur ; mais la note substituée n'ayant pas dans le mode mineur une position déterminée, comme dans le mode majeur, les substitutions de toutes les combinaisons de l'accord dissonant peuvent être prolongées.

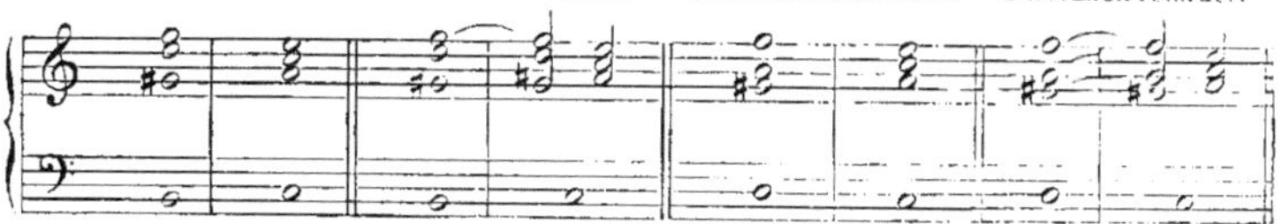

148. Telle est la théorie synthétique et analytique des accords dissonants par la prolongation ; théorie puisée dans les rapports des sons conformément aux lois tonales, et d'accord avec la pratique des plus célèbres compositeurs. L'application de cette théorie se trouve dans les exercices suivants.

EXERCICES

SUR LES PROLONGATIONS DANS LES ACCORDS CONSONNANTS.

Mode majeur.

Harmonie naturelle.

Harmonie retardée.

Mode mineur.

Harmonie naturelle.

Passons maintenant à l'examen du phénomène de la prolongation introduit dans les accords dissonants naturels.

149. Dans la succession d'un accord dissonant à un accord consonnant, les mouvements descendants de la tonique sur le septième degré, et du troisième sur le second, donnent naissance à des prolongations qui modifient ces accords.

150. Le retard de la note sensible par la prolongation de la tonique produit dans l'accord de septième, et dans ses renversements, une dissonance de seconde ou de septième, entre la tonique et le deuxième degré.

Ces accords ainsi modifiés, renferment deux dissonances, savoir : 1º une dissonance naturelle entre le quatrième degré et la dominante; 2º une dissonance artificielle, résultant de la prolongation; les deux dissonances doivent descendre d'un degré.

DÉMONSTRATION.

Lorsqu'on écrit à quatre parties, en supprimant la quinte de l'accord

(1) Un passage de *l'andante* d'un quatuor de Mozart offre un emploi de ce genre de modifica-

de septième, la **prolongation** produit simplement un retard de tierce par la quarte.

DÉMONSTRATION.

Harmonie naturelle.   Succession retardée.

Les mêmes circonstances se présentent dans le mode mineur.

151. Le retard du second degré par la prolongation du troisième, dans la succession de l'accord de septième, ou de ses renversements, à un accord

tion dans l'accord de sixte sensible, où la prolongation ne précède pas la dissonance ; le voici :

le motif qui a déterminé Mozart à ne pas faire commencer par le premier violon, en même consonnant, produit une dissonance de septième entre le quatrième degré et le troisième. Il faut en effet que ces deux notes soient toujours à la distance de septième, et jamais à l'intervalle de seconde, car si la dissonance naturelle du quatrième degré et de la dominante se heurtait avec la dissonance par prolongation du troisième avec le quatrième, trois notes se suivraient à la distance de seconde, par exemple *mi, fa, sol;* ce qui produirait l'effet le plus dur, excepté quand la prolongation serait dans la basse. Ces prolongations doivent donc toujours être disposées comme dans les exemples suivants ·

152. Quelquefois on réunit deux prolongations dans les mêmes accords, en conservant les mêmes dispositions dans les intervalles.

Ainsi qu'on le voit, l'accord primitif paraît dans ces successions aussitôt que les prolongations cessent.

temps que la basse, le thème qu'il fait ensuite entendre dans les autres parties, de cette manière :

Ce motif, dis-je, est qu'il a voulu donner à l'entrée de la basse un caractère plus mystérieux, supposant avec raison que le sentiment tonal suppléerait à la prolongation sous-entendue.

EXERCICES

SUR LES PROLONGATIONS DANS LES ACCORDS DISSONANTS.

Mode majeur.

Mode mineur.

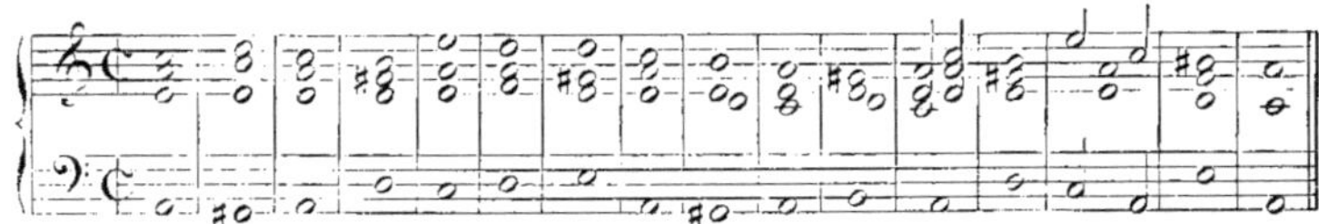

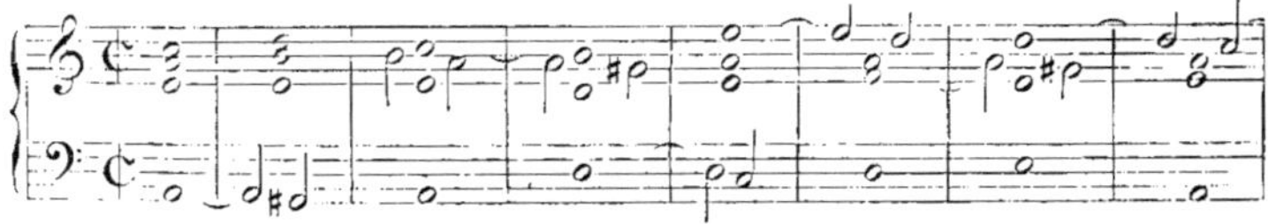

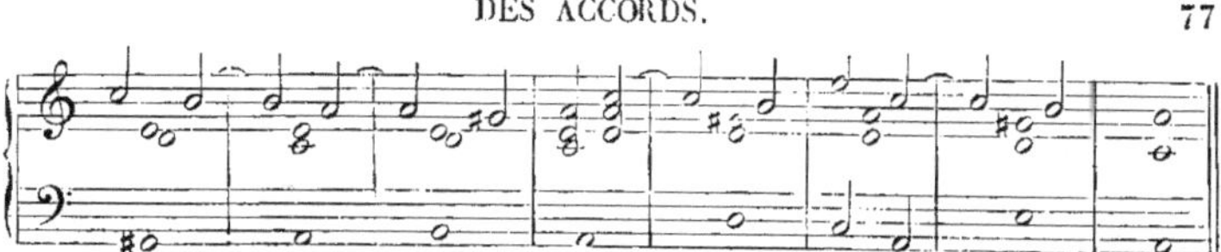

CHAPITRE VII.

RÉUNION DE LA SUBSTITUTION AU RETARD DES INTERVALLES DANS L'ACCORD DE SEPTIÈME
ET DANS SES RENVERSEMENTS. — ACCORDS ARTIFICIELS QUI EN PROVIENNENT.

153. Chacun des genres de modifications des accords étant indépendant d'un autre, et produisant des effets d'un ordre particulier, il est facile de comprendre qu'ils peuvent être employés séparément ou réunis, et que, dans leur réunion, l'esprit ne confond pas ce qui appartient à l'un ou à l'autre. C'est ainsi que les effets de la substitution se combinent avec ceux du retardement dans l'emploi des accords dissonants, sans nuire mutuellement à leur effet.

154. On sait que, considérés séparément, la substitution du six.ème degré à la dominante, et le retard de la note sensible par la prolongation, ne changent rien à l'emploi tonal de l'accord de septième de dominante et de ses renversements. La réunion des deux genres de modifications de ces accords ne leur enlève pas davantage leur destination ni leur enchaînement avec les accords consonnants. Ainsi, le compositeur peut écrire, pour des cas identiques, une des quatre combinaisons suivantes de la même succession, guidé seulement par sa fantaisie dans le choix qu'i. en fait.

1. Harmonie naturelle. 2. Substitution. 3. Prolongation. 4. Réunion de la substitution à la prolongation.

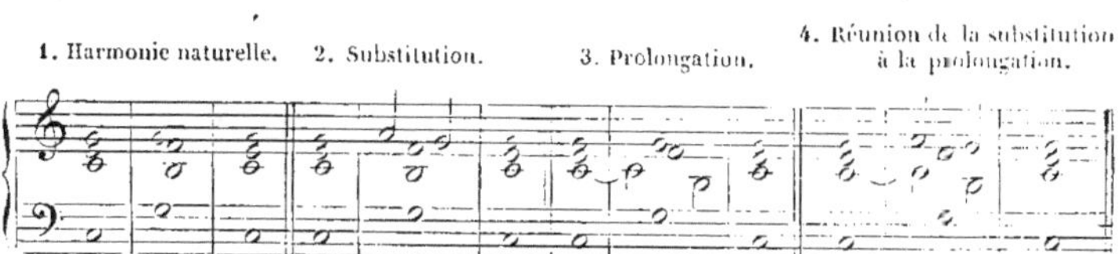

Des circonstances identiques se présentent dans les renversements.

DÉMONSTRATION.

1. Harmonie naturelle. 2. Substitution. 3 Prolongation. 4. Substitution réunie à la prolongation.

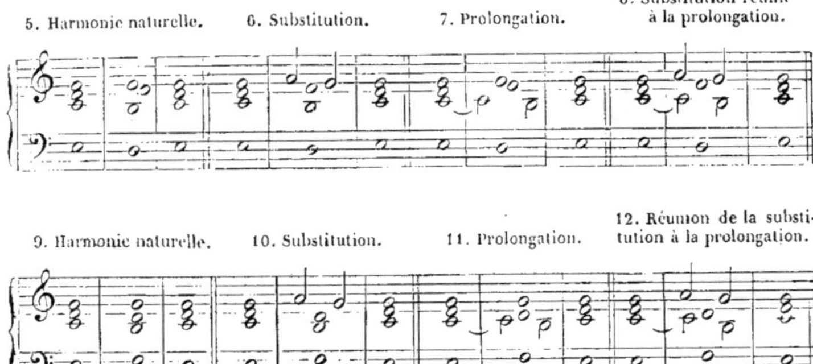

La substitution, qui ne se fait pas au son grave de l'accord de septième, dans le mode majeur, par les motifs qu'on a vus précédemment (§ 125), devient possible avec la prolongation, parce que le choc désagréable du sixième degré contre la note sensible, en seconde, n'y existe plus, la prolongation la remplaçant par la tierce.

DÉMONSTRATION.

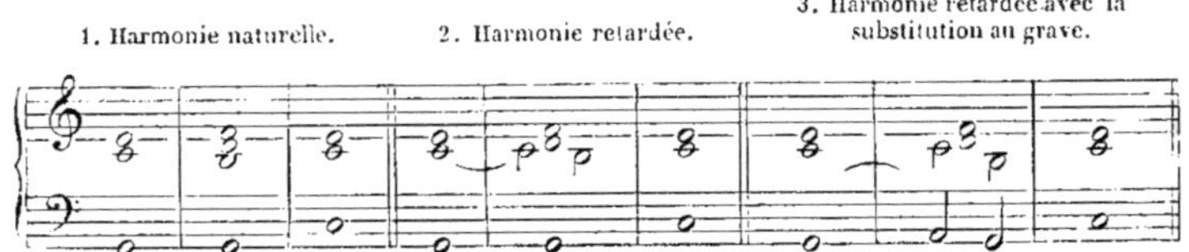

155. On vient de voir que la prolongation fait disparaître le choc de seconde entre le sixième degré et la note sensible, qui est le produit de la substitution simple ; il en résulte que la nécessité de placer la note substituée à la note supérieure n'existe plus, et que les accords qui sont le produit de la double modification peuvent être disposés dans les diverses positions des intervalles.

DÉMONSTRATION.

La disparition de la double dissonance de seconde entre le quatrième degré et la dominante, et entre le sixième degré et la note sensible, qui est le résultat de la réunion de la substitution avec la prolongation, est cause aussi que la basse, devenue libre dans les accords du second degré et du quatrième, peut faire des mouvements qui placent la résolution des accords modifiés sur d'autres notes que celles où elles devraient se faire dans l'état naturel, ou avec la simple substitution.

DÉMONSTRATION.

Quelquefois la dissonance artificielle de l'accord de quinte et sixte, au lieu de faire immédiatement sa résolution, se prolonge sur l'accord de quarte et sixte de la dominante, et ne descend que sur la tierce de l'accord parfait suivant : cette suspension de la résolution n'est pas dépourvue de grâce.

EXEMPLE :

156. La réunion des deux genres de modifications, dans les accords dissonants naturels, n'ayant pas été aperçue par les harmonistes, les accords artificiels, qui en sont le produit, ont donné la torture aux auteurs d'une multitude de systèmes concernant la science de l'harmonie. Quelques-uns d'entre eux ont considéré l'accord de septième mineure avec tierce mineure, par exemple, comme un accord fondamental, composé de tierce mineure, quinte juste et septième mineure, et lui ont donné pour renversement les autres modifications de l'accord de septième de domi-

nante et de ses dérivés, les disposant dans l'ordre suivant, et leur donnant les noms placés au-dessus de chacun :

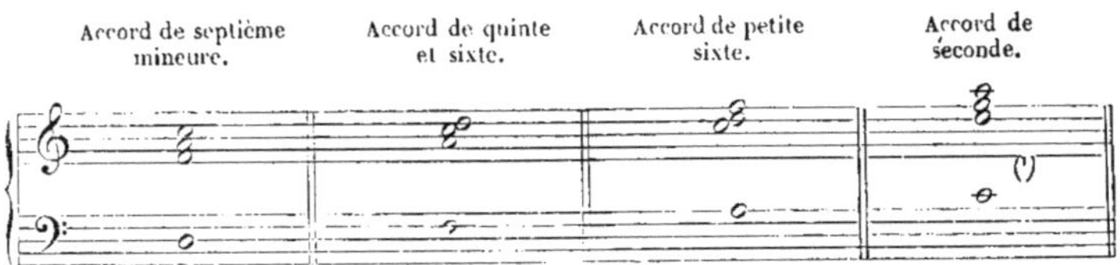

Ces accords, dans leur isolement, ne révèlent rien à l'esprit sur leur

1) Rameau est le premier qui présente ces accords sous cette forme. Catel, qui avait bien vu que l'accord de septième n'est pas fondamental, et qu'il provient d'une prolongation, s'est égaré quand il a cherché le mécanisme harmonique de la formation de cet accord. Suivant lui, l'accord de septième mineure provient d'une prolongation de la tonique sur un accord parfait du second degré. Il démontre ainsi cette proposition (*Traité d'harmonie*, page 23) :

DÉMONSTRATION.

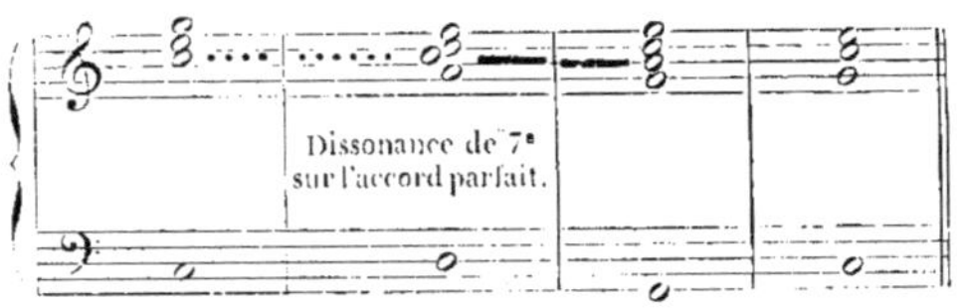

Une opération analogue, c'est-à-dire la prolongation de la tonique sur les dérivés de l'accord parfait du second degré, lui fournit les renversements de cet accord de septième.

Mais l'accord parfait n'appartient pas au second degré dans notre tonalité ; mais toute note prolongée qui produit une dissonance représente une autre note naturelle d'un accord ; note qu'on doit retrouver en supprimant la prolongation, et qui doit être une consonnance. La prolongation, dont parle Catel, ne se fait donc pas sur un accord parfait, mais sur un accord de quinte et sixte, puisque, dans l'exemple cité, *ut* retarde *si*.

DÉMONSTRATION.

Mais l'accord de quinte et sixte n'est pas un accord naturel, et celui qu'on voit ici sur le second degré est précisément le produit de la substitution disposé dans un autre ordre que celui qu'exige l'attraction tonale : l'origine trouvée par Catel est donc fausse. Quant à la résolution sur l'accord de septième de dominante, j'ai fait voir (§ 156) d'où elle provient.

Dans le système de Reicha, l'accord de septième mineure est le sixième de sa classification arbitraire (*Cours de composition musicale*, page 8). Voyez sur ce sujet important la note B.

emploi, et leur origine s'évanouit. Tout ce qu'ont pu dire les harmonistes, pour les distinguer des accords dissonants naturels, ou affectés de substitution, c'est que la dissonance qu'ils contiennent *doit être préparée*. Mais qu'est-ce qu'une dissonance préparée? D'où naît la préparation? et d'où vient cette différence entre des dissonances qui exigent la préparation, et d'autres qui n'y sont point soumises? Questions insolubles pour les auteurs de systèmes basés sur des considérations d'accords isolés, sans enchaînement nécessaire par la loi de tonalité; enfin, source des mauvais raisonnements, des assertions contradictoires, et de l'obscure théorie qu'on remarque dans tous les traités d'harmonie.

157. Le mouvement de basse qui fait résoudre sur l'accord de septième de dominante l'accord de septième mineure, produit par la substitution et la prolongation, a donné naissance à des progressions où chaque note est accompagnée d'un accord de septième, dont la nature des intervalles diffère en raison du degré de la gamme où l'accord est placé. Ainsi, sur la dominante, il est composé de tierce majeure, quinte juste et septième mineure; sur le second degré, le troisième et le sixième, il a la tierce mineure, la quinte juste, et la septième mineure; sur le septième degré la tierce, la quinte, et la septième sont mineures; enfin, sur la tonique et sur le quatrième degré la tierce et la septième sont majeures, la quinte est juste.

Ainsi que je l'ai dit et démontré (§ 78), l'analogie du mouvement fixe l'attention dans les progressions de cette espèce, et suspend le sentiment tonal jusqu'à la cadence, en sorte qu'aucun degré n'est en réalité déterminé jusqu'au moment de cette cadence, qui réveille le sentiment tonal; nous n'avons conscience que du mouvement uniforme de la basse, et de la composition symétrique des accords qui accompagnent ses notes. Tel est le phénomène qui se manifeste dans l'audition de cette progression d'accords de septièmes sur des mouvements de basse montant de quarte et descendant de quinte.

EXEMPLE :

Des progressions basées sur les mêmes principes se font aussi avec les autres accords modifiés par la substitution et la prolongation réunies.

158. Dans le mode mineur, on peut employer, comme dans le mode majeur, la réunion de la substitution à la prolongation, pour modifier les accords dissonants naturels. Les circonstances étant semblables pour l'emploi de ces accords dans les deux modes, il serait inutile de parler de ceux du mode mineur, si la quinte de l'accord de septième mineure n'était aussi mineure, tandis qu'elle est juste dans le mode majeur.

(1) Une progression basée sur la réunion de la prolongation à la substitution ne peut être bonne qu'autant que la prolongation existe réellement et que ce soit elle qui engendre la dissonance. Cette

L'accord ainsi constitué a été considéré par les harmonistes comme un accord fondamental ayant des renversements : ils en ont présenté la génération sous cette forme :

Or, la similitude de ces accords avec celui de la septième de sensible et des autres accords artificiels du mode majeur produits par la substitution simple, présentés dans cet ordre par Catel et beaucoup d'auteurs de systèmes d'harmonie, a été la source de plusieurs erreurs que j'ai déjà indiquées (§ 125). Voici ce que dit Catel (*Traité d'harmonie*, page 15) :

« L'accord de septième de sensible n'appartient pas exclusivement au

considération doit faire rejeter, comme blessant le sentiment tonal, les progressions suivantes, proposées par M. Frédéric Schneider (*Elementarbuch der Harmonie*, page 15) :

De pareilles erreurs ne peuvent se rencontrer que dans une théorie basée sur des accords isolés de septième placés sur tous les degrés de la gamme, théorie qui est en effet celle de M. Schneider.

« mode majeur : *Il est des cas où on l'emploie sans préparation sur la se-*
« *conde du mode mineur relatif.* Alors il se nomme accord de seconde note
« du mode mineur. Il fait sa résolution sur la dominante. »

Après en avoir donné ces exemples,

Catel ajoute : « C'est ce double emploi qui a fait donner à cet accord
« le nom de *septième mixte.*

« Comme (attendu que) dans le mode mineur cet accord s'emploie beau-
« coup plus souvent en préparant la septième que sans la préparation, *ce*
« *n'est plus qu'un accord de quinte diminuée* (quinte mineure) *qui reçoit une*
« *prolongation de septième. Ainsi, il rentre dans la série des accords simples qui*
« *reçoivent la prolongation d'une note étrangère.* »

On voit que c'est encore la fausse origine tirée de la prolongation sur
un accord de tierce et quinte du second degré, dont je viens de démontrer
l'impossibilité.

Mais si cet accord est le produit d'une prolongation, son emploi sans
préparation n'est donc pas admissible ; et s'il n'a pas la même origine que
l'accord artificiel de septième de sensible, il n'est donc pas le même, et
l'idée d'un *accord mixte*, appartenant à deux tons et à deux modes différents, est donc absolument fausse !

C'est à de pareilles erreurs qu'un musicien, d'ailleurs savant, et jouissant
d'une estime méritée, peut être entraîné par défaut de logique.

Cet éclaircissement m'a paru nécessaire pour dissiper tous les doutes
concernant la véritable origine des combinaisons harmoniques dont il s'agit,
et pour achever la démonstration de cette origine dans la réunion de la
substitution et de la prolongation.

159. Nous voici parvenus au terme de toutes les combinaisons harmoniques qui peuvent modifier les accords naturels d'une manière régulière,
avec la condition d'une tonalité invariable. Toute autre modification établit des rapports entre les diverses tonalités, ou est irréductible à des formes
absolues, comme on le verra plus loin. Il suit de là que tous les accords
précédemment analysés composent l'harmonie dont toute gamme d'un ton
majeur ou mineur peut être accompagnée, sans y introduire de relation
avec des gammes étrangères. L'examen de quelques-unes des variétés de
cette harmonie donnera lieu à quelques observations utiles.

GAMMES DIATONIQUES

ACCOMPAGNÉES PAR LES ACCORDS NATURELS.

Même harmonie modifiée par la substitution.

Même harmonie naturelle modifiée par la prolongation.

Même harmonie avec la substitution réunie à la prolongation sur le quatrième degré.

Les habitudes de modulations que les accords dissonants naturels ont
introduites dans la musique, en constituant la tonalité moderne, ont donné
naissance à une formule de gamme harmonique généralement adoptée, dans
laquelle l'unité tonale n'est pas conservée en descendant; car on y place
la sixte sensible sur le sixième degré, considérant momentanément la do-

minante comme une tonique nouvelle, et rentrant ensuite dans le ton de la gamme par le quatrième degré, accompagné de l'accord de triton. Cette formule a été appelée par les anciens harmonistes français *règle de l'octave*; les Italiens lui donnent le nom de *scala armonica*, ou simplement *scala*. Voici cette gamme :

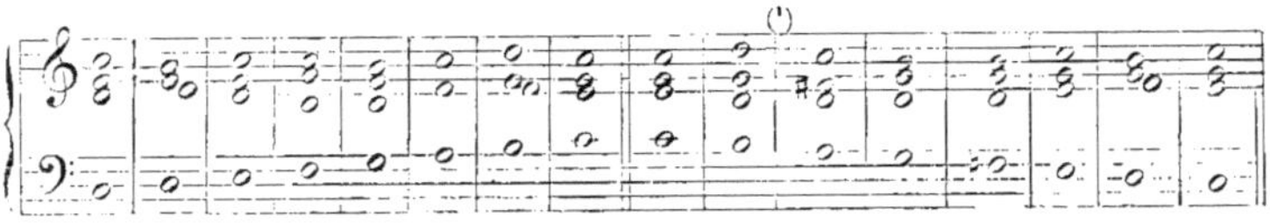

Dans le mode mineur, le sixième degré étant un demi-ton plus bas que dans le mode majeur, on ne peut l'accompagner avec la sixte sensible : l'unité tonale n'admet sur ce degré que l'accord de sixte.

DÉMONSTRATION.

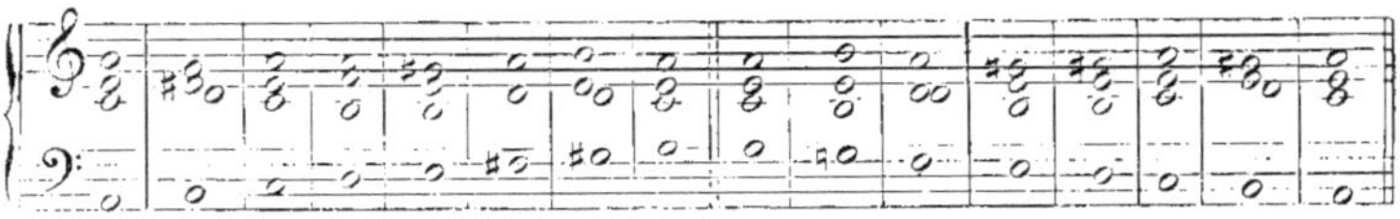

Cette formule harmonique est incontestablement la meilleure, la plus

(1) Les deux quintes, dont une mineure, entre les parties supérieures, qu'on voit en cet endroit, ont été un sujet de controverse dans les écoles. Fenaroli, et les autres auteurs italiens formés dans l'école de Naples, voulant éviter ces quintes, écrivent de cette manière :

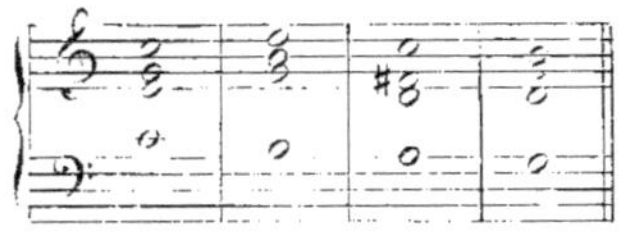

Mais toutes les parties descendant avec la basse et formant entre elles des mouvements latéraux de quarte dans la succession du troisième accord au second, produisent une gaucherie de style bien fade. On pourrait l'éviter en écrivant ainsi :

Le replacement de l'harmonie dans la première position, sur l'accord de triton, n'est qu'un changement de position des notes de l'accord parfait de la dominante, et n'a rien de désagréable; mais le mal de cette manière d'écrire consiste dans l'absence de toute forme mélodique dans les **quatre premiers accords**.

Pour moi, j'avoue que je n'aperçois aucun inconvénient dans les deux quintes, parce qu'elles ne blessent pas le sentiment tonal, qui est la base de toute harmonie.

conforme aux lois de la tonalité; toutefois, ce n'est pas celle dont l'usage est le plus général. Les Italiens et les anciens harmonistes français emploient sur le sixième degré de la gamme descendante un accord de tierce, quarte et sixte, provenant de la prolongation de la tonique réunie à la substitution du sixième degré à la dominante dans la basse (*voyez* § 158, exemple 3ᵉ).

EXEMPLE :

Cette harmonie est évidemment vicieuse, en ce que la dissonance qui est le produit de la prolongation n'est pas préparée dans l'accord du sixième degré. C'est, comme on le voit, une application de la fausse théorie de la *septième mixte*, dont parle Catel (*voyez* tout le § 158).

Les théoriciens allemands ont tous esquivé les difficultés fondamentales de la détermination de la tonalité par la gamme dans la basse, en ne plaçant cette gamme que dans la voix supérieure, dont l'accompagnement harmonique est plus facile, et dans laquelle ils n'ont eu d'ailleurs aucun égard aux lois d'une tonalité unique; mais dans les cas particuliers où ils ont eu à placer sur le sixième degré descendant de la gamme mineure l'harmonie qui leur paraissait convenable, ils y ont mis un accord de tierce, quarte et sixte augmentée, tel que : (*voyez* le livre de Fr.

Schneider, intitulé *Elementarbuch der Harmonie*, page 28, ex. *b*), dont l'harmonie équivoque laisse incertain si c'est un accord de sixte sensible altéré dans la basse : ou l'accord de tierce, quarte et sixte des harmonistes italiens, altéré dans la partie supérieure :

Quoi qu'il en soit, c'est cette harmonie qui, de l'Allemagne, s'est introduite en France, et y a été généralement adoptée pour l'accompagnement du sixième degré de la gamme descendante du mode mineur; en sorte que la formule de cette gamme est celle-ci :

Toutefois, je le répète, la véritable formule tonale de cette gamme est celle qui place l'accord de sixte simple sur le sixième degré.

160. La gamme est quelquefois transformée en progression par les formes symétriques de l'harmonie dont on l'accompagne ; alors les notes de cette gamme perdent leur caractère de détermination tonale, comme toutes les autres progressions non modulantes.

DÉMONSTRATION.

Suite de septièmes retardant la sixte.

Suite de neuvièmes retardant l'octave.

Doubles prolongations de septièmes et neuvièmes.

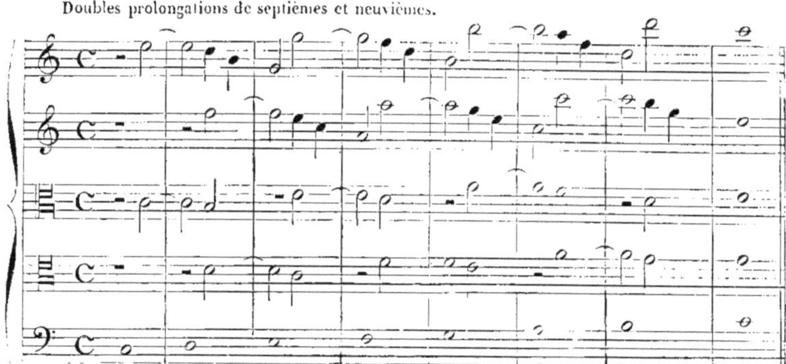

Retards de tierces par la quarte.

CHAPITRE VIII.

DE L'ALTÉRATION DES INTERVALLES DES ACCORDS NATURELS, ET DE LEURS MODIFICATIONS PAR LA SUBSTITUTION ET LA PROLONGATION. — HARMONIES QUI EN PROVIENNENT.

161. A mesure qu'on avance dans la science de l'harmonie, on acquiert la conviction que son principe absolu réside dans les rapports de tonalité des sons, résultants d'un certain ordre nécessaire entre eux, d'où naissent leurs fonctions, leurs attractions, leurs antipathies, et enfin leurs lois d'agrégation et de succession.

L'identité du principe de ces deux genres de lois me semble avoir été démontrée dans ce qui précède : ce qui me reste à dire achèvera cette démonstration, et fera voir jusqu'à l'évidence que la considération des accords isolés ne peut aboutir à aucun résultat satisfaisant. C'est dans leur succession que se trouve l'origine de tous les genres de modifications applicables aux accords naturels.

162. La dernière de ces modifications se trouve dans l'altération facultative des intervalles naturels des accords, soit primitifs, soit affectés de substitution, ou enfin de prolongations et retards. C'est aussi dans les rapports de succession que ce dernier genre de modification prend sa source.

En effet, dans toute succession ascendante de deux notes séparées par l'intervalle d'un ton, la première de ces notes peut être accidentellement élevée d'un demi-ton par un dièse étranger à la tonalité de l'accord, ou par la suppression d'un bémol.

DÉMONSTRATION.

De même, dans toute succession descendante de deux notes séparées par l'intervalle d'un ton, la première de ces notes peut être accidentellement baissée d'un demi-ton par un bémol étranger à la tonalité de l'accord, ou par la suppression d'un dièse.

DÉMONSTRATION.

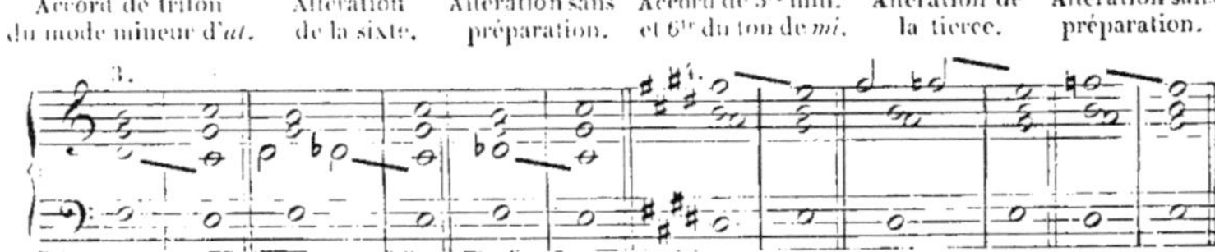

163. Toute altération d'une succession ascendante a une attraction ascendante; car, non-seulement elle ne peut changer la succession qu'elle modifie simplement, mais de plus, l'effet de l'altération est de donner à la note altérée une tendance analogue à celle de la note sensible dans les accords naturels, et même plus énergique encore.

164. Toute altération d'une succession descendante a une attraction descendante; car elle ne peut changer le mouvement dont elle n'est qu'une

modification ; d'ailleurs, le bémol, ou la suppression du dièse qui la constituent, lui donnent de l'analogie avec le quatrième degré descendant de l'harmonie dissonante naturelle, mais plus énergique encore.

165. Les altérations ascendantes et descendantes sont quelquefois simultanées : cela a lieu lorsque, dans la succession de deux accords, il y a plusieurs mouvements ascendants et descendants de notes qui sont à la distance d'un ton.

DÉMONSTRATION.

166. Les altérations qui consistent seulement en un changement de mode, c'est-à-dire dans la substitution d'un intervalle majeur à un mineur, et *vice versâ*, ne sont pas considérées comme des altérations véritables. Tels sont les passages suivants :

Il n'y a d'altération que dans l'emploi de signes absolument étrangers à la tonalité d'une gamme ; d'où résultent des intervalles non majeurs ou mineurs, mais augmentés ou diminués.

167. Les intervalles qui entrent dans la composition des accords consonnants sont, comme on sait, la tierce, la quarte, la quinte, la sixte et l'octave : tous peuvent être altérés, c'est-à-dire augmentés ou diminués, dans leur enchaînement avec d'autres harmonies.

168. L'altération ascendante de la quinte n'a lieu que dans le mode majeur : elle produit la quinte augmentée.

DÉMONSTRATION.

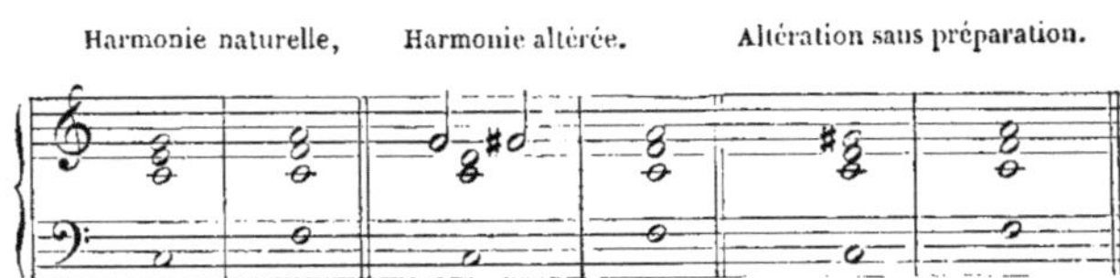

Les renversements de cette altération produisent la tierce majeure, dans l'accord de sixte mineure, et la quarte diminuée, dans l'accord de quarte et sixte.

DÉMONSTRATION.

169. La quinte de l'accord parfait peut être aussi augmentée par le mouvement descendant de la note de basse d'un accord du sixième degré sur la dominante

DÉMONSTRATION.

Les renversements de cette altération produisent la sixte mineure avec la tierce majeure, et la quarte diminuée avec la sixte mineure.

DÉMONSTRATION.

170. L'altération descendante de la quinte d'un accord parfait n'est possible que dans le passage de la tonique d'un mode mineur à la note sensible d'un autre ton. Dans ce cas, la quinte altérée prend le nom de *quinte diminuée,* conformément à la règle qui classe parmi les intervalles augmentés ou diminués tous ceux qui ne sont pas dans l'état normal de la tonalité, bien qu'en réalité cet intervalle ait la même étendue que a quinte mineure de la note sensible.

DÉMONSTRATION.

Les renversements de cette altération produisent la tierce mineure avec la sixte majeure (combinaison qui ne peut exister que sur le second degré, dans l'état normal de la tonalité, et qui constitue une véritable altération sur la tonique); enfin la sixte avec *quarte augmentée,* dont la dénomination est ici fondée sur le même principe que celle de *quinte diminuée.*

DÉMONSTRATION.

171. La tierce de l'accord parfait peut être diminuée dans le passage de l'accord parfait du quatrième degré du mode mineur à la dominante

DÉMONSTRATION.

Les renversements de cette altération produisent la sixte augmentée avec tierce sur le sixième degré du mode mineur, et la quarte augmentée avec sixte mineure sur la tonique.

DÉMONSTRATION.

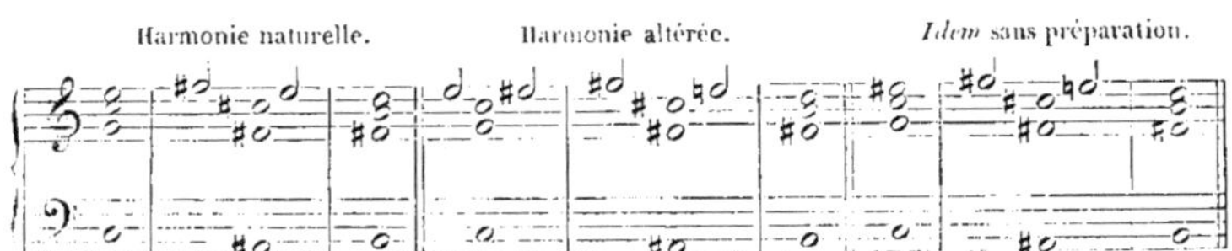

172. L'altération ascendante de la tierce de l'accord parfait n'est possible que dans le passage de la tonique d'un ton majeur à une des notes de l'harmonie de la dominante d'un autre ton.

DÉMONSTRATION.

Les renversements de cette altération produisent la tierce diminuée avec la sixte diminuée ; et la sixte augmentée avec la quarte juste.

DÉMONSTRATION.

173. On fait quelquefois usage dans l'accord parfait d'altérations ascen-

dantes et descendantes simultanées; par exemple, celle de la quinte augmentée du mode majeur avec un simple changement de tierce majeure en tierce mineure. Quoique celui-ci ne soit considéré que comme un changement de mode, il produit cependant une véritable altération de sixte diminuée entre la quinte augmentée et la tierce mineure.

DEMONSTRATION.

Le premier renversement de ces altérations produit la sixte majeure avec la tierce augmentée; le deuxième renversement, conduisant d'un accord de quarte et sixte à un autre accord de même espèce, dont l'effet serait plat et désagréable, n'est employé que lorsqu'il est suivi de l'harmonie de la dominante d'un autre ton.

DEMONSTRATION.

173 (*bis*). L'altération ascendante de l'octave a lieu dans le passage d'un accord consonnant à un accord dissonant naturel : elle produit l'octave diminuée quand l'altération est dans la note inférieure de l'octave, et l'octave augmentée, quand elle est dans la note supérieure.

DÉMONSTRATION.

Cette altération ne se fait pas sans préparation à cause de sa dureté.

174. Le mouvement du second degré, soit ascendant, soit descendant,

est le seul qui peut être altéré dans la résolution tonale des accords dissonants naturels, parce que les deux autres notes de ces accords, savoir, le quatrième degré et la note sensible, ont chacune un mouvement forcé d'un demi-ton.

L'altération ascendante produit, dans l'harmonie fondamentale, un accord de septième avec quinte augmentée. L'effet de cette altération n'est agréable que lorsque le second degré altéré est placé à l'intervalle de sixte augmentée du quatrième degré.

DÉMONSTRATION.

La même altération produit, dans le premier renversement, un accord de quinte mineure et sixte avec tierce majeure; dans le second, un accord de tierce diminuée, quarte diminuée, et sixte mineure; dans le troisième un accord de seconde, quarte majeure et sixte augmentée.

DÉMONSTRATION.

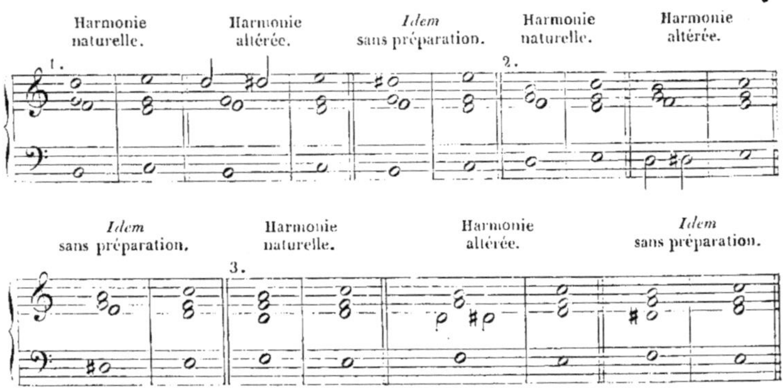

L'altération descendante du second degré produit, dans la même harmonie fondamentale, un accord de septième avec *quinte diminuée* [1] et tierce majeure.

---

(1) Ici la quinte est réellement *diminuée*, parce que la note qui la rend telle n'appartient pas au ton de l'accord naturel.

La même altération produit, dans le premier dérivé un accord de quinte mineure et sixte avec tierce diminuée ; dans le second, un accord de tierce majeure, quarte majeure et sixte augmentée ; dans le dernier, un accord de seconde majeure, quarte majeure et sixte mineure.

DÉMONSTRATION.

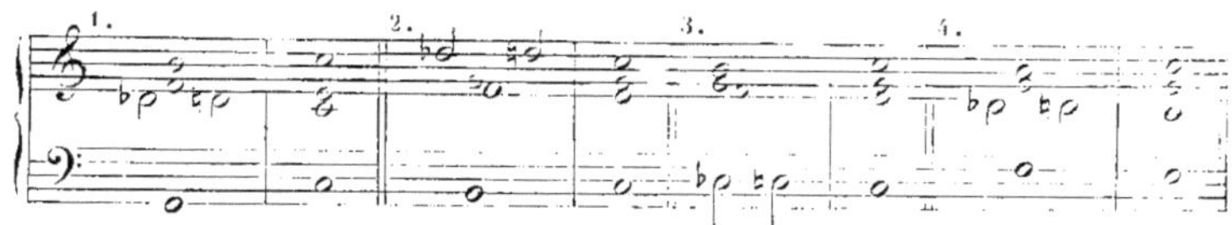

Lorsqu'on fait usage de cette altération, il est nécessaire d'éviter la tierce diminuée faisant sa résolution sur l'unisson, et de placer, dans l'accord de septième et dans son dernier renversement, le second degré altéré et la note sensible à la distance de sixte augmentée.

Quelquefois les compositeurs emploient cette altération descendante de la quinte de l'accord de septième en sens inverse, c'est-à-dire faisant entendre d'abord la note altérée, puis la note naturelle, comme dans ces exemples :

175. Deux notes peuvent être altérées dans les accords affectés de substitution du mode majeur, savoir : la note substituée, qui descend d'un ton sur la dominante, en faisant sa résolution, et le second degré, qui monte d'un ton sur le troisième.

L'altération ascendante du second degré donne, dans l'harmonie de la neuvième de la dominante, un accord composé de tierce majeure, septième mineure, et neuvième majeure.

Dans cette combinaison, la nécessité de tenir la note altérée à la distance de sixte augmentée de la septième, oblige à la placer à la partie supérieure, mais en maintenant la note substituée à l'intervalle de septième de la note sensible.

DÉMONSTRATION.

Cette altération produit dans l'harmonie de la septième de sensible un accord composé de tierce majeure, quinte mineure et septième mineure; dans l'harmonie de la quinte et sixte sensible, un accord composé de tierce diminuée, quinte mineure et sixte mineure; enfin dans l'harmonie du triton avec tierce, un accord composé de tierce majeure, quarte majeure et sixte augmentée.

DÉMONSTRATION.

Ainsi qu'on le voit, l'altération n'est préparée ni dans l'accord de neuvième ni dans celui de septième de sensible, parce que le second degré ne peut être admis au-dessus de la note substituée qu'en état d'altération, dont l'attraction ascendante efface la dureté de cette disposition.

176. L'altération de la note substituée, dans son mouvement descendant, ne produit qu'un changement de mode, car elle transforme simplement

un accord de neuvième majeure en neuvième mineure, un accord de septième de sensible en accord de septième diminuée, etc.

DÉMONSTRATION.

Cette altération ne serait donc pas considérée comme réelle, si elle ne
pouvait se combiner avec l'altération ascendante du second degré, de manière à former avec elle une double altération, dont voici des exemples
dans toutes les combinaisons de l'accord dissonant avec substitution :

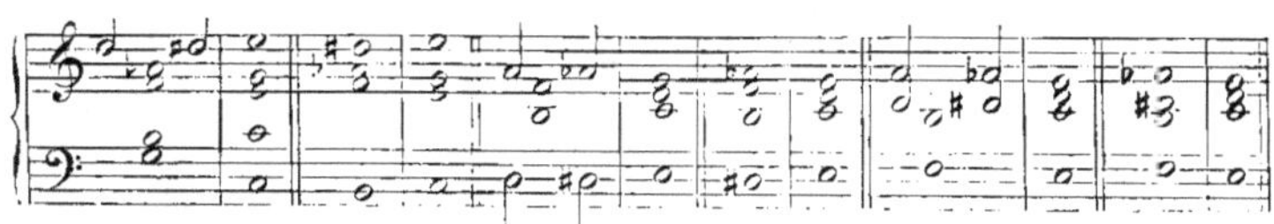

177. Les accords avec substitution du mode mineur se combinent quelquefois avec une altération descendante du second degré. Cette altération
est bonne dans l'accord fondamental, soit que la substitution se trouve à
la partie supérieure, soit qu'elle soit à la note grave. Elle est bonne aussi
dans le premier renversement, c'est-à-dire dans la septième diminuée, et
dans le troisième, c'est-à-dire dans le triton avec tierce mineure.

DÉMONSTRATION.

Mais l'altération du deuxième renversement, bien que d'un usage plus général que les autres, est une sorte de contre-sens tonal; car j'ai fait voir (§ 122) que cet accord ne peut être suivi de l'accord parfait de la tonique que lorsque la note substituée fait préalablement sa résolution, afin d'éviter les deux quintes successives. Or, ces deux quintes étant justes, quand la basse a une altération descendante, la dureté de cette succession subsiste, nonobstant l'attraction ascendante de la note sensible. C'est donc à tort que beaucoup de compositeurs de l'époque actuelle écrivent de cette manière.

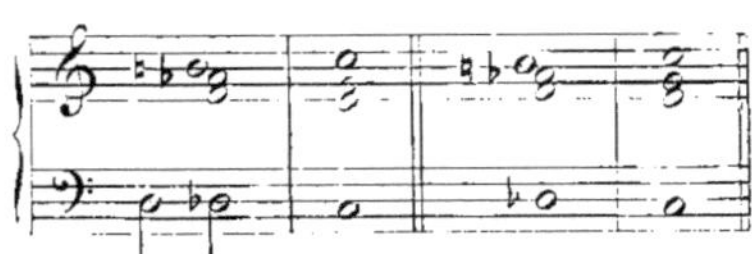

Les grands maîtres, chez qui le sentiment tonal était profond, tels que Haydn, Mozart et Cherubini, n'ont jamais fait un pareil usage de cette altération, à laquelle on donne le nom d'accord de *quinte et sixte augmentée*. Je ferai voir tout à l'heure comment une altération de forme analogue, mais qui a une autre origine, peut être employée avec avantage.

178. Les compositeurs font quelquefois un usage inverse de l'altération analysée dans le § précédent, la faisant entendre d'abord, puis en faisant la résolution sur la note naturelle des accords, comme dans les exemples suivants :

179. Il n'y a pas d'altération réelle qui puisse se combiner avec le retard des intervalles des accords consonnants, parce que, d'une part, celles qui se présentent dans les successions de ces accords ne produisent que des changements de mode, et d'autre part, parce que les mouvements ascendants ou descendants s'y font entre des notes qui ne sont qu'à l'intervalle d'un demi-ton.

180. Dans la succession d'un accord dissonant, modifié par une prolongation, à un accord consonnant, le second degré seul peut être altéré, parce que c'est la seule note de l'accord qui, dans la succession, fait un mouvement d'un ton.

Bien que d'un usage moins fréquent, l'altération ascendante du second degré n'a rien qui répugne au sentiment tonal.

181. L'altération peut aussi ajouter une nouvelle modification aux accords déjà modifiés par la réunion de la prolongation avec la substitution.

Si l'altération est simple, c'est-à-dire si elle a lieu seulement dans un des mouvements ascendants ou descendants d'un degré, elle change les accords modifiés en accords dissonants naturels d'un autre ton, lorsqu'elle est ascendante (*voyez* l'ex. 1), ou transforme le mode majeur en mineur, lorsqu'elle est descendante (*voyez* l'ex. 2).

DÉMONSTRATION.

Dans le mode mineur l'altération descendante d'une seule note n'opère ni changement de ton ni changement de mode, et, conséquemment, est une véritable altération; mais elle doit se résoudre sur l'accord naturel avant le mouvement de la basse, ou sur l'accord avec substitution.

DÉMONSTRATION.

182. Si l'altération est double, c'est-à-dire à la fois ascendante et descendante, elle prend le caractère de l'altération véritable, en ce qu'elle met en rapport des notes qui appartiennent à des tonalités différentes.

DÉMONSTRATION

Enfin, si l'altération est triple, c'est-à-dire, si les trois mouvements de seconde majeure qui s'opèrent dans la succession des deux accords sont altérés, les tendances à des tons différents se multiplient.

DÉMONSTRATION

La singularité de la quarte doublement augmentée a conduit la plupart des compositeurs à remplacer cet intervalle par le signe de la quinte, et à écrire de cette manière :

Telle est l'origine véritable, tel est l'emploi normal de l'accord de quinte et sixte augmentée : il doit, comme on le voit, se résoudre sur l'accord de quarte et sixte de la dominante, parce qu'il tient la place de l'accord de tierce, quarte et sixte du sixième degré, qui est en effet suivi de cet accord de quarte et sixte, dans l'ordre normal de la tonalité.

183. Remarquez que les harmonistes confondent souvent les accords où se trouve l'intervalle de sixte augmentée, et les emploient indifféremment l'un pour l'autre, bien que chacun de ces accords soit destiné à remplir les mêmes fonctions que l'accord non altéré d'où il tire son origine : ainsi, lorsque l'accord de sixte augmentée doit conduire à un repos sur la dominante du mode mineur, il tient la place de l'accord de sixte simple du sixième degré de ce mode, et doit être composé de la tierce redoublée et de la sixte augmentée.

DÉMONSTRATION.

Harmonie naturelle.   Harmonie altérée.

Lorsqu'il doit être suivi de l'accord parfait de la tonique, il est une mo-

dification de l'accord de sixte sensible du second degré, et il doit être
composé de tierce, quarte et sixte augmentée.

DÉMONSTRATION.

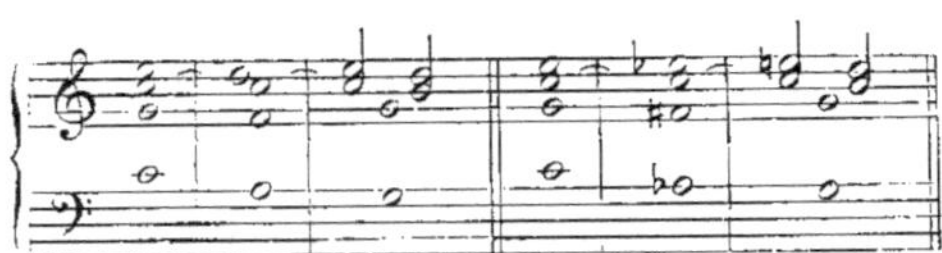

Enfin, lorsqu'il est suivi de l'accord de quarte et sixte de la dominante,
il est une altération triple de l'accord de tierce, quarte, et sixte du sixième
degré, produit par la substitution réunie à la prolongation.

DEMONSTRATION:

En aucun cas, cet accord ne doit être suivi de l'accord parfait de la tonique. L'usage contraire est un contre-sens tonal.

CHAPITRE IX.

DE LA PROLONGATION DES NOTES ALTÉRÉES.

184. On a vu précédemment (§ 155) que tout mouvement descendant
peut donner lieu à la prolongation d'une ou de plusieurs notes d'un accord sur un autre; mais j'ai fait voir, dans le même paragraphe, que si le
mouvement a lieu de la note sensible à la tonique, l'attraction de la première de ces notes vers la seconde absorbe la sensation de la dissonance
qui résulte de la prolongation, et que celle-ci, non-seulement ne blesse pas
l'oreille dans son mouvement ascendant, mais la satisfait, par une des conséquences les plus nécessaires de la loi de tonalité.

De plus, j'ai démontré (§ 165) que l'objet de l'altération ascendante est de donner à la note altérée une tendance analogue à celle de la note sensible dans les accords naturels, et même plus énergique encore.

Il résulte de ces diverses données : 1° que les notes altérées peuvent être prolongées dans leur mouvement de résolution ; 2° que les dissonances produites par ces prolongations doivent se résoudre en montant, lorsqu'elles ont le caractère d'altérations ascendantes.

DÉMONSTRATION.

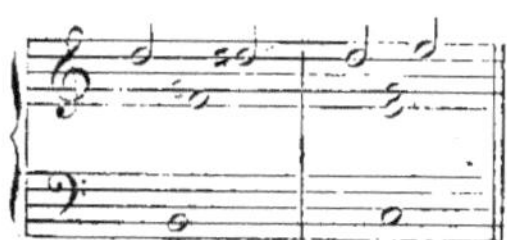

185. Toute altération descendante dont la prolongation produit une dissonance suit la loi commune, et se résout en descendant.

DÉMONSTRATION.

186. Si l'altération est double, et à la fois descendante et ascendante, les dissonances produites par les prolongations suivent chacune la loi qui leur est particulière pour leur résolution.

DÉMONSTRATION

87. Les prolongations des notes altérées modifient les accords consonnants, dissonants naturels, dissonants avec substitution, et dissonants avec substitution et prolongation. Toutes ne peuvent pas être renversées, parce qu'il en est qui ont le caractère d'un accent mélodique plutôt que d'une combinaison harmonique : telles sont en général les prolongations d'altérations ascendantes ; tels sont en particulier les exemples qu'on vient de voir (§ 184 et 186). De même, on ne peut renverser les prolongations d'altérations descendantes d'où résul-

terait une dissonance de septième résolue par le mouvement de la basse, comme dans cet exemple :

188. La prolongation de la quinte augmentée d'un accord parfait sur un autre accord du même genre peut se faire de deux manières, savoir : 1° par la prolongation de l'intervalle seul de quinte augmentée (*voy.* l'exemple 1 suivant); 2° par la prolongation de l'accord entier (*voy.* l'exemple 2)

DÉMONSTRATION.

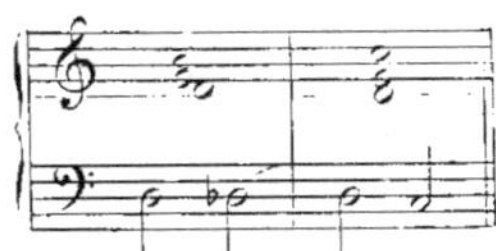

Les renversements de la prolongation du premier exemple produisen harmonies suivantes :

Les renversements des prolongations du deuxième exemple seraient sans résultat pour la variété de l'harmonie.

189. La prolongation de la sixte augmentée sur l'accord parfait de la dominante du mode mineur peut se faire de deux manières, savoir : 1° par la prolongation de la sixte augmentée seule (*voy.* l'exemple n° 1 suivant); 2° par la même prolongation réunie au retard de la tierce par la quarte (*voy.* l'exemple 2).

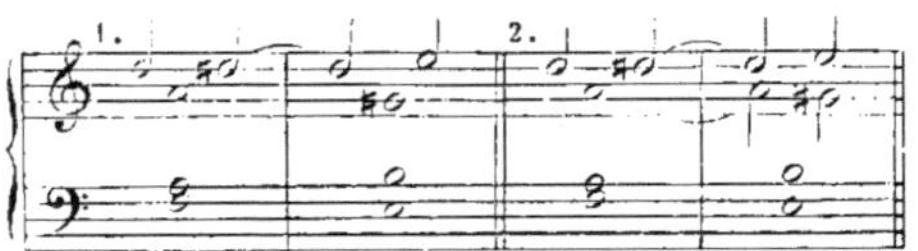

Le renversement de la prolongation du premier exemple est bon sur l'accord de sixte.

DÉMONSTRATION.

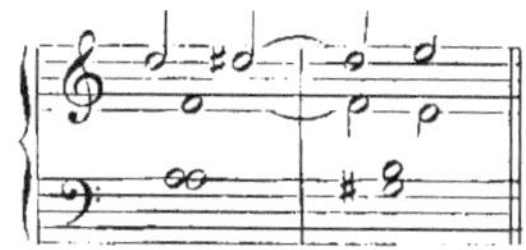

On peut même combiner cette prolongation avec celle du mouvement du sixième degré vers la dominante.

DÉMONSTRATION.

A l'égard de la prolongation de l'altération de la tierce diminuée, d'où ces harmonies sont dérivées, elle ne se fait pas, parce que la prolongation a un caractère mélodique et non harmonique, en sorte qu'elle produit un effet désagréable dans la basse.

190. La prolongation de l'altération ascendante du second degré dans l'accord de septième de la dominante et dans ses renversements, sur l'accord parfait de la tonique ou sur ses dérivés, peut se faire de deux manières, savoir : 1º par la prolongation de la note altérée seule, comme dans les exemples 1, 2, 3, 4, suivants ; 2º par la prolongation de l'accord entier ainsi altéré, comme dans les exemples 5, 6, 7, 8.

DÉMONSTRATION.

A l'égard de la prolongation de l'altération dans la basse, elle ne se fait pas par les motifs qui empêchent toutes celles du même genre, et dont il a été parlé plus haut.

191. La prolongation de l'altération descendante du même degré ne produit qu'un retard de neuvième mineure sur la tonique, dans le mode majeur, et des harmonies analogues dans les renversements (*voy.* les exemples suivants 1, 2, 3, 4); on peut aussi prolonger en entier les accords ainsi altérés (*voy.* les exemples 5, 6, 7).

DÉMONSTRATION.

192. La prolongation de l'altération ascendante du second degré, et de la note substituée de l'accord de septième diminuée, sur l'accord parfait de la tonique, a pour résolution le mouvement naturel de chaque note, et produit une harmonie recherchée de bon effet, mais qui n'est pas susceptible de renversement. Voici cette harmonie :

(1) Dans cet exemple, on ne voit pas l'exact renversement des harmonies précédentes, parce que le retard a beaucoup moins d'attraction dans la note grave que dans la note sensible.

(2) L'observation précédente s'applique au cas de cet exemple.

(3) La prolongation de l'accord entier sur la dominante immobile serait sans objet.

Cependant, si l'on fait la même altération dans l'accord de triton avec tierce mineure, on peut la prolonger conjointement avec la note substituée et la note sensible, en faisant descendre immédiatement la basse.

DÉMONSTRATION.

193. Les altérations doubles du second degré ascendant et du sixième descendant, dans l'accord de quinte et sixte du quatrième degré, sont les seules qui peuvent être prolongées dans les accords affectés de substitution et de prolongation ; elles font leur résolution sur l'accord de quarte et sixte de la dominante.

DÉMONSTRATION.

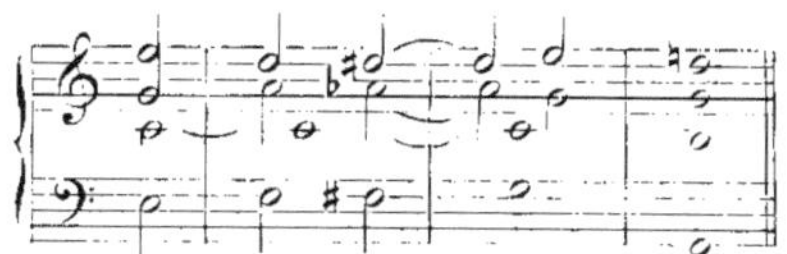

Si l'on veut prolonger le renversement de la même harmonie, il faut faire descendre immédiatement l'altération de la basse sur la dominante, et prolonger l'altération ascendante du quatrième degré avec celle du second.

DÉMONSTRATION.

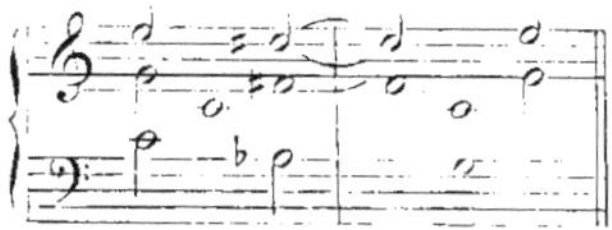

194. La prolongation de l'octave augmentée de l'accord parfait sur l'accord de septième de dominante produit une attraction ascendante analogue à toutes celles qui précèdent, et n'est bonne qu'à la voix supérieure dans l'accord fondamental, comme dans les renversements.

DÉMONSTRATION.

195. La même prolongation ne peut pas se faire dans les accords avec la substitution du mode majeur, parce que cette substitution doit être placée dans la partie supérieure, comme je l'ai fait voir, et parce qu'il y a une obligation semblable pour la prolongation de la note altérée ; mais elle est très bonne avec la substitution du mode mineur, qui peut être placé dans les parties intermédiaires.

DÉMONSTRATION.

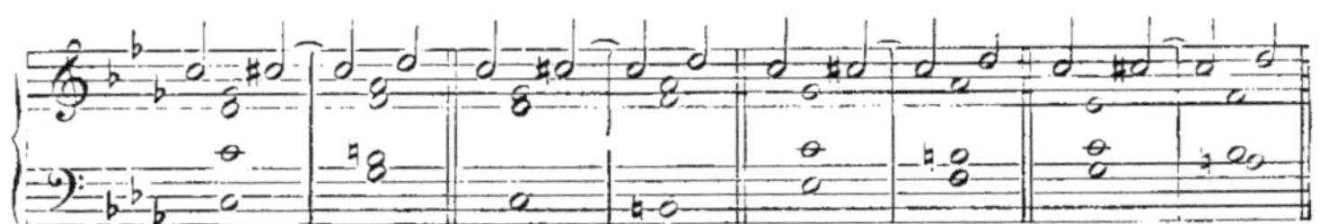

196. La même prolongation d'altération peut se combiner avec la prolongation de l'octave de la tonique, descendant sur le septième degré.

DÉMONSTRATION.

197. Enfin, la même altération peut être prolongée et se combiner avec la même prolongation de la tonique non altérée et la substitution du mode mineur.

DÉMONSTRATION.

198. Ici finit la série des harmonies régulièrement constituées, et qui peuvent être ramenées aux quatre modes fondamentaux et symétriques de la formation des accords, savoir : 1º l'ordre naturel ; 2º la substitution d'un intervalle à un autre ; 5º la prolongation d'une ou de plusieurs notes ; 4º enfin, leur altération ascendante et descendante.

Mais le principe et le mécanisme de cette immense variété de combinaisons harmoniques ne peuvent être saisis qu'au moyen de la loi de tonalité, qui règle les successions d'où elles tirent leur origine. Si l'on fait abstraction de cette loi et si l'on isole les accords, non-seulement leur formation et leur emploi deviennent inintelligibles, mais la plupart ne présentent plus au sens musical que des associations monstrueuses de sons, dont l'esprit n'aperçoit pas le point de contact [1].

Dans quelques-unes des combinaisons que je viens d'analyser, je vais au-delà du point où se sont arrêtés les compositeurs jusqu'à l'époque actuelle, et ces harmonies pourront sembler étranges, parce qu'on n'en a pas l'habitude et parce qu'elles sont encore du domaine de l'art futur ; mais l'exercice continuant le développement du sentiment tonal, et l'analyse de la formation normale des accords venant au secours de celui-ci, non-seulement on n'éprouvera plus de répugnance à l'audition de ces harmonies, mais elles deviendront même un besoin.

Tel est l'avantage d'une théorie de l'harmonie basée sur le sentiment tonal et sur la loi de succession, dont on voit pour la première fois l'exposition complète et rationnelle dans cet ouvrage, qu'en son absence il n'existe aucune règle certaine pour décider de la bonté ou de la défectuosité de certaines harmonies compliquées. Par la méthode que j'ai suivie, cette théorie est découverte ; l'analyse des faits harmoniques, quels qu'ils soient, est toujours facile : le compositeur, éclairé sur la nature et l'enchaînement des accords dont il fait usage, ne peut tomber dans les erreurs où plusieurs se sont laissé égarer, pour l'avoir ignorée. Par exemple, au moyen de la méthode dont il s'agit, il y a certitude qu'un musicien de génie, tel que Beethoven, n'écrira pas la mauvaise harmonie de ce passage de son quatuor, œuvre 151e.

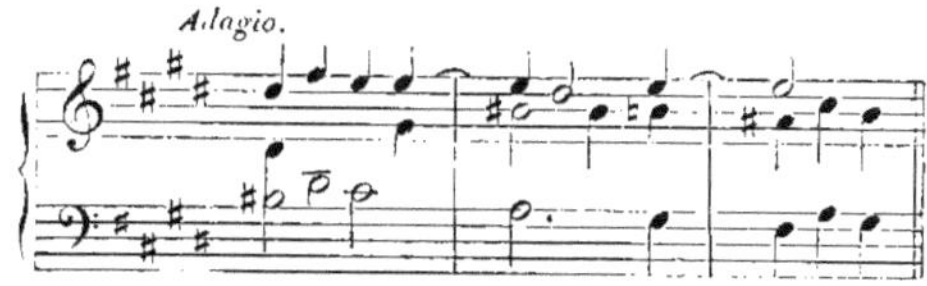

Il verra du premier coup d'œil que si le ton de la première mesure est *ut dièse*

(1) On sait ce qui arriva à l'abbé Roussier, lorsqu'il proposa l'emploi de certaines harmonies inusitées de son temps (*Traité des accords*, 3ᵉ partie ; Paris, 1764, in-8º), et dont on a fait postérieurement usage. Dans l'isolement où il avait présenté ces harmonies, elles révoltèrent le goût des musiciens par leur bizarrerie, et ce ne fut qu'après que les compositeurs, dirigés par leur instinct, les eurent employées dans de bonnes successions, qu'on en comprit le sens et l'utilité.

mineur, ce ton change dès le commencement de la deuxième, par le *triton* que fait la partie supérieure contre la basse, et qui donne à la note de celle-ci le caractère de quatrième degré du ton de *mi majeur;* conséquemment, que le *si* dièse de la partie intermédiaire représente le cinquième degré de ce ton, avec une altération ascendante; or, il n'est aucune succession harmonique dans laquelle le cinquième degré puisse avoir une altération ascendante dans l'accord dissonant, parce que la résolution de cette altération ne peut se faire que sur le sixième degré contre la note sensible, c'est-à-dire sur une dissonance non tonale qui n'est pas préparée, et qui ne peut avoir de résolution satisfaisante. Enfin, un harmoniste guidé par la loi tonale ne fera pas la fausse relation qui se trouve entre le *la* dièse de la partie intermédiaire, au commencement de la troisième mesure, et la deuxième note de la basse de la même mesure, parce qu'elle établit une succession pénible de deux tons sans analogie et sans point de contact. Dans des analyses semblables, le raisonnement n'est que l'interprète du sens musical; mais, encore une fois, elles ne sont possibles qu'à l'aide de la théorie de la formation des accords et de leur emploi, que j'ai exposée dans ce livre. Toute autre méthode ne peut conduire qu'à des accords isolés dont l'esprit n'aperçoit ni l'origine, ni l'usage.

CHAPITRE X.

DES NOTES ÉTRANGÈRES A L'HARMONIE NATURELLE OU MODIFIÉE. — NOTES DE PASSAGE.
— APPOGIATURES. — ANTICIPATIONS.

199. La rapidité des mouvements de la mélodie ne permet pas d'accompagner d'une harmonie particulière chacune des notes dont elle est composée. Un certain nombre de ces notes n'est souvent que l'ornement d'une phrase principale, dont le sens mélodique et harmonique subsiste après la suppression de cet ornement. Par exemple, dans cette phrase d'un *andante* de Haydn :

Si l'on supprime les notes qui ne sont que d'ornement, il reste cette forme radicale :

Dans le célèbre *rondo* de Mozart (*il mio tesoro*), cette phrase principale

se réduit à celle-ci :

Enfin, dans ce thème d'un air de la *Gazza ladra*, de Rossini,

on trouve cette forme radicale :

200. Les notes d'ornement sont contenues dans l'harmonie, ou elles lui sont étrangères : dans le dernier cas, on leur donne le nom de *notes de passage*.

201. Les notes d'ornement qui sont contenues dans l'harmonie procèdent en général par les intervalles des accords consonnants et dissonants naturels, tels que la tierce, la quarte, la quinte, la sixte et la septième ; les notes de passage procèdent en général par des intervalles de seconde. Les notes qui se succèdent à cet intervalle, et qui sont radicales de la phrase, ont chacune leur harmonie propre.

Lorsque les notes de passage ne s'enchaînent pas avec les notes essentielles de la phrase par des intervalles de seconde, il y a élision d'une ou de plusieurs notes d'ornement ; par exemple, ce passage de l'*andante* de Haydn :

représente celui-ci :

202. On divise les notes de passage, ou qui sont purement d'ornement, en deux espèces, savoir : 1º les notes de passage proprement dites ; 2º les notes d'*appogiature*.

Les notes de passage proprement dites sont celles qui se trouvent aux divisions faibles des temps de la mesure. Par exemple, dans ce passage du rondo de Mozart :

la, de la première mesure, et *mi*, de la seconde, sont des notes de passage.

Les notes d'*appogiature* sont celles qui, n'étant pas dans l'harmonie, précèdent celles qui sont dans cette harmonie. Par exemple, dans ce commencement du rondo de Mozart :

si et *sol* du second temps de la première mesure sont des *appogiatures*.

Quelquefois deux notes d'ornement semblent avoir le même caractère, par la contexture de la phrase, et sont pourtant différentes. Je citerai pour exemple ce fragment du thème de l'air de la *Gazza ladra* :

Il est évident que *ut* de la seconde mesure, n'étant pas dans l'harmonie des notes principales du ton, est une *appogiature ;* mais *la* (de la même mesure) est une des notes tonales de l'accord de septième dominante, qui entre dans toute cadence parfaite (et ici la cadence est certaine par la conclusion de la phrase), et n'a pas le même caractère : d'où l'on peut conclure que *sol*, qui suit ce *la,* est une note de passage. Cependant, ce *sol* est harmonique avec *mi*, qui est la dernière note de la phrase, et en même temps la tonique ; de plus, ces deux notes se suivent à l'intervalle de tierce : il semblerait donc qu'il y a ici contradiction avec ce que j'ai dit précédemment sur ce qui distingue les notes réelles de la mélodie et les notes de passage; mais si l'on se rappelle la réduction radicale que j'ai donnée de cette phrase, on verra que la séparation du *sol* et du *mi* n'est que l'effet d'une élision, et que la phrase représente :

205. La phrase mélodique se présente quelquefois sous une modification de la forme radicale qui ne permet de reconnaître ni le caractère des notes de passage, ni celui des appogiatures : telle est celle-ci :

La modification dont il s'agit se fait remarquer à la troisième mesure : on lui donne le nom d'*anticipation*, parce que les notes mélodiques anticipent sur l'harmonie des notes suivantes de la basse. On trouve la forme primitive et l'harmonie réelle de ce genre de modification des phrases en supprimant par la pensée la syncope qui donne naissance à l'anticipation. Par cette opération, et par la suppression des notes de passage et d'appogiature, on trouve la phrase suivante dans ce qui précede :

Les anticipations descendantes sont inverses des retards d'harmonie. Si l'on prend pour exemple la phrase qui précède, on pourra remplacer l'anticipation par le retardement pour modifier la phrase radicale, et l'on aura pour produit cette forme :

204. Il y a des anticipations d'une autre espèce, dont l'effet est de donner aux notes de passage une durée plus longue qu'aux notes réelles de la phrase. En voici un exemple :

Il est évident que les notes réelles, tant sous le rapport du sens mélodique que sous celui de l'harmonie, sont *sol* et *si* ♭ dans la première mesure, et *la* et *ut* dans la troisième.

A l'égard du *si* ♭ de la deuxième mesure, et de l'*ut* de la quatrième, il est facile de voir que ce sont des *appogiatures*, en sorte que la phrase radicale est celle-ci :

205. C'est sous l'entourage de ces ornements et de ces modifications que se présente la mélodie qu'on veut accompagner d'une harmonie convenable. Ces circonstances se compliquent d'ailleurs, dans la musique moderne, de substitutions, de retards et d'altérations, qu'il faut dégager pour retrouver les notes réelles de l'harmonie naturelle. Le compositeur qui conçoit à la fois la mélodie et l'harmonie de son œuvre, et qui ne saurait même imaginer l'une séparée de l'autre, ne peut être incertain sur le choix des accords dont chaque phrase doit être accompagnée ; mais il n'en est pas de même du musicien à qui l'on présente un chant dont il doit retrouver l'harmonie ; car il est évident que son premier travail doit consister à dégager la mélodie radicale de tous les ornements et des modifications dont elle est environnée : sans cette opération préalable, il ne pourrait accomplir sa tâche. Or, il est nécessaire de faire usage de quelques procédés spéciaux pour distinguer les notes réelles de celles qui ne sont que d'ornement et de modification. Ces procédés deviennent simples et faciles quand on s'est accoutumé à reconnaitre ce qui caractérise les divers genres d'ornements analysés dans ce qui précède. Voici quelques indications à ce sujet :

1° Connaissant le ton principal, il faudra chercher si quelque signe d'un ton étranger, apparaît, et par la nature de ce signe, soit de note sensible ou de quatrième degré, trouver la tonique du ton nouveau. Cette opération faite d'un bout à l'autre de la mélodie, tous les tons dans lesquels elle module seront connus.

2º Toute harmonie, dégagée de ses diverses modifications, ne se compose que des accords naturels ou accords parfaits et de septième de dominante de chaque ton : il en est de même de la mélodie radicale qui ne renferme que les notes de ces accords ; car la loi de tonalité n'y est pas différente. Il faut donc examiner quelles sont les notes de la mélodie qui entrent dans la formation des accords parfaits de la tonique et du quatrième degré, et qui procèdent par des intervalles disjoints, ainsi que celles qui appartiennent à l'accord de septième, ou à l'accord parfait de la dominante, et qui procèdent par les mêmes intervalles : on aura la conviction que celles-là sont réelles, et chacune d'elles sera accompagnée de l'harmonie dont elle fait partie.

3º Dans les fragments de mélodie dont deux notes se suivent par des mouvements de seconde, une appartient à l'harmonie, l'autre est d'ornement. La deuxième note est de passage quand la première est réelle ; elle est réelle quand la première est d'*appogiature*. Il ne s'agit donc que de reconnaître la nature de la première de deux notes conjointes. On peut donner à cet égard une règle dont l'application est générale ou du moins très fréquente, savoir : que lorsque la première des deux notes qui se suivent est en harmonie avec celle qui précède, elle est réelle, et la suivante est de passage ; si, au contraire, la deuxième des deux notes est en harmonie avec celle qui précède la première, c'est elle qui est la note réelle, et la première est une *appogiature*.

4º Toute note qui a été entendue à la fin d'un temps ou d'une mesure et qui se répète au temps ou à la mesure qui suit, pour descendre ensuite d'un degré, est une appogiature.

L'application de ces règles à toute mélodie, donnera pour résultat une bonne harmonie naturelle et tonale, lorsqu'on aura acquis quelque habitude de ce genre d'analyse. Prenons pour exemple l'introduction de l'air de *la Gazza*, cité précédemment.

Les quatre premières notes ne laissent point de doute, car elles composent tout l'accord parfait de la tonique. Les deux dernières notes de la deuxième mesure appartiennent à l'harmonie de l'accord parfait de la dominante ou de l'accord de septième. De ces deux accords, celui de septième est préférable, parce qu'il donne mieux le sentiment de la cadence qui se termine sur la première note de la troisième mesure. Cette mesure tout entière appartient à l'accord parfait de la tonique ; car, suivant les règles précédemment énoncées, le *ré* qui la termine ne peut être considéré que comme une note de passage.

Suivant la règle nº 4, la première note de la quatrième mesure est une *appogiature*, d'où il suit que *ré* représente *ut* ; or *ut* n'appartient naturellement qu'à l'accord parfait du quatrième degré, ou à l'accord de sixte de la même note. Si l'on veut varier l'harmonie, on pourra donc employer tour à tour ces deux accords sur toute la mesure, considérant, comme je l'ai fait, toutes les notes qui s'y trouvent comme représentant *ut* et *la*.

Le *fa* du commencement de la cinquième mesure est une note de repos incident; or, il n'y a de repos possible sur cette note que dans l'accord parfait de la dominante.

Tout ce qui suit, jusqu'à la fin de la septième mesure, offre des circonstances identiques à celles du commencement; il ne peut donc y avoir de doute sur l'harmonie convenable. Le *sol* qui commence la huitième mesure appartient à l'accord parfait de la tonique, comme la mesure précédente; mais la cadence finale approche et se prépare sur cette note; or, j'ai dit (§ 94) que la meilleure formule harmonique, pour la préparation de cette cadence, consiste à faire précéder la septième de la dominante par l'accord de quarte et sixte : c'est donc ce renversement de l'accord parfait qui doit accompagner la première note de la huitième mesure. A l'égard des notes d'ornement qui remplissent le reste de cette mesure, j'en ai expliqué la nature (§ 203).

Le résultat de cette analyse présente l'harmonie radicale suivante: (***Ex.** n° 1.*)

206. Le goût, le développement du sentiment tonal et l'experience, enseignent à substituer, de la manière la plus avantageuse à l'effet, les renversements aux accords fondamentaux, et à modifier l'harmonie naturelle d'une mélodie ainsi analysée par les prolongations et les altérations; enfin, à remplacer les accords simples et *plaqués* par des formes variées dans la basse et dans les autres parties d'accompagnement.

207. Les formes de l'accompagnement ont aussi leurs notes de passage et d'appogiature. On en voit un exemple dans le passage du quatuor de Mozart que j'ai cité (§ 150, note 1). La basse de ce passage est celle-ci :

On comprend facilement que le *si* de la première mesure, et l'*ut* dièse de la deuxième, n'étant pas dans l'harmonie, ne peuvent être considérées que comme des notes de passage, et que le trait se réduit à celui-ci :

Les notes radicales de ce trait sont évidemment les suivantes :

208. La variété des formes, dans l'accompagnement de la mélodie, est une des nécessités les plus impérieuses de la musique. Le choix de ces formes appartient à la fantaisie du compositeur; toutefois, il y a de certaines formules en usage, même dans les compositions les plus originales, parce qu'elles ont le double avantage de marquer le rhythme et de laisser l'attention se porter sur la mélodie, par la régularité des mouvements. En voici quelques exemples : (Voyez le n° 2 en regard.)

N.° 1.
N.° 2.

Les gammes d'accompagnement, telles que celles de l'exemple n° 5, ne représentent que leurs premières notes.

***

CHAPITRE XI.

DE LA PÉDALE.

209. Une note soutenue par une voix ou par un instrument, particulièrement par la basse, pendant la succession de plusieurs accords, est appelée *pédale*. Ce nom a été donné aux notes de cette espèce, parce qu'on les fait entendre sur l'orgue avec le clavier des pieds, appelé *pédale*, pendant que les mains exécutent l'harmonie sur les autres claviers.

210. Le but de la pédale est, originairement, une suspension plus ou moins prolongée de la cadence, par une tenue sur la dominante, ou le raffermissement du ton, par une tenue sur la tonique, après des successions d'harmonie qui en ont affaibli ou fait perdre le souvenir. On verra plus loin qu'il en a été fait un autre usage dans la musique des derniers temps.

211. La note de pédale est souvent étrangère à l'harmonie qui l'accompagne; de là vient que lorsqu'elle est au son le plus grave, il est beaucoup de cas où elle ne peut être considérée comme la véritable basse de cette harmonie, et que cette basse doit être cherchée dans la voix inférieure des accords qui se succèdent sur la note de pédale.

212. Pour que la pédale grave puisse être considérée comme la basse de l'harmonie, il faut qu'il n'y ait pas dans les accords dont se compose cette harmonie de tendance à d'autres tons qu'à celui dont la pédale est une note principale, et que toute cette harmonie soit renfermée dans les accords parfaits et de septième de dominante de ce ton, dans les retards de leurs intervalles, et dans la substitution.

Voici un exemple de pédale de ce genre :

L'analyse de cette harmonie fait voir que le premier accord de la première mesure est un accord parfait de la dominante ; le second, un accord de quarte et sixte de la tonique ; le premier accord de la deuxième mesure, un retard de tierce par la quarte dans l'accord parfait de la dominante, faisant sa résolution sur le deuxième temps de la mesure.

La troisième mesure ne se compose que de l'accord de quarte et de sixte, dérivé de l'accord parfait de la tonique.

Le premier temps de la quatrième mesure est un accord de septième de la dominante ; et le second, le même accord avec substitution qui produit un accord de neuvième majeure de la dominante.

Le premier accord de la cinquième mesure est celui de septième, et le deuxième, un accord de quarte et sixte.

Dans la sixième mesure, on voit, au premier temps, le retard de la tierce de l'accord de septième ; et, au second, la résolution de ce retard.

Le premier temps de la septième mesure est un retard de la quarte par la quinte dans l'accord de quarte et sixte ; et le deuxième temps, la résolution de ce retard, avec des notes de passage dans la partie intermédiaire.

La huitième mesure est comme la sixième, sauf une autre disposition des parties.

Le premier temps de la neuvième mesure est un retard de la quarte par la quinte dans l'accord de quarte et sixte, par la partie supérieure, tandis que la quarte non retardée est à la partie inférieure (*Voyez* le § 144 *bis*).

La dixième mesure présente le même retard que la sixième et la huitième, mais avec une nouvelle disposition.

215. Lorsque la pédale ne peut être considérée comme la basse réelle de l'harmonie qui l'accompagne, parce que cette harmonie contient des accords qui lui sont étrangers par la tonalité, il y a une basse réelle dans la voix inférieure de cette harmonie, et celle-ci doit avoir, dans ses rapports et dans ses mouvements, toute la régularité qu'aurait une basse ordinaire.

Bien qu'étrangère à quelques-uns des accords qui se succèdent pendant sa durée, la pédale ne peut satisfaire le sens musical qu'autant qu'elle est en rapport de tonalité avec l'harmonie dès son début, et que ce rapport se rétablit de temps en temps jusqu'au moment de sa terminaison, car une pédale qui serait entièrement étrangère aux accords qui l'accompagneraient, serait une absurdité harmonique :

Voici un exemple de pédale sur des successions d'accords dont les tonalités lui sont étrangères .

L'examen de cet exemple fait voir : 1° qu'au deuxième temps de la seconde mesure la tonalité de *la* majeur s'établit par l'accord de *triton* avec substitution et altération ; 2° que l'harmonie passe ensuite en *ré* mineur, par la suppression de *sol* dièse, à la fin de la troisième mesure : ces deux modulations sont étrangères au ton de la pédale ; mais le rapport se rétablit au deuxième temps de la quatrième mesure, par l'accord de *triton* du ton de *sol*, avec substitution et altération, et ce rapport subsiste jusqu'à la fin de la sixième mesure ; 3° que l'harmonie de la septième mesure est étrangère à la pédale, puisqu'elle donne au premier temps un accord de quinte et sixte sur le quatrième degré du ton d'*ut*, avec altération de la sixte ; mais que l'accord de quinte et sixte mineure du deuxième temps fait prévoir le retour du rapport tonal de la pédale avec l'harmonie, et que ce rapport est évident pendant toute la durée de la huitième mesure ; 4° que le deuxième temps de cette huitième mesure conduit au ton de *fa* mineur (étranger à la pédale), au premier temps de la neuvième mesure ; mais que le retour du rapport tonal se fait sentir au deuxième temps de cette mesure, par la note sensible du ton de *sol*, et que ce rapport persiste jusqu'à la fin de la pédale.

214. La pédale, qui satisfait l'intelligence musicale par les alternatives du rapport tonal de la note tenue avec l'harmonie, et des incompatibilités momentanées avec la tonalité de cette harmonie, deviendrait intolérable si cette incompatibilité s'établissait d'une manière absolue et persistante, par un acte de cadence de l'harmonie, dans un ton absolument étranger à la note tenue. Supposons que le cas soit celui de cet exemple :

Il est évident que le ton de *la* s'établit si bien, depuis le deuxième temps de la deuxième mesure jusqu'à la fin de la cinquième, que la tonalité de la pédale s'efface complétement, que la note tenue affecte désagréablement l'esprit de l'idée d'incompatibilité, et que lorsque le rapport se rétablit, dans la septième mesure, il ne dissipe pas immédiatement le souvenir de l'impression pénible qui a été produite. Il suit de là que les modulations étrangères à la tonalité de la pédale ne doivent être qu'indiquées, et non entièrement achevées par des actes de cadence.

215. J'ai dit (§ 213) que la pédale ne peut satisfaire l'esprit qu'autant qu'elle est en rapport de tonalité avec l'harmonie, dès son début. On remarque en effet que les infractions à cette règle font éprouver au sens musical une désagréable impression. J'en trouve un exemple remarquable dans l'introduction du dernier mouvement de la symphonie pastorale de Beethoven. Le compositeur, après y avoir établi le ton d'*ut* sur une pédale de ce ton, fait attaquer tout à coup par les basses, jusqu'alors silencieuses, la pédale de *fa*, pendant que les parties principales continuent à développer le sentiment de la tonalité d'*ut*. Voici ce passage : (Voyez le n° 1 en regard.)

La première fois qu'on a exécuté la symphonie pastorale dans les meilleurs orchestres, il y a eu de l'étonnement, de l'hésitation, une sorte de sentiment pénible à ce passage ; on s'y est ensuite accoutumé, et la beauté de la pensée qui se développe dans tout le morceau a fait oublier la première impression désagréable qui résulte de l'entrée de cor dans le ton d'*ut* sur une pédale du ton de *fa*.

Ce n'est pas que la réunion de ces deux tons, ainsi caractérisés, soit inadmissible dans une harmonie de pédale ; mais il faudrait, pour qu'elle ne blessât pas le sentiment de la tonalité, qu'une harmonie tonale de la pédale eût été entendue auparavant. Par exemple, si ce qui précède eût conduit Beethoven à commencer en *fa*, de cette manière : (Voyez le n° 2 en regard.)

L'entrée de cor eût été excellente, et l'oreille n'eût éprouvé aucune sensation désagréable. Mais la pensée de ce qui précède ayant conduit le compositeur au ton d'*ut*, il fallait, pour que le sentiment tonal ne fût pas blessé, que l'entrée de cor se fît, comme celle de la clarinette, sur la pédale de ce ton, comme dans l'exemple suivant, et surtout que le second violon, les altos et les basses n'attaquassent pas à la huitième mesure le ton de *fa*, par l'accord parfait complet, pendant que le cor continue à attaquer le ton d'*ut*, ainsi que l'a fait Beethoven.(Voyez le n° 3 en regard.)

Je sais tout ce qu'on peut dire pour excuser, ou si l'on veut, pour expliquer cette faute d'un grand artiste : après l'admirable orage qui suit le *scherzo* viennent le calme, le retour du beau temps, un sentiment de joie. Cette joie s'épanche par le son des instruments dans les montagnes : ici un pâtre joue de sa musette dans un ton ; là, c'est le cor des Alpes qui résonne dans un autre ; cela est dans la nature, et Beethoven, s'emparant de cette vérité, en a complété son tableau. Je sais tout cela ; mais autre chose est la nature, autre chose l'art. Celui-ci ne peut satisfaire complétement l'esprit élevé à son plus haut développement esthétique qu'en s'appuyant sur sa base première, qui n'est autre chose en musique que la tonalité, c'est-à-dire, la loi générale des rapports des sons. Or, ce qui prouve que Beethoven a sacrifié celle-ci à une condition accessoire, c'est que le passage dont il s'agit a toujours produit sur les musiciens une impression désagréable à la première audition, et qu'il n'a pas fallu moins que le charme de ce qui suit pour la faire oublier. Je n'ai pas cru pouvoir donner une théorie de la pédale, sans analyser ce fait singulier, parce

Clarinette.
Violons.
Alto.
N.º 1.
Cor.
N.º 2.
N.º 3. DEMONSTRATION.
N.º 4. DEMONSTARTION.
1.ᵉʳ Exemple.
2.ᵐᵉ Exemple.

N° 1.
Andantino.
Cors et Bassons.
Violons.
Alto.
Violoncelle.
Contrebasse.
Som_bre fo_
pizzicato.
_rêt desert triste et sau_va_ge je vous préfère aux splendeurs des pa_lais
C'est sur les monts au sé_jour de l'o_ra_ge que mon cœur que mon cœur
N° 2.
Violons à l'octave

que l'autorité d'un grand homme pourrait accréditer une faute contre une loi fondamentale de l'art, comme cela s'est vu trop souvent.

216. La règle qui impose à la partie inférieure de l'harmonie, dont une pédale est accompagnée, l'obligation d'avoir dans sa marche la régularité d'une basse réelle, est puisée aussi dans la loi tonale, qui soumet la succession des accords à des mouvements réguliers dont la basse est le soutien, puisque tout accord a nécessairement pour base une note grave, considérée relativement aux autres; soit que l'harmonie soit écrite à trois parties, soit qu'elle en ait quatre, indépendamment de la pédale, la partie inférieure doit donc avoir la même pureté, la même régularité dans ses mouvements, que s'il n'existait pas de note tenue au-dessous. Les deux exemples que j'ai donnés, dans les §§ 212 et 213, prouvent qu'en supprimant la pédale, on a une harmonie parfaitement régulière (Voyez le n° 4 à la pag. 125.)

217. Dans la musique de nos jours, la pédale n'est plus bornée à de certaines formes de conclusion qui n'étaient en usage autrefois que dans le style de convention appelé *fugue :* la multiplicité de tons divers, dont les résolutions sont souvent évitées, fait employer, par les plus célèbres compositeurs modernes, la pédale par fragments dans l'accompagnement de leurs mélodies. En voici des exemples tirés d'un air de *Guillaume Tell*, par Rossini; ils feront comprendre en quoi consiste cet artifice d'harmonie: (Voyez le n° 1 en regard.)

Une première pédale, sur la tonique, accompagne toute la ritournelle de l'air. L'harmonie placée sur cette pédale est une succession de tierces et de sixtes, qui se présente sous cette forme, en supprimant les *appogiatures :*

Les pédales présentent souvent de ces suites d'harmonies incomplètes, qu'on prendrait au premier aspect pour des successions compliquées, et qui se réduisent, en réalité, à des suites alternatives de tierces et de sixtes. Tel est le passage suivant, qui se trouve dans la ritournelle d'un chœur du même opéra : (Voyez le n° 2 en regard.)

Si l'on supprime la pédale, on verra qu'il ne reste, entre la partie supérieure et l'intermédiaire, que des tierces et des sixtes.

Quelquefois l'harmonie des accords de sixte est complète sur la pédale, dans des progressions ascendantes ou descendantes. Dans ce cas, les accords sont alternativement en relation harmonique et inharmonique avec le son soutenu; mais la partie inférieure de la progression est la véritable base de l'harmonie.

Voici un exemple de progression semblable pris dans le premier acte de la *Muette de Portici*, par Auber; il est d'une remarquable élégance :

Je reviens à l'examen des pédales de l'air de *Guillaume Tell*, dont j'ai commencé l'analyse. Après la pédale de tonique, de la ritournelle, commence aussi une pédale de tonique sur le chant jusqu'à la fin de la dixième mesure de l'air. Les parties de violons et d'alto, qui ont de l'intérêt dans la forme, n'en ont pas sous le rapport de l'harmonie, parce qu'elles ne font entendre que successivement les notes contenues dans les accords formés par les cors et les bassons. Aux deux premières mesures de l'accompagnement de ces derniers instruments sur le chant, ils font entendre alternativement l'accord parfait de la tonique, et l'harmonie dissonante naturelle de la dominante. Au dernier temps de la troisième mesure du chant, on voit une harmonie piquante dont l'origine peut causer quelque embarras aux musiciens qui n'ont pas l'habitude de l'analyse. Le *fa* bémol de la mélodie est une altération de *fa* naturel, qui fournit un accent pour exprimer le caractère *triste et sauvage*. La note primitive de cette mélodie est donc *fa* naturel; or, cette note appartient à l'accord de quinte mineure et sixte, auquel on substitue celui de septième diminué. De plus, l'altération mélodique, dont il vient d'être parlé, change le *fa* naturel en *fa* bémol, et produit l'harmonie de l'accord de septième diminuée, altérée dans sa tierce. Cette harmonie est d'autant plus remarquable, que la dominante, après avoir eu momentanément le caractère d'une tonique nouvelle, reprend celui de dominante dans l'accord suivant. Ces circonstances harmoniques, réunies à la pédale, ajoutent encore à l'effet de l'accord ainsi altéré.

A la onzième mesure du morceau (marquée 1) commence une pédale de dominante, qui se prolonge jusqu'aux premiers temps de la quatorzième. L'har-

monie des onzième et douzième mesures n'est composée que de suites de tierces
avec la pédale redoublée à l'aigu. Au troisième temps de la treizième mesure,
on trouve une harmonie semblable à celle de la neuvième mesure, ma s transportée à la quinte. Une modulation s'établit à la fin de la quatorzième mesure, pour passer en *ut* mineur, et une nouvelle pédale commence dans ce ton
à la quinzième (marquée 2) : celle-ci se termine par une cadence rompue, à la
dix-huitième mesure.

Tel est le système de pédales souvent employé par les compositeurs de l'é-
poque actuelle pour l'accompagnement des mélodies.

218. Les sons soutenus en pédale sont aussi quelquefois employés dans les
parties intermédiaires ou supérieures. Dans ces sortes de pédales, les conditions ne sont pas les mêmes que dans celles où le son soutenu est à la basse ;
car si la note en pédale devient une dissonance de retardement contre l'une ou
l'autre des parties, dans la succession des accords, elle doit changer à l'instant,
et se résoudre, comme toute dissonance, en descendant d'un degré. L'équivoque qui résulte de l'accord de quinte et sixte permet seule de suspendre la
résolution. La note de pédale supérieure, ou intermédiaire, doit être d'ailleurs
toujours dans l'harmonie des accords; l'exemple suivant éclaircira ce que cette
théorie pourrait avoir d'obscur pour les élèves.

Il n'y a dans cet exemple que des suites de sixtes et de tierces entre la basse
et la partie intermédiaire ; mais la note de pédale est contenue dans toutes
les harmonies que forment ces parties, et produit avec elles des accords de
quinte et sixte, quarte et sixte, tierce et sixte majeure et mineure, et enfin
accord parfait majeur et mineur. Au premier temps de l'avant-dernière mesure (marqué du signe ✳), la pédale devient une dissonance de septième par
retardement contre la partie intermédiaire : dès lors elle doit cesser de se
faire entendre, et se résoudre en descendant d'un degré.

219. La règle précédente, basée sur les lois les plus fondamentales de l'harmonie, prouve que Beethoven s'est trompé dans un passage de l'*andante* de
la symphonie en *ut* mineur, mais comme se trompe un grand homme, et

rachetant une faute par des beautés de premier ordre. Voici le passage dont il s'agit : (Voyez le n° 1 en regard.)

A la troisième mesure, le *mi* de la clarinette, qui forme la pédale supérieure, devient un intervalle de neuvième contre le *ré* de la basse, et une dissonance de septième à l'égard du *fa* du violoncelle (✳) : dès lors la résolution devient nécessaire. Cependant, non-seulement Beethoven continue la pédale dans la mesure suivante, mais par suite de la transformation de la dissonance à la quatrième mesure, il termine la pédale en montant, au moyen d'un changement de ton. Il y a à cet égard plusieurs observations à faire : la première, que le chant du violoncelle, étant une variation du thème précédemment entendu, partage l'attention de l'oreille avec la pédale supérieure, et affaiblit la sensation désagréable d'une dissonance qui n'a pas de résolution ; la seconde, que la sensation pénible pour l'oreille d'une dissonance qui ne descend pas, étant dissipée vers la fin de la quatrième mesure, où la dissonance est passée aux parties intermédiaires, le sentiment musical n'est plus occupé que du caractère mélancolique plein d'élévation de cette voix de la clarinette qui monte par degrés, et devient mélodique, d'harmonique qu'elle était. Il n'y a que les hommes de génie qui sachent ainsi transformer une faute en une beauté sublime.

220. Quelquefois la pédale d'une partie intermédiaire ou supérieure se termine sans qu'il soit nécessaire de faire la résolution descendante de la note soutenue, parce qu'elle n'est pas en relation de dissonance. Auber a écrit une pédale de ce genre dans le premier acte de *la Muette de Portici*. Voici ce passage où la pédale est à la partie d'alto : (Voyez le n° 2 en regard.)

221. Je crois que les analyses précédentes de diverses circonstances de l'emploi des sons soutenus en pédales sont suffisantes pour faire comprendre le principe et le mécanisme de cet artifice d'harmonie.

Ici se termine toute la théorie de la science, considérée dans les rapports immédiats des sons constitutifs des accords, et dans leurs rapports explicites, une tonalité étant donnée.

CHAPITRE XII.

DES SIGNES DES ACCORDS, ET DE LA BASSE CHIFFRÉE.

222. Lorsque la mélodie commença à se formuler en phrases suivies et cadencées, pour une seule voix ou pour plusieurs qui ne formaient plus entre elles une harmonie non interrompue, il fallut remplacer cette harmonie vocale par celle d'un instrument tel que l'orgue, le clavecin ou le théorbe ; or la basse de cet accompagnement obligé n'étant plus soumise aux interruptions qu'on remarquait auparavant dans les basses vocales des mes , des motets et des madrigaux, on lui donna le nom de *basse continue*.

N.º 1.

Clarinette.
Violons.
Pizzicato.
Alto et Violoncelle.
Contrebasse.

N.º 2.

223. Cette basse, et l'harmonie dont elle était le soutien, n'eurent d'abord pour objet que de faire entendre des accords simples sous la mélodie, sans y ajouter les formes variées de l'instrumentation moderne. Or, les accords dont toute harmonie était composée ne contenaient que des intervalles consonnants, ou des retards de ces intervalles par les dissonances de prolongation. On crut inutile de noter une harmonie si simple, et l'on se borna à écrire la basse, dont les notes furent supposées devoir être toujours accompagnées de l'accord parfait, c'est-à-dire de la tierce, lorsque le signe d'un autre accord n'était pas placé au-dessus de la note de basse. L'accord de sixte se désigna par le chiffre 6 ; celui de quarte et sixte, par $\frac{6}{4}$. Le retard de la sixte fut marqué par 7, et celui de la tierce, par 4. Plus tard, on ajouta à ces signes ceux des accords dissonants naturels.

224. Ce n'est point ici le lieu de traiter historiquement de l'invention de la basse chiffrée ; j'ai écrit ailleurs sur ce sujet [1] : je dirai seulement que la plus ancienne composition imprimée où l'on trouve une basse de cette espèce est le drame d'Emilio del Cavaliere, intitulé : *Rappresentazione di anima e di corpo*, publié par Alexandre Guidotti [2]. On y voit l'harmonie de la sixte représentée par 6, lorsque l'intervalle n'est en effet qu'une sixte à l'égard de la basse ; mais si la sixte se trouve dans la deuxième octave de cette basse, le compositeur, ou son éditeur, la marquent par le chiffre 15, parce que six et sept forment en effet ce nombre. De même, la double quinte est indiquée par 12, et la double quarte par 11. Voici un passage de basse chiffrée dans ce système, tel qu'on le trouve à la page 5 de l'ouvrage d'Emilio del Cavaliere.

L'harmonie des parties qui accompagnent cette basse est ainsi disposée :

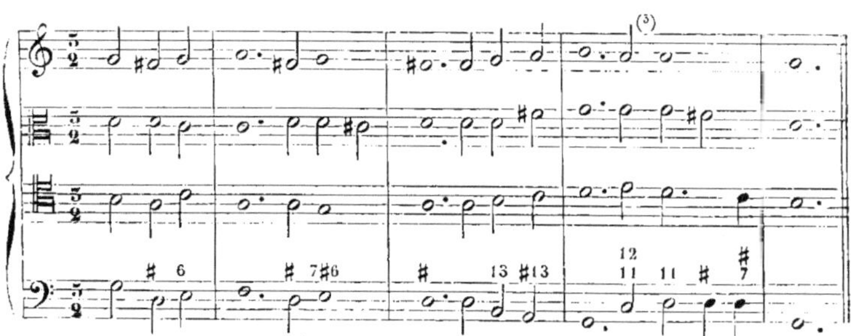

(1) *Esquisse de l'histoire de l'harmonie.* Paris, 1840, in-8° (pages 46-52).

(2) Rome, Nic. Mutii, 1600, in-fol.

(3) J'expliquerai dans le troisième livre ce qui a conduit Emilio del Cavaliere et quelques autres auteurs plus anciens à faire usage de l'accord de quinte et sixte.

Je dois ajouter que la tierce mineure est souvent marquée par un bémol, lors même qu'elle est produite par une note qui n'est pas modifiée par ce signe.

C'est dans ce système, et avec les chiffres qu'on vient de voir, que la *basse continue* est chiffrée dans *l'Euridice*, de Jacques Peri [1], dans les *Nuove musiche*, de Jules Caccini [2], dans les *Musiche* de Sigismondo d'India [3], et dans beaucoup d'autres recueils de compositions publiés au commencement du XVIIe siècle.

Il résulte de ce qu'on vient de voir, que les premiers musiciens qui firent usage de la basse chiffrée n'indiquèrent pas seulement la nature des intervalles, des accords, mais la position des notes à l'égard de la basse, dans les octaves supérieures. C'est un fait qu'il est nécessaire de savoir pour bien accompagner leurs productions.

225. La distinction des octaves des intervalles par les chiffres ne fut pas généralement admise ; Cruger explique très bien, dans le petit traité de basse continue placé à la suite de la deuxième édition de son *Synopsis musica* (page 218), que la tierce est le fondement de la dixième, et la quinte celui de la douzième. C'est par les chiffres simples qu'il représente ces intervalles dans les exemples (pages 227 et suivantes).

Toutefois, la réforme à cet égard ne fut pas aussi complète en Italie qu'en Allemagne, car bien qu'on voie dans les *Primi albori musicali*, du P. Laurent Penna [4], des exemples où les intervalles sont ramenés à leur expression numérique la plus simple, tels que ceux-ci (liv. 3, pages 170 et 171) :

on y trouve aussi les chiffres 10 et 11 pour la tierce et pour la quarte,

(1) *Le Musiche di Jacobo Peri nobile Fiorentino sopra l'Euridice del Sig. Ottavio Rinuccini. In Venetia, appresso Alessandro Raverii, 1608, in-fol.*

(2) In Firenze, appresso J. Marescotti, 1601, in-fol.

(3) *Le Musiche di Sigismondo d'India nobile Palermitano da cantar solo nel clavicordo, chitarone, arpa doppia et altri istromenti simili. In Milano, appresso l'herede di Simon Tini et Filippe Lomazzo, 1609, in-fol.*

(4) Le troisième livre de cet ouvrage, qui renferme un traité de la basse continue, fut publié à Bologne, en 1679, in-4°.

lorsque l'auteur veut indiquer avec clarté un mouvement d'harmorie supérieure à l'octave; par exemple, dans ce passage (*Primi albori musicali*, p. 171):

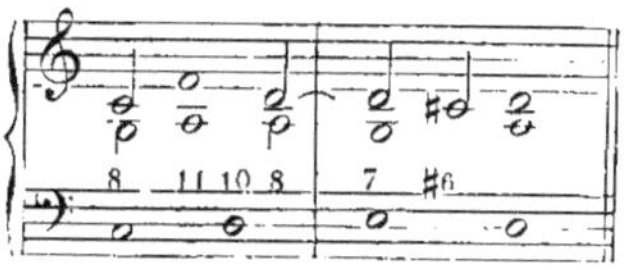

226. Une grande confusion régnait à cette époque dans les idées des compositeurs et des théoriciens, concernant la représentation des accords par les chiffres; car tantôt on voit le retard de l'octave par la prolongation de neuvième représenté par 2, et tantôt le même retard est exprimé par 9 En voici des exemples extraits du livre de Laurent Penna (page 172):

Quelquefois le retard de la tierce par la seconde, à la basse, était chiffré par 9, comme dans cet exemple (*Primi albori musicali*, page 172).

L'erreur des musiciens qui chiffraient ainsi la basse continue est évidente, car une note qui est supérieure à l'octave et la retarde ne peut former qu'un intervalle de neuvième; d'où il suit que 9 doit indiquer la prolongation de la partie supérieure, tandis que la basse, retardant la tierce par un intervalle moindre, ne peut former qu'une seconde, et que cet intervalle doit être chiffré par 2. L'erreur dont il s'agit se rencontre fréquemment dans les basses chiffrées des compositions du xviie siècle; il est donc nécessaire que les accompagnateurs en soient prévenus pour l'exécution de ces ouvrages.

227. L'usage des doubles chiffres devint presque général, particulièrement en Italie, vers la fin du xviie siècle. On voit beaucoup d'exemples de ces

doubles chiffres dans le traité d'accompagnement de Gasparini [1], surtout pour les cadences. En voici quelques-uns (pages 24 et 25) : (*V.* n° 1 en regard.)

Les harmonies indiquées par les chiffres de ces exemples, sont celles-ci : (Voyez le n° 2 en regard.)

228. L'emploi du bémol au lieu du bécarre, pour l'indication des intervalles mineurs, était presque sans exception au temps où Gasparini écrivait : il en donne des exemples dans une suite de cadences évitées qu'il appelle *cadences feintes.* Quelquefois le bémol se plaçait après le chiffre. Je crois devoir donner ici les exemples de Gasparini, avec leur réalisation harmonique, afin de faire comprendre aux accompagnateurs la manière d'exécuter ces sortes de cadences, si fréquentes dans l'ancienne musique italienne. (*V.* n° 3. en regard.)

La quatrième mesure de cet exemple prouve que Gasparini ne s'est pas bien représenté la marche des parties dans la succession des accords ; car, à trois ou quatre parties, il est impossible que la quarte du troisième temps soit une prolongation régulière d'après ce qui précède, à moins de faire deux quintes maladroites et désagréables entre deux des parties supérieures. (*V.* n° 4 en regard.)

Ce fait étant établi, voici l'harmonie de tout l'exemple donné par Gasparini : (Voyez le n° 5 en regard.)

229. Plus simple dans l'école de Naples, à la même époque, plus rationnelle, la manière de chiffrer la basse avait cependant des singularités qu'il est nécessaire d'expliquer. Alexandre Scarlatti, maître illustre et chef de cette école, nous en fournit les exemples les plus remarquables dans ses cantates. Le style de ses élèves et successeurs immédiats, Porpora et Durante, offre des formes harmoniques analogues, et le même système de basse chiffrée.

Et d'abord, je dois parler de certaines formules de terminaison fort singulières, et fort en usage parmi les compositeurs napolitains jusque vers le milieu du xviiie siècle. La première consiste à placer la note sensible sur l'accord de triton, et à faire monter la basse de celui-ci sur la dominante, pour terminer par une forme de chant qui donne le sentiment de l'accord de quarte et sixte sans cadence. En voici un exemple tiré d'une cantate de Scarlatti : (Voyez le n° 6 en regard.)

Il serait impossible d'expliquer comment une telle bizarrerie harmonique, toujours rejetée par l'école de Rome, est devenue une formule habituelle dans celle de Naples, sans qu'elle fût une nécessité de la forme du chant ; car rien n'était plus facile que d'accompagner ce récitatif d'une manière régulière : (Voyez le n° 7 en regard.)

Cependant il est certain qu'il y a beaucoup de formules finales construites dans le sentiment de la basse de l'accord de triton qui monte, et qu'on ne saurait les accompagner d'aucune harmonie régulière. Tel est ce passage d'une cantate de Porpora : (Voyez le n° 8 en regard.)

Le seul moyen qu'on puisse employer pour affaiblir le mauvais effet de

(1) *L'Armonico pratico al Cembalo,* etc. Venise, 1683.

N° 1.

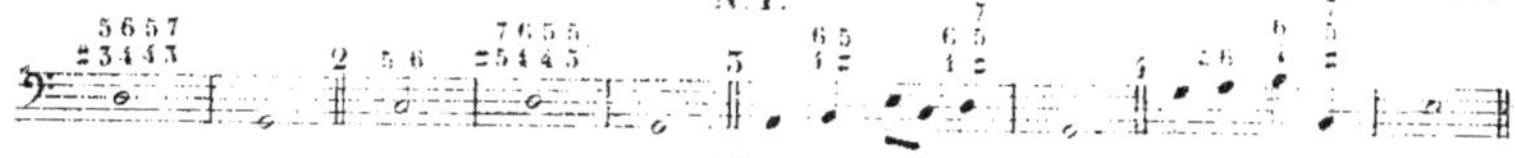

N° 2.

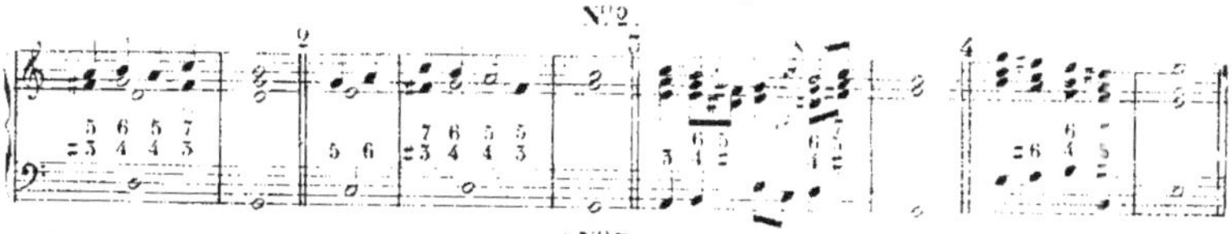

N° 3.

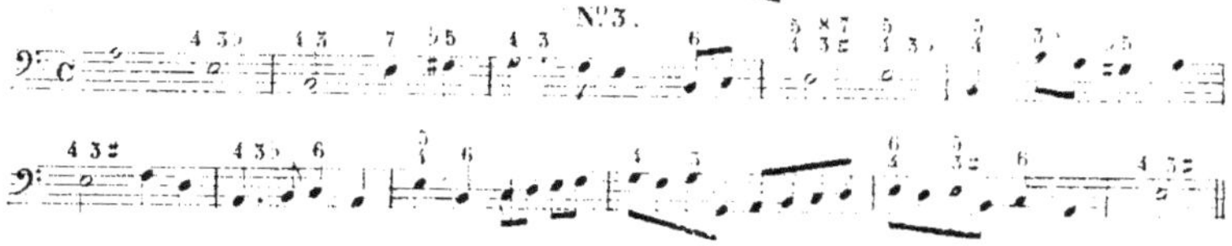

N° 4. DÉMONSTRATION.

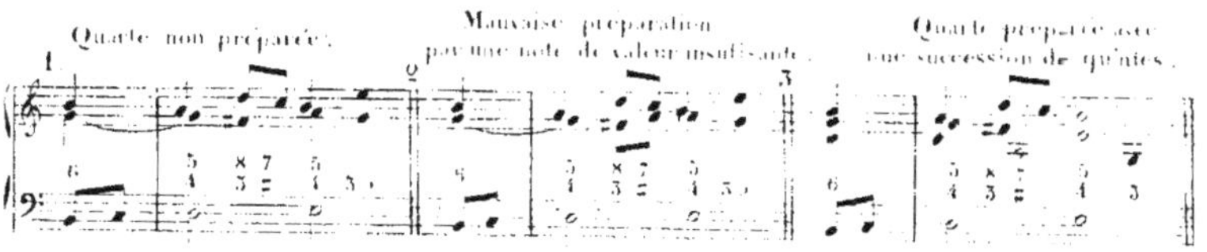
Quarte non préparée.
Mauvaise préparation par une note de valeur insuffisante.
Quarte préparée avec une succession de quintes.

N° 5.

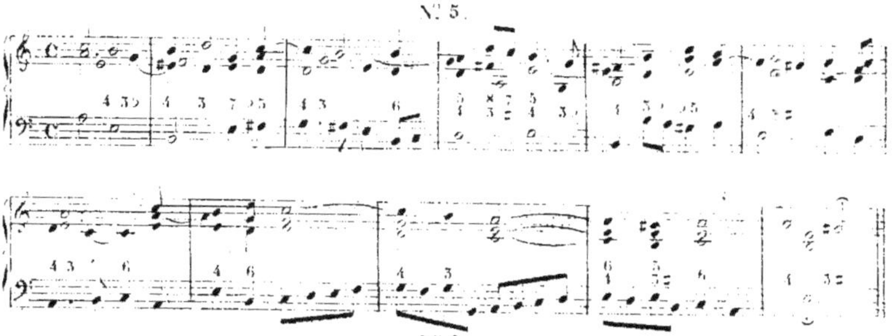

N° 6.

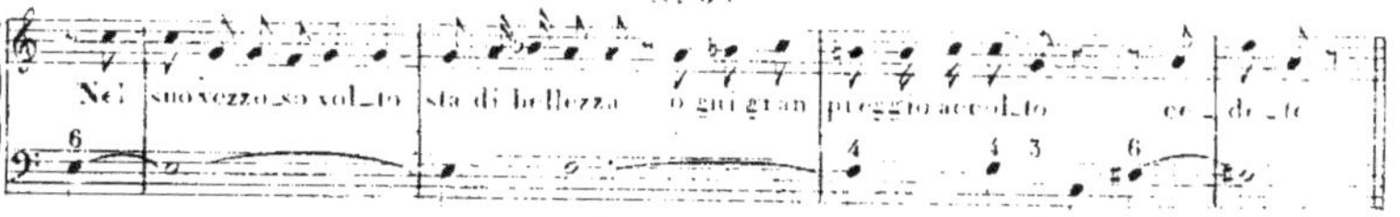
Nel suo vezzo_so vol_to sta di bellezza o gni gran preggio accol_to ce_de_te

N° 7. DÉMONSTRATION.

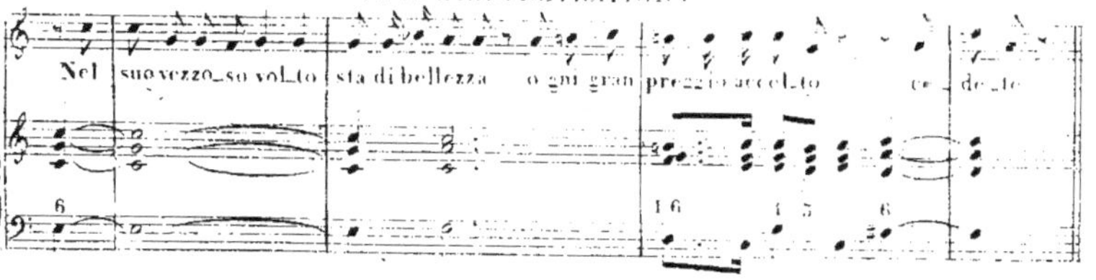
Nel suo vezzo_so vol_to sta di bellezza o gni gran preggio accol_to ce_de_te

N.º 1.

N.º 2.

N.º 3.   N.º 4.

N.º 5.

cette harmonie, est de supprimer l'intervalle de seconde dans l'accord de triton, comme je l'ai fait.

Une autre formule, non moins singulière, et cependant non moins habituelle dans les œuvres des compositeurs napolitains, consiste à placer la finale du chant sur une quarte, souvent précédée d'un accord de septième diminuée qui semble demeurer sans résolution. Tel est ce passage de la même cantate de Scarlatti : (Voyez le n° 1 en regard.)

Cette terminaison paraît inadmissible, surtout avec les accords indiqués à la fin par les chiffres de la basse ; car tandis que le chant donne le sentiment de la finale sur la tonique, l'harmonie fait entendre l'accord parfait de la dominante, en sorte qu'il y a contradiction manifeste entre la mélodie et son accompagnement, comme le prouve la réalisation des accords chiffrés, dans l'exemple suivant : (Voyez le n° 2 en regard.)

L'*appogiature*, à l'avant-dernière note, loin de remédier aux défauts de cette construction harmonique, y ajoute encore ; car il en résulte deux intervalles successifs de seconde entre la mélodie et son accompagnement. Voyez l'exemple n° 3 en regard.)

Cherubini, avec qui je m'entretenais un jour de cette singularité, me dit qu'il croyait que la tradition faisait donner par les anciens chanteurs une valeur double à l'appogiature, en sorte que la terminaison serait devenue régulière, comme dans l'exemple n° 4.

Je ne pense pas toutefois que cette explication soit admissible, car le passage suivant d'un duo de Durante prouve que la terminaison en quarte, sans faire la résolution de l'accord de septième diminuée, était dans la pensée des maîtres de son école : (Voyez le n° 5 en regard.)

La rencontre de deux harmonies contraires dans ces terminaisons de phrases, est certainement une dépravation de goût et de raison ; mais il faut l'accepter comme un fait que l'accompagnateur doit connaître, pour exécuter conformément à la pensée des compositeurs.

230. Ainsi que je l'ai dit (§ 229), le système des signes des accords fut fort simple dans l'école de Naples, à la fin du XVII° siècle et au commencement du dix-huitième. L'accord parfait ne s'y chiffre pas ; on le suppose sur toutes les notes où il n'y a point d'autre accord indiqué, à moins qu'il ne devienne ou majeur ou mineur, par des signes qui ne sont pas auprès de la clef ; dans ce cas, on indique sa nature ou par le dièse, ou par le bémol, ou par le bécarre, sans chiffre, ou avec le chiffre.

L'accord de sixte se chiffre par 6, avec le signe qui indique sa nature. L'accord de quarte et sixte est désigné par $\frac{6}{4}$, et celui de quinte et sixte par $\frac{6}{5}$.

Quelquefois on trouve dans les partitions des maîtres napolitains le chiffre double $\frac{\sharp 6}{\natural 4}$: il indique l'accord de triton.

L'accord de septième dominante est chiffré par $\frac{\sharp}{7}$ ou $\frac{\natural}{7}$: l'accord de septième simple retardant la sixte, par 7 ; enfin, celui de septième diminuée, par $\frac{7}{5}$, ou par $\frac{\flat\,7}{5}$.

Il est à remarquer que Scarlatti et ses élèves écrivirent souvent leur instrumentation à trois parties, et que l'accompagnement de l'orgue ou du clavecin s'est fait de la même manière dans l'école napolitaine jusque vers la fin du xviiie siècle. L'harmoniste accompagnateur, qui veut rendre la pensée de ces auteurs, doit donc non-seulement connaître la signification de leurs chiffres, mais faire un choix des meilleurs intervalles des accords pour accompagner à trois parties. Le résultat de ce système est une forme chantante qu'on ne trouve pas dans l'accompagnement plaqué à quatre parties.

Le fragment suivant d'un air d'Alexandre Scarlatti, dont le compositeur n'a écrit que le chant et la basse chiffrée, servira de modèle pour toute la musique de cette école. (Voyez le n° 1 en regard.)

231. Durante et Leo, grands compositeurs de l'école de Naples, qui succédèrent à Scarlatti et devinrent les maîtres des Conservatoires de cette ville, complétèrent le système de la basse chiffrée de cette école ; système qui n'a plus varié, et qui est encore en vigueur dans l'enseignement, bien qu'il ne soit plus en rapport avec la situation actuelle de l'harmonie.

Résumant ce système dans son ensemble, on peut le réduire à ces faits :

1° L'accord parfait ne se chiffre pas sur les notes qui lui appartiennent dans la tonalité. S'il devient majeur dans un ton mineur, on le chiffre par 3 ♯ ou par 3 ♮, ou seulement par le ♯ seul, ou par le ♮ seul supprimant un bémol. S'il devient mineur dans un ton majeur, on le chiffre par ♭ 3 ou ♮ 3, ou seulement par ♭ ou par ♮.

2° Si l'accord parfait succède à un retard de tierce par la quarte, on le chiffre par 3 ; s'il succède à un retard d'octave par la neuvième, il est désigné par 8. Lorsqu'il précède l'accord de sixte sur la même note, ou lorsqu'il le suit, on l'indique par 5.

3° L'accord de sixte simple, dérivé de l'accord parfait, est chiffré par 6. S'il devient majeur dans un ton mineur, on le chiffre par ♯ 6 ou par ♮ 6 ; s'il devient mineur dans un ton majeur, il est indiqué par ♭ 6 ou par ♮ 6. C'est aussi par ♯ 6 ou par ♮ 6 qu'on désigne l'accord de sixte augmentée.

4° L'accord de quarte et sixte est chiffré par $\frac{6}{4}$.

5° Tout accord de septième, quelle que soit sa nature, est chiffré simplement par 7, quand aucune circonstance étrangère au ton ne se manifeste dans l'harmonie. C'est ce chiffre qui, dans les ouvrages des compositeurs napolitains, indique l'accord de septième de la dominante, le retard de la sixte par la septième, l'accord de septième mineure du second degré, produit par la réunion de la prolongation avec la substitution, et même l'accord de septième diminuée. Celui-ci est aussi chiffré quelquefois par $\frac{7}{5}$.

S'il y a un changement de ton, la tierce majeure de la septième de dominante est indiquée par un dièse ou par un bécarre, de cette manière $\frac{7}{\sharp}$, ou $\frac{7}{\natural}$

N.º 1.

A_ma chi t'a_ma ô
bella bella Irene chenon e van_to chenon e vanto la cru_del_
_tà la cru_del__tà

N.º 1
N.º 2.

Si la tierce mineure de l'accord de septième du second degré est le résultat d'un changement de ton, le signe de cet accord est $\frac{7}{\flat}$ ou $\frac{7}{\natural}$.

6° L'accord de quinte mineure et sixte, premier dérivé de l'accord de septième de dominante, est indiqué par $\frac{6}{5}$, comme l'accord de quinte et sixte du quatrième degré. La différence de ces deux accords n'est connue de l'accompagnateur, que parce que le premier a pour basse une note sensible.

7° L'accord de sixte sensible, deuxième dérivé de l'accord de septième de dominante, est chiffré par 6♯ ou par 6♮. On l'indique aussi, suivant les circonstances, par $\frac{\sharp}{6}$ ou par $\frac{\natural}{6}$. Le dièse et le bécarre, placés après le 6, ou au-dessus, font connaître la différence de cet accord avec celui de sixte simple majeur, où le signe précède le chiffre.

8° L'accord de triton, troisième dérivé de l'accord de septième de dominante, est chiffré par $\frac{4}{2}$ ou par 4, dans le mode majeur, lorsqu'il n'y a aucune circonstance étrangère au ton ; et par $\frac{4\sharp}{2}$, 4♯, $\frac{\sharp 6}{\sharp 4}$, ou $\frac{4}{2}\natural$, lorsque la quarte est rendue majeure par un dièse nouveau, ou par la suppression d'un bémol. Dans le mode mineur, le dièse ou le bécarre sont toujours placés à côté du chiffre.

9° Le retard de la tierce par la quarte, dans l'accord parfait, est chiffré simplement par 4 ; le même retard, dans l'accord de septième, est chiffré par $\frac{7}{4}$. Ce dernier chiffre est employé pour indiquer le retard de la sixte par la septième dans l'accord de quarte et sixte.

10° Le retard de l'octave par la neuvième est chiffré par $\overset{+}{9}$. Le signe +, dont on ne comprend guère l'utilité, paraît destiné à indiquer la nécessité de la tierce pour accompagner le retard ; car lorsque la tierce est mineure, on chiffre par $\overset{\flat\,+}{9}$.

11° Le retard de la tierce par la basse, dans l'accord de sixte, produisant seconde et quinte, est chiffré par $\frac{5}{2}$. Le même retard, avec la substitution produisant seconde, quarte et sixte, est chiffré par $\frac{4}{2}$ [1].

L'exemple d'une basse chiffrée, d'après les règles précédentes, en fera comprendre l'application : je choisis celui-ci dans les *Partimenti* de Fenaroli : (Voyez le n° 1 en regard.)

L'harmonie représentée par les chiffres de cette basse doit être réalisée de la manière suivante par l'accompagnateur : (Voyez le n° 2 en regard.)

252. Le système de chiffres qu'on vient de voir est à peu près le même dans toutes les écoles d'Italie : les seules différences consistent en ce que les limites entre lesquelles les harmonistes napolitains se sont renfermés sont plus étroites encore chez les compositeurs romains du XVIIIe siècle, qui.

---

(1) Ces règles concernant la basse chiffrée, sont le résumé de l'ouvrage de Fenaroli, maître du Conservatoire de *la Pietà*, intitulé : *Regole musicali per i principianti di Cembalo, o sia partimenti per il Cembalo.* Naples, 1795, in-8°.

fidèles aux traditions de leur ancienne école pour le choix des harmonies, n'ont pas fait usage de la substitution dans les accords dissonants naturels, et dont les œuvres ne présentent pas d'exemples de la septième de sensible, ni de la septième diminuée. Les chiffres des autres accords sont à peu près les mêmes ; mais il faut remarquer, pour l'usage des accompagnateurs, que la dissonance de l'accord de septième de dominante est toujours préparée par les compositeurs de l'école romaine, comme celles des accords de septième par prolongation.

Les maîtres de l'école de Bologne ont suivi à peu près les mêmes traditions que les Romains, tant pour le choix des harmonies que pour les chiffres. Celui de ces maîtres qui a eu la plus grande part dans le perfectionnement des formes de la musique, au commencement du xviii siècle, Clari, a mis seulement plus de richesse et de variété dans les modulations de ses admirables duos et trios. Les anciennes copies de ces beaux morceaux sont chiffrées avec soin ; mais il y a beaucoup de négligences à cet égard dans les copies modernes.

Parmi les plus illustres compositeurs vénitiens de la première moitié du xviiie siècle, on remarque surtout Lotti et Marcello. Leurs basses chiffrées sont peu différentes du système de Gasparini, et ont moins de chiffres que les basses des compositeurs napolitains ; on peut même dire que les principales circonstances harmoniques n'y sont pas indiquées suffisamment, particulièrement dans les psaumes de Marcello. Ce maître n'a chiffré avec soin que certains mouvements de basse dont les progressions harmoniques n'étaient pas d'un usage habituel de son temps. Tel est ce passage du psaume : *Beato l'uom , che dietro a' rei consigli de' scelerati , etc.* (Voyez le n° 1 en regard.)

Bien que Marcello ait chiffré quelques-uns des accords qui précèdent la progression d'accords de septième et de sixte , il y a insuffisance dans ces chiffres pour quelques accords dont l'accompagnateur ne peut deviner la présence par l'inspection de la marche de la basse : j'ai indiqué ces cas par les chiffres placés au-dessous des notes de cette basse.

253. Le système de chiffres pour la basse continue, dont l'origine avait été semblable en Italie et en Allemagne, ne tarda point à être différent dans les deux pays, tant à cause des tendances harmoniques des deux peuples, que par le choix des signes.

Sous le rapport du choix des harmonies, on voit déjà plus de hardiesse chez les Allemands que chez les Italiens , à la fin du xviie siècle. Je crois qu'on ne trouverait pas dans les œuvres des compositeurs napolitains les plus hardis, contemporains ou successeurs immédiats d'Alexandre Scarlatti, un seul exemple de pédale aiguë semblable à ce passage de la cantate de Keizer, intitulé : *Der glücklich Fischer* (l'heureux pêcheur)[1]. (Voyez le n° 2 en regard.)

_____

(1) R. *Keiser's Gemüths Ergœtzung, bestehend in einigen Sing-gedichten, mit einer Stimme und unterschiedlichen Instrumenten.* Hambourg, Nic. Spiering, 1698, in-fol. obl.

N.º 1.
e im _ mer gi il co _ re
e im _ mer gi il
Im _ mer _ ge la sua men _ te
cun _ mer gi il co _ re _ e im _

co re e im _ _ mer gi il co _ _ _ te
mer _ gi il core e im _ mer ge la sua men _ _ _ te

Affettuoso.
N.º 2.
Violons.
Hel _ _ le Tropfen rint von hinnen meine Sinnen meine Sinnen glei _ chen auch

rint von hinnen meine Sinnen glei _ _ _ _ _ chen auch in steten Fluss.

N.º 1.

Lascia _ deh lasciaal fi _ ne di tormen
tar _ mi più d'tormen tar _ mi più tiran _ no ti-ran-no à amo _ re ti ran _ no a amo-re

N.º 2.

254. La musique allemande ferait naître souvent l'incertitude dans l'esprit de l'accompagnateur, si elle n'était accompagnée de plus de chiffres que la musique italienne de la même époque[1], à cause de la multiplicité des changements de ton. Ce commencement d'une cantate, rapportée par Heinichen[2], et dont il était vraisemblablement l'auteur, prouve que le penchant des compositeurs allemands pour les fréquentes modulations était déjà très développé de son temps. (Voyez le n° 1 en regard.)

255. Ainsi qu'on le voit par les exemples précédents, les signes des accords de quinte mineure et sixte, de sixte sensible, et de triton, sont ici différents de ce qu'on trouve pour les mêmes accords dans le système italien. Dans la méthode allemande, l'accord de quinte et sixte du quatrième degré est le seul qu'on indique par $\frac{6}{5}$, sans aucun signe de modification des intervalles ; le signe de l'accord de quinte mineure et sixte est 5 ♭, quelle que soit la note qui produit la quinte mineure de la note de basse : le bémol est, pour tous les cas, le signe de la qualité mineure de la quinte. Le dièse et le bécarre, placés après le 6, pour désigner l'accord de sixte sensible, dans les œuvres des compositeurs italiens, sont remplacés par le chiffre barré 6. Il en est de même pour l'accord de triton, marqué par ce signe 4+. Quelquefois ce même accord de triton est marqué par les chiffres de tous les intervalles.

L'exemple suivant, puisé dans le livre de Niedt[3], avec ses chiffres, fera comprendre la manière d'accompagner les basses chiffrées de la musique allemande du commencement du xviiie siècle, en harmonie plaquée. (*Ex.* n° 2.)

256. Il y a peu de différence dans la manière de chiffrer la basse des compositeurs allemands qui écrivirent vers la fin du xviiie siècle ; on remarque seulement qu'aux chiffres $\frac{7}{5}$ ♭, ils substituèrent le 7 pour l'accord de septième diminuée.

257. Les harmonistes français ont suivi le système des compositeurs italiens du dix-septième siècle dans leur manière de chiffrer la basse jusqu'à Rameau. L'accompagnement de la musique de Lully et de ses imitateurs n'offre donc aucune difficulté à quiconque connaît bien les signes des accords employés par Carissimi, Stradella, Gasparini et Alexandre Scarlatti.

258. Rameau chercha à simplifier le système de chiffres des accords, en faisant disparaître, autant qu'il était possible, les doubles chiffres, et en donnant aux signes accessoires l'analogie pour base.

Ainsi, dans sa méthode de basse chiffrée, le retard de la tierce de l'accord parfait est toujours chiffré simplement par 4 ; celui de l'octave du même accord, par 9. Pour les modifications de la tierce majeure ou mineure, il ne met au-dessus des notes de basse que le ♯, le ♮, ou le ♭, sans chiffre.

Le premier, Rameau fit usage de la + pour indiquer la note sensible. C'est par ce signe qu'il distingue la septième de la dominante des autres accords de

(1) Commencement du xviiie siècle.
(2) *Der General-Bass in der Composition* (pag. 798 et suiv.). Dresde, 1728, in-7°.
(3) *Musikalische Handleitung oder gründlicher Unterricht* etc. Hambourg, 1710, in-4° obl.

septième, en plaçant la $^+$ au-dessous du 7, de cette manière $\frac{7}{+}$; mais, par une singulière contradiction, il chiffre l'accord de sixte sensible par un 6 barré, de cette manière 6̸, tandis qu'il avait adopté la barre sur les chiffres comme un signe de diminution, pour la quinte et pour la septième.

239. Rameau fut aussi le premier qui employa les barres allant d'une note à une autre sur la basse, pour indiquer le prolongement d'une des notes de l'harmonie, quel que fût d'ailleurs le mouvement de la basse sur cette note prolongée ; et il établit dans les progressions des formes régulières de ces barres de prolongations, comme dans l'exemple suivant :

Ce système a l'inconvénient de ne pas représenter immédiatement aux yeux l'accord de chaque note, et d'exiger une opération de l'esprit pour comprendre l'effet des prolongements de notes des accords. Il est donc plus naturel de chiffrer le passage qu'on vient de voir de cette manière :

Les barres de prolongations sont cependant quelquefois très utiles, lorsqu'elles indiquent des tenues d'accords entiers sur un mouvement de basse, parce qu'elles font éviter l'emploi d'une multitude de chiffres par lesquels il faudrait représenter les résultats des prolongations, et rendent immédiatement sensible à l'œil l'effet de l'harmonie.

DÉMONSTRATION.

240. Depuis que le fréquent usage des prolongations d'accords, accompagnés d'altérations d'intervalles, s'est introduit dans l'harmonie, de grandes difficul-

tés se sont présentées dans l'art de chiffrer les basses, parce qu'il a fallu multiplier les chiffres et les signes accessoires à l'excès.

Mais en même temps, l'utilité des basses chiffrées pour l'accompagnement s'est effacée par degrés ; car l'instrumentation acquérant progressivement plus d'importance, ses formes sont devenues inhérentes à la musique, et ont fait disparaître le simple accompagnement harmonique du piano ou de l'orgue. Lorsque ces instruments sont substitués à l'orchestre, ils ne doivent pas seulement faire entendre les accords qui s'unissent à la mélodie, mais aussi les formes de l'instrumentation qui composent un tout avec cette mélodie et l'harmonie.

Une simple basse chiffrée ne représente donc plus l'accompagnement de la musique actuelle ; c'est la partition tout entière que l'accompagnateur doit traduire sur le clavier, soit à l'improviste, soit en préparant la traduction. J'ai traité ailleurs de cette autre partie de l'art que doit posséder un bon accompagnateur [1] ; je ne répéterai pas ici ce que j'en ai dit.

Il résulte de ce que je viens de dire, que l'accompagnement de la basse chiffrée n'étant applicable qu'à l'ancienne musique, les signes des accords que placent les élèves harmonistes sur une basse dont on leur propose de trouver et d'écrire les accords, ne sont qu'un exercice qui sert à faire reconnaître s'ils ont saisi *à priori* la marche de la modulation de cette basse, avec toutes ses circonstances harmoniques. Dès lors, la simplicité n'est plus nécessaire dans la combinaison des signes, comme elle l'était lorsque ces signes devaient guider un accompagnateur. La seule règle qu'il faut s'imposer dans cet exercice, c'est de rendre sensibles, par la disposition des chiffres, la nature des intervalles et leurs mouvements.

Voici quelques exemples de cas compliqués, par des combinaisons de prolongations et d'altérations d'intervalles, qui pourront faire comprendre la manière de grouper les signes au-dessus de la basse :

<hr>

(1) *Traité de l'Accompagnement de la Partition sur le Piano ou l'Orgue*, in-4° de 47 pages, Paris, Schlesinger.

Ces exemples me paraissent suffisants pour l'intelligence du système de représentation par les chiffres du mouvement des intervalles prolongés et altérés dans la succession des accords.

FIN DU SECOND LIVRE.

LIVRE TROISIÈME.

DE LA TONALITÉ, ET DE LA MODULATION DANS L'HARMONIE.

CHAPITRE PREMIER.

LES ACCORDS CONSONNANTS, ET LEURS MODIFICATIONS PAR LE RETARD DE LEURS INTERVALLES,
NE COMPOSENT QUE L'ANCIENNE TONALITÉ *unitonique*. —
IMPOSSIBILITÉ D'ÉTABLIR LA MODULATION PROPREMENT DITE AVEC EUX,
C'EST-A-DIRE LA RELATION NÉCESSAIRE D'UN TON AVEC UN AUTRE.

241. La deuxième section du deuxième livre de cet ouvrage a fourni la démonstration d'une vérité importante, savoir, que les accords consonnants, dans leur forme primitive, n'ont dans aucun cas le caractère d'appellation qui fait pressentir la transition d'un ton à un autre.

242. D'autre part, on trouve dans la troisième section de ce livre des preuves évidentes (chapitre VII) que le retard des intervalles naturels de ces accords n'en change ni le caractère d'unité tonale, ni la destination, puisque ce genre de modification des accords consonnants doit se résoudre sur les accords naturels qui ont été retardés.

243. On comprend donc que s'il y a une époque de l'art où ces accords, soit primitifs, soit modifiés par le retard de leurs intervalles, ont été seuls en usage, les produits de cette époque ont dû consister en une musique d'un seul ton, ou *unitonique*, c'est-à-dire, qui n'avait aucune transition nécessaire d'un ton à un autre.

Or, cette époque a existé : c'est celle qui a précédé l'introduction de l'harmonie dissonante naturelle dans l'art. La tonalité alors en usage était celle du plain-chant. Cette époque s'est prolongée jusqu'à la fin du seizième siècle.

Les plus grands compositeurs, dont le génie était dominé par la nature des éléments harmoniques qu'ils avaient à leur disposition, n'ont pu se soustraire au despotisme rigoureux de cette unité tonale. Avant d'examiner les efforts tentés par la fantaisie de quelques-uns pour briser son joug de fer, j'analyserai des fragments de cette musique unitonique, choisis dans les œuvres des plus illustres de ces maîtres.

244. Toutefois, l'examen que je vais faire des produits d'une harmonie si peu variée doit être précédé d'une observation sur l'aspect incomplet où cette harmonie se présente souvent dans ces œuvres vénérables d'un autre temps. Réduite à deux combinaisons des intervalles consonnants (l'accord parfait et celui de sixte), et aux retards de ces intervalles, la musique résultante de pareils éléments aurait fait naître le dégoût par sa monotonie, si les compositeurs

eussent toujours fait entendre l'harmonie complète, et si, par des artifices de formes, ils n'avaient occupé l'attention de l'oreille [1]. Pour bien saisir l'esprit de l'harmonie, souvent incomplète, des ouvrages de ces compositeurs, il est donc nécessaire de se placer au point de vue de leurs auteurs. (Voy. le n° 1.)

245. Le ton de ce morceau est le sixième du plain-chant, qui a de l'analogie avec le ton de *fa* de la tonalité moderne. Remarquez toutefois que cette analogie est bien imparfaite, car n'y ayant dans la tonalité du plain-chant ni *tonique* ni *dominante* dans le sens attaché à ces mots dans la musique moderne [2], le caractère de repos et de conclusion, inhérent à ces notes dans celle-ci, n'existe pas dans la musique établie sur l'ancienne tonalité. De là vient qu'on voit souvent employer sur la première et sur la cinquième note de la gamme d'un ton de plain-chant l'harmonie de l'accord de sixte, comme dans les mesures 2 et 6 du morceau précédent, et que l'accord parfait se place sur la deuxième et sur la troisième note, comme aux mesures 6, 9, 11, 15, 18, 19, 26, 29, 54 et 55 de cet exemple. Or, ces harmonies sont précisément en opposition directe avec ce qui a été dit au livre Ier, chap. IV de cet ouvrage, concernant les propriétés spéciales de chaque note d'une gamme de la tonalité moderne, et les harmonies qui leur sont dévolues.

De plus, n'y ayant point de note sensible dans la musique établie sur cette ancienne tonalité unitonique, puisque cette note n'acquiert son caractère que par ses rapports harmoniques avec le quatrième degré et la dominante, dans les accords dissonants naturels, la *cadence* proprement dite, c'est-à-dire la terminaison rhythmique de la phrase, n'existait pas, ou du moins n'était jamais obligatoire dans cette ancienne musique, où l'élégance consistait au contraire à faire un enchaînement perpétuel de rentrées de parties, tandis que d'autres faisaient un repos [3]. Voyez, par exemple, l'enchaînement harmonique des 17° et 18° mesures de l'exemple précédent; si la tonalité y était déterminée, comme dans la musique moderne, il y aurait une cadence parfaite sur la dominante, au moyen d'un bécarre accidentel du *si*, de cette manière :

____

PREMIER EXEMPLE

DE TONALITÉ UNITONIQUE DANS L'HARMONIE.

BENEDICTUS DE LA MESSE DE BEATA VIRGINE, PAR PIERLUIGI DE PALESTRINA.

32 33 34 35 36 37 38
1 2 3 N°1. 4 5 6 7
8 9 10 11 12 13 14
15 16 17 18 19 20 21
22 23 24 25 26 27 28 29

Mais le *si* ♮ serait antipathique à la rentrée de la basse, dont la phrase exige le *si* ♭ ; il n'y a donc pas de cadence, et ce *si* ♭ forme un accord parfait mineur sur la deuxième note du ton, suivi d'un accord parfait mineur sur la troisième ; dès lors, tout caractère de détermination disparaît, et l'harmonie reste dans la vague tonalité de tout le morceau.

Ce défaut de détermination tonale est précisément la cause de l'absence de la modulation. Le plus scrupuleux examen ne saurait faire découvrir dans ce morceau la moindre tendance vers un ton quelconque étranger à la tonalité unitonique et monotone sur laquelle il est établi.

Tel est le caractère de toute la musique qui a précédé le xviie siècle. J'ai chiffré tous les accords de ce morceau, et même les simples intervalles, afin de faire voir qu'on ne saurait y trouver d'autre harmonie que celle des accords parfait et de sixte, avec quelques retards de tierce par la quarte, et d'octave par la neuvième.

Lorsqu'on songe qu'avec si peu de ressources harmoniques, une tonalité invariable, des voix qui ne sortent pas de l'étendue d'une octave ou d'une neuvième, et qui, depuis la note la plus grave de la basse jusqu'à la plus élevée du soprano, n'occupent que l'espace de deux octaves et demie, on est saisi d'admiration, non-seulement à cause du caractère calme et religieux qui règne dans ce morceau, mais aussi par la manière facile et naturelle avec laquelle toutes les voix chantent, et par la multitude de formes élégantes que l'immortel auteur de cette composition a su trouver dans des conditions si défavorables.

246. Continuons la démonstration de l'impossibilité de sortir du système d'une tonalité unique et d'opérer la modulation avec l'harmonie consonnante, naturelle ou retardée, en prenant un exemple dans un ton qui ait une sorte d'analogie avec un mode mineur de la musique moderne. Je prends cet exemple dans le *Kyrie* de la messe de Palestrina **O** *regem cœli*. Ce morceau , qui est du deuxième ton transposé, se rapproche en quelques points de notre ton de *sol* mineur, et en d'autres, de celui de *ré* mineur. (Voyez le n° 1 en regard.)

247. Les observations faites sur la vague tonalité unitonique du premier exemple sont applicables à celui-ci : rien n'y est assez caractérisé pour déterminer une analogie complète de *ré* mineur ou de *sol* mineur, et en cela l'harmonie de Palestrina est conforme à la véritable tonalité du plain-chant. Remarquons toutefois qu'ici nous trouvons des cadences de terminaison à la 21e mesure et à la 29e : c'est en cela que les premier, deuxième, troisième et quatrième tons du plain-chant, qui ont de l'analogie avec notre mode mineur, diffèrent des cinquième, sixième, septième et huitième, qui se rapprochent du mode majeur. Dans les premiers, on faisait usage de l'acte de cadence parce qu'on élevait d'un demi-ton la note inférieure à la finale dans les terminaisons de phrases, pour les rendre plus douces, et qu'après cette note ainsi modifiée, il fallait un repos pour éviter les fausses relations. Au surplus, il n'y a pas plus de traces de modulation dans cet exemple que dans le premier, que dans aucun de ceux que je pourrais citer, appartenant à la même époque.

248. Je dois prévenir ici des objections qu'on pourrait faire, ou plutôt ré-

pondre à celles qui ont été faites contre la théorie que je développe dans cette troisième partie de mon ouvrage, après que j'en eus exposé les principes, en 1852, dans mon cours de philosophie de la musique. Quelques musiciens érudits de l'Allemagne et de l'Italie, admirateurs à juste titre de Pierluigi de Palestrina, ont cru trouver dans les œuvres de ce grand artiste l'accord de septième de dominante, et, avec cet accord, le principe de la modulation.

S'il en était ainsi; si.dirigé par son instinct dans quelques cas particuliers, l'illustre maître avait réellement employé l'accord de septième dominante complet, avec la quinte et sans préparation, et si cet accord lui avait servi à former quelque transition inattendue, il n'y aurait rien à conclure de ce fait isolé et perdu dans l'immensité des œuvres du chef de l'école romaine, puisque ce fait ne se serait pas revélé à lui comme la clef d'un nouvel ordre de choses, et n'en aurait pas même été remarqué. Dans ce cas, J. Pierluigi de Palestrina aurait fait d'une manière irréfléchie, et en quelque sorte à son insu, ce qu'il a fait dans un très petit nombre de cas où il a employé la septième retardant la sixte avec la quinte, ou l'accord de quinte et sixte, quoique ces harmonies ne soient certainement pas le simple produit du retard dans un accord consonnant, et bien qu'il en ignorât l'origine réelle.

Mais ce n'est pas là ce qu'a fait Palestrina, car dans un très petit nombre de circonstances où il a fait usage de l'intervalle de septième mineure avec la tierce majeure, il n'a écrit cette harmonie que comme le retard d'un accord de sixte, faisant suivre à la vérité la résolution de la dissonance par un accord de quarte et sixte pour préparer l'harmonie de quarte et quinte retardant l'accord parfait.

Voici un exemple de ce prétendu accord de septième qui a paru contredire ma classification historique des systèmes de tonalité : il est tiré de la première Lamentation de Jérémie, du mercredi saint, par Pierluigi de Palestrina. (Voyez le n° 1 en regard.)

L'accord de septième mineure avec tierce majeure, sans quinte, de la huitième mesure, qu'on a signalé comme un accord de septième de dominante, est le produit d'une prolongation qui retarde l'accord de sixte · ce n'est pas, comme on voit, un véritable accord de septième dominante, existant par lui même, attaqué sans préparation, et caractérisant une tonalité.

Quant à l'accord de septième par retardement avec quinte, qu'on voit à la deuxième mesure, j'ai démontré dans le second livre de cet ouvrage (chap. VII) qu'il n'est pas le produit d'une simple prolongation, et qu'il dérive d'un autre ordre de faits inconnus des compositeurs du seizième siècle. Palestrina et quelques maîtres de son temps, qui l'ont employé plusieurs fois, ne se sont pas rendu compte de l'origine de cette harmonie, et n'en ont fait usage que par instinct, ou comme une licence harmonique assez semblable à la *note changée* qu'on voit à la 19ᵉ mesure du *Benedictus* de la messe de *Beata virgine*, et dans beaucoup d'autres endroits.

248 *bis*. Résumant ces analyses, je dirai que les rares exceptions de cas semblables à ceux qu'on vient de voir, eussent-ils la signification qu'on a voulu leur

N.º 1.

A _ _ _ leph. Quomodo se _ det so _ la ci _ vi _ tas ple _ na po _ _ _ pulo
A _ _ _ leph. Quomodo se _ det so _ la ci vi _ tas plena po _ _ pulo
A _ _ _ leph. Quomodo se _ det so _ la ci _ vi _ tas plena po _ _ pulo
A _ _ _ leph. Quomodo se _ det so _ la ci _ vi _ tas ple _ na po _ _ pulo

N.º 2.

1er Choeur.
2me Choeur.
Sta_bat Ma_ter do_ _ _lo_ro_ _sa Jux_ta cru_cem la_cry_

1er Choeur.
2me Choeur.
_mo_sa dum pendebat fi_ _ li_us cu_jus a_nimam ge_ _ men_ _ _ tem

con_tristantem et dolen_tem per tran_ _ si_ vit gla_di_us

donner, ne prouveraient rien contre l'autorité de quelques milliers de compositions émanées de toutes les écoles depuis le xive siècle jusqu'à la fin du xvie, lesquelles démontrent que la tonalité de toute cette époque a été unitonique ou non modulante; enfin que l'harmonie dissonante n'y apparaît pas, et qu'en l'absence de celle-ci, il n'y a pas de modulation véritable.

249. Au nombre des objections qui ont été faites contre la théorie de la tonalité unitonique de toute musique dont l'harmonie n'est composée que d'accords consonnants, je trouve celle-ci : «La musique d'église, dont les thèmes étaient « choisis dans le plain-chant, pouvait bien en effet être conforme à la nature de « ce chant et ne pas moduler ; mais en était-il ainsi de toute musique, et surtout « de l'instrumentale? cela n'est pas vraisemblable [1]. »

Le doute exprimé par le critique pourrait avoir quelque valeur s'il n'était parvenu jusqu'à nous aucun monument de la musique instrumentale du seizième siècle : il me suffira de rapporter ici un fragment de pièce d'orgue, composée par Claude Merulo, musicien célèbre de ce temps, pour réfuter l'objection, et démontrer que cette musique instrumentale était aussi unitonique et non modulante. Ce morceau est extrait du premier livre des *Toccate d'intavolatura d'Organo*. Rome, 1598 (7e toccate, page 27). (Voyez le n° 2 de la page 157.)

A l'exception de quelques incorrections inhérentes au genre, on ne trouve dans ce morceau que ce qu'il y a dans toute la musique du même temps, c'est-à-dire une harmonie consonnante ou dissonante par retardement, et une tonalité invariable.

250. Pendant mon séjour à Rome (en 1841), un savant musicien, discutant avec moi ces importantes questions, me dit qu'il considérait comme de véritable musique modulée l'introduction du *Stabat mater* de Palestrina, que voici : (Voir le n° 1 en regard.)

Voici certainement un morceau fort singulier pour le temps où il a été composé. Il n'appartient à aucune tonalité déterminée, car il ne participe d'aucun ton du plain-chant, et ne donne pas davantage le sentiment de la tonalité moderne. Il s'agissait d'exprimer la douleur excessive de la mère du Christ, à l'aspect de la croix où il est attaché : Pierluigi de Palestrina, en homme de génie, comprit qu'il lui fallait chercher d'autres moyens que ceux de l'art de son temps pour peindre ce déchirement d'entrailles ; il imagina les trois accords parfaits majeurs qui descendent d'un degré, multiplient les sensations de tons différents sans liaison, et font éprouver à l'oreille un effet pénible, à cause des fausses relations qui se succèdent.

Ayant à exprimer ensuite le mot *dolorosa*, il revient au point de départ par une succession inverse d'accords parfaits ascendants, mais en faisant le second accord mineur ; puis le deuxième chœur reprend les trois accords parfaits majeurs sur les mots *juxta crucem*, et revient aussi au point de départ par un accord parfait mineur, pour exprimer les larmes de Marie.

---

(1) *Account of a new musical System setted forth by M. Fétis in his lectures on musical philosophy*, London, 1831, in 8° (page 17).

Les 8ᵉ et 9ᵉ mesures conduisent, par une succession d'accords parfaits mineurs, de l'accord majeur de *la* à l'accord parfait mineur de la même note; puis rentrant immédiatement par l'accord parfait majeur de cette note, Palestrina touche alternativement, et plusieurs fois, aux tons de *ré* majeur et de *fa*, depuis la 10ᵉ mesure jusqu'à la 19ᵉ, et termine enfin par une cadence sur le premier de ces tons dans les 19ᵉ et 20ᵉ mesures.

Y a-t-il dans toute cette belle introduction le moindre rapport avec notre tonalité, avec ce que nous appelons la *transition?* Non, la transition résulte de la tendance d'un ton vers un autre, et du point de contact qu'il y a entre eux. Or avec des accords parfaits et quelques rares accords de sixte, il n'y a ni tendance, ni point de contact entre deux tons quelconques; car ils mettent toujours l'harmonie en repos. La fantaisie du compositeur peut bien faire succéder l'accord parfait d'un ton à l'accord parfait d'un autre ton, comme l'a fait Palestrina dans le morceau dont je viens d'analyser le commencement; mais dans cette succession, il n'y a ni liaison, ni nécessité, ni conséquemment de transition.

251. La musique moderne même offre de beaux exemples, par leur simplicité, de ces successions de tons que rien ne fait pressentir, et qui s'opèrent par la succession libre de deux accords parfaits. Un des exemples les plus remarquables de ce genre, et je pense le premier de son espèce, est dans la charmante canzonette *Voi che sapete* des *Nozze di Figaro,* par Mozart. Voici ce passage : (Voyez le nº 1 en regard.)

L'effet aussi simple que saisissant du changement de ton est dans la succession de la 3ᵉ mesure à la 4ᵉ. Cet effet a été souvent reproduit après Mozart.

252. Les simples changements de ton se font aussi quelquefois sans harmonie par un unisson ou par une voix : la simplicité du moyen est un genre de beauté très remarquable.

C'est ainsi que Mozart, qui a doté l'art de tant de choses nouvelles, a passé du ton de *ré* majeur à celui de *fa*, de la manière la plus heureuse, dans ce passage du deuxième acte de *Don Juan* : (Voyez le nº 2 en regard.)

Haydn a répété exactement le même effet dans la deuxième partie du premier morceau de son 74ᵉ quatuor.

C'est aussi par un moyen semblable que Rossini a fait un changement de ton du plus bel effet dans le passage suivant d'un duo de *Guillaume Tell* : (Voyez le nº 3 en regard.)

Mais encore une fois, bien que les ouvrages d'où sont extraits ces passages appartiennent au système tonal le plus moderne, les changements de ton que je signale étaient facultatifs pour leurs auteurs; l'élément de la transition ne s'y trouve pas, et rien ne fait pressentir le ton nouveau avant qu'il soit entendu.

253. La théorie que j'expose dans ce livre, concernant l'influence de l'harmonie à l'égard de la tonalité, théorie nouvelle, quoique intimement liée à l'histoire de l'art, ne me permet pas de laisser à l'écart une seule des objections qu'on pourrait me faire, et qui auraient d'autant plus de poids, qu'elles ont pour elles

N.º 1.
1
2
3
Ch'io ra e di _ let _ _ to ch'ora e mar _
4
5
6
7
_ tir gelo e poi sen _ _ to l'alma a van _ par
N.º 2.
D. JOV.
LEPORELLO.
Allegretto.
Piatto servo
GUILLAUME TELL.
N.º 3.
ARNOLD.
Arnold
Ah Ma _
_ thil _ _ de i _ do _ _ le de mon â _ _ me.

l'autorité de musiciens justement renommés pour leur savoir et leur érudition.

Pierre Aaron dit [1] que Spataro, maître de chapelle à Bologne, au commencement du seizième siècle, avait essayé de faire revivre les genres chromatique et enharmonique des Grecs dans des morceaux de sa composition, et qu'il avait accoutumé ses élèves à bien exécuter ces morceaux.

Environ quarante ans après, Nicolas Vicentino, maître de chapelle du duc de Ferrare, fit imprimer un livre [2] dans lequel il prétendit avoir retrouvé ces genres chromatique et enharmonique de l'antiquité. Dans ce livre il donna pour spécimen du premier de ces genres un motet dont voici le commencement [3] :

On ne peut nier que des notes qui se suivent à des intervalles de demi-tons appartiennent à l'échelle chromatique; mais dans l'harmonie, le genre chromatique consiste en des tendances de tons différents où ces progressions de demi-tons trouvent leur emploi. Dans l'exemple qu'on vient de voir, des accords qui appartiennent à des tons différents sont mis l'un près de l'autre, mais sans liaison aucune. On n'y trouve d'ailleurs aucune signification mélodique, et la mar-

(1) De Institutione harmon. interprete J. Anton. Flaminio, lib. 2, cap. 9.
(2) L'antica Musica ridotta alla moderna prattica. In Roma, appresso Ant. Barre, 1555, in-fol.
(3) Ibid. pag. 62.

che des quatre parties y est fort vicieuse [1]. M. l'abbé Baini avoue [2] qu'il a peu d'estime pour les morceaux que Vicentino a donnés à l'appui de son système : toutefois il paraît admettre que celui dont on vient de voir un fragment représente le genre chromatique dans l'harmonie; or c'est là une erreur capitale.

254. Vers la fin du seizième siècle, l'instinct avait averti plusieurs compositeurs de mérite que le règne de la musique unitonique était accompli, et qu'après Pierluigi de Palestrina, il ne restait plus rien à faire dans son domaine. Ils s'étaient mis à la recherche de nouveaux moyens d'effet, et de la transition tonale, dont ils pressentaient la possibilité, sans en avoir trouvé le principe. De là les essais de Marenzio, de Jean Gabrieli, de Gesualdo prince de Venouse, et de plusieurs autres, pour la création d'une musique modulée; essais qui ont donné incontestablement à leurs ouvrages un caractère différent de celui de la musique de leur temps, mais qui n'ont point atteint le but qu'ils se proposaient, parce que, comme je l'ai dit plusieurs fois, l'harmonie consonnante ne peut conduire à la véritable musique chromatique, qui est celle de la transition harmonique, encore moins à l'enharmonique.

M. de Winterfeld s'est donc laissé dominer par une illusion lorsqu'il a présenté, comme une période enharmonique, ce fragment d'un madrigal de Marenzio [3].

L'enharmonie, dans le sens de la musique moderne, ne consiste pas dans un

(1) Je n'examine pas ici la question d'impossibilité d'intonation exacte des intervalles chromatiques et enharmoniques des Grecs en harmonie, suivant le système de Vicentino, ni celle de la modification nécessaire de ces intervalles dans l'exécution, d'après le tempérament égal adopté par Bottrigari et Jean-Baptiste Doni pour leurs essais d'application des genres chromatique et enharmonique à la musique de leur temps. Ces questions ne sont pas de nature à être discutées dans cet ouvrage. Je me bornerai à rappeler l'opinion très sensée du P. Martini, qui considère comme vaine l'entreprise de faire coïncider les genres de la musique grecque avec la pratique de l'art moderne (*Storia della Musica*, t. I, p. 126, n. 57.)

(2) *Memorie storico-critiche della vita e delle opere di Giov. Pierluigi da Palestrina*. (Tome I, page 348, note 426.)

(3) *Johannes Gabrieli und sein Zeitalter*, 2ᵉ partie, p. 88.

puéril changement de note diésée en note unisonne bémolisée, et *vice versâ;* mais dans une tendance multiple à des tons divers[1]. Or, si l'on examine le fragment de Marenzio, on n'y trouve qu'une suite d'accords parfaits indépendants les uns des autres, et dans lesquels aucune attraction ne se manifeste, puisque tout accord parfait est une harmonie de repos. Les prétendues enharmonies de ce fragment ne représentent donc qu'une progression d'accords parfaits, descendante dans la basse et inverse dans les autres parties, dont on doit faire disparaître les signes d'altérations inutiles.

DÉMONSTRATION.

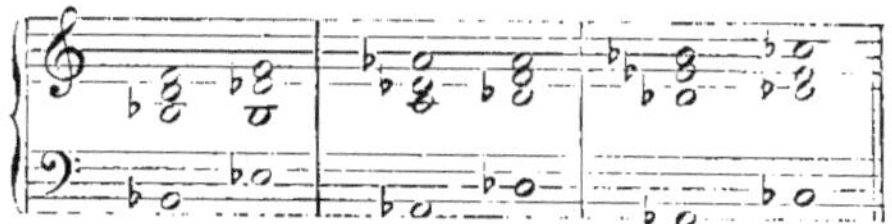

Il est de toute évidence que l'enharmonie n'existe pas dans ces successions. A l'égard du changement de ton qui se fait immédiatement après la progression, on ne peut le considérer comme une transition, car il n'y a point de contact entre le dernier accord de la troisième mesure et le premier de la quatrième : leur succession est dure et désagréable à l'oreille.

255. Par les analyses contenues dans ce chapitre, je crois avoir invinciblement démontré les propositions de son intitulé : *Les accords consonnants et leurs modifications, par le retard de leurs intervalles, ne composent que l'ancienne tonalité unitonique. Il est impossible d'établir avec eux la modulation proprement dite, c'est-à-dire, la relation nécessaire d'un ton avec un autre.*

CHAPITRE II.

L'ACCORD DISSONANT NATUREL DE SEPTIÈME DE LA DOMINANTE ET SES DÉRIVÉS DONNENT NAISSANCE A LA TONALITÉ MODERNE ET A SES ATTRACTIONS. — ILS FOURNISSENT L'ÉLÉMENT DE LA TRANSITION D'UN TON A UN AUTRE. — *Ordre transitonique,* OU DEUXIÈME PHASE DE L'HARMONIE.

256. Après que Monteverde, compositeur vénitien, eut instinctivement trouvé l'harmonie de l'accord de septième de dominante, dans les premières années du dix-septième siècle[2], et qu'il en eut tiré l'origine de la tonalité moderne ainsi que l'élément de la modulation, il usa d'abord sobrement et avec

(1) Ceci sera démontré dans le troisième chapitre de ce troisième livre.
(2) Voyez la notice sur Monteverde dans ma *Biographie universelle des Musiciens,* tome VI. pages 147-152.

une sorte de timidité de cette harmonie dissonante naturelle, dont la légitimité ne lui était garantie que par l'assentiment de son oreille, et qui avait contre elle les préjugés nés de l'usage d'une harmonie et d'une tonalité différentes, pendant plus de trois siècles.

Voici le premier exemple qu'il donna de l'emploi des dissonances naturelles sans préparation, dans un madrigal de son cinquième livre : (V. le n° 1 en reg.)

Comparons cette musique avec les morceaux de Palestrina rapportés dans le chapitre précédent, et nous verrons que l'art a changé d'éléments et d'objet. Au lieu de la communauté de destination des accords parfaits et de sixte sur tous les degrés qu'on voit dans la musique de l'illustre compositeur romain ; au lieu de la vague tonalité unitonique qui en est le résultat ; enfin, au lieu de l'enchaînement incessant des phrases, et de l'absence, ou du moins de l'excessive rareté des cadences finales, on voit, dans le passage ici rapporté du madrigal de Monteverde, une tonalité déterminée par la propriété de l'accord parfait sur la tonique, par l'accord de sixte attribué au troisième et au septième degré, par le choix facultatif de l'accord parfait ou de l'accord de sixte sur le sixième ; enfin, par l'accord parfait, et surtout par celui de septième sans préparation, avec la tierce majeure, sur la dominante. Avec cette harmonie, les cadences deviennent fréquentes et régulières, et lorsqu'il y a modulation, celle ci se fait par une nouvelle note sensible mise en rapport avec le quatrième degré, qui seul peut lui donner son caractère, comme cela se voit au dernier temps de la deuxième mesure.

257. Le caractère de la nouvelle tonalité créée par les innovations harmoniques de Monteverde résulte aussi des phrases périodiques, où les changements de ton sont toujours déterminés par les rapports de la note sensible avec le quatrième degré, ou par l'accord complet de septième de dominante. Tel est le passage suivant du même madrigal :

(1) On voit ici un exemple des négligences qui abondent dans la manière d'écrire de Monteverde

N.º 1.

Che col nome an _ _ co _ ra d'a _ _ mar
Che col nome an _ _ co _ ra d'a _ mar ahi
Che col nome an _ co _ ra d'a _ mar ahi
Che col nome an _ co _ ra d'a _ mar ahi
Che col nome an _ co _ ra d'a _ _ mar _ ahi

ahi las _ _ _ so
las _ _ _ _ _ so
las _ _ so che col nome an _ co _ _ ra d'a _ mor
las _ _ so che col nome an _ co _ ra d'a _ mor
las _ _ _ _ so che col nome an _ co _ ra d'a _ mor

ahi ahi las _ _ _ so.
ahi ahi las _ _ _ so.
ahi las _ _ _ _ _ so.

258. J'ai dit qu'il resta une sorte de timidité dans l'esprit de Monteverde pour l'emploi de l'harmonie dissonante de la dominante, soit qu'il n'ait pu s'affranchir absolument des habitudes de sa jeunesse, soit que les attaques dont ses innovations avaient été l'objet lui eussent inspiré cette réserve. Cependant, en plusieurs endroits de son *Orfeo* et de son *Ariane*, il a fait usage de cette harmonie sans préparation, comme moyen de transition. En voici un exemple tiré de l'*Orfeo*[1], opéra représenté en 1607.

Dans cet exemple, le ton moderne d'*ut* est établi jusqu'au premier temps de la troisième mesure; le ton de *sol* n'est indiqué que d'une manière vague par ce qui suit; mais, au second temps de la quatrième mesure, l'accord de septième de la dominante de ce ton ne laisse plus de doute concernant la modula-

le *si* soutenu par le ténor à la troisième mesure, pendant que le contralto et la basse font entendre la tierce *la, ut,* est une fausse harmonie qu'il était facile d'éviter de cette manière :

(1) *L'Orfeo, favola in musica da Claudio Monteverde maestro di capella della sereniss. republica, rappresentata in Mantova, l'anno 1607, et nuovamente ristampata. In Venetia, 1615, appresso Ricciardo Amandino,* in-fol. (page 30.)

tion. Vient ensuite une transition en *ré* par la basse continue, puis la rentrée en *sol* devient évidente par le rapport du quatrième degré de ce ton avec la note sensible, au dernier temps de la huitième mesure. Enfin, la rentrée dans le ton primitif d'*ut* est le résultat immédiat de l'accord de triton sur le *fa* ♮ de la basse continue. Une modulation incidente en *sol* s'établit ensuite par l'accord parfait majeur de ce ton, sur la dominante.

259. La création de la tonalité moderne et de la modulation, par les faits que je viens de signaler ; cette création qui, rapprochée de la musique produite par la tonalité précédente, acquiert l'évidence de la lumière, eut un autre résultat ; savoir, la formation du rhythme régulier de la phrase périodique, par la fréquence des cadences. Mais ce sujet ne peut être traité ici : je l'indique seulement pour faire comprendre qu'un art absolument nouveau fut enfanté par l'emploi de l'harmonie dissonante naturelle dans la musique.

260. Il y eut d'abord de l'incertitude et de l'inhabileté dans la manière d'employer la nouvelle harmonie dissonante naturelle : de là vient que les recueils de chants, d'airs et de duos, composés en Italie pendant les vingt premières années du dix-septième siècle, et dans les nouvelles formes, avec accompagnement de basse continue, sont remplis de modulations équivoques. Personne ne s'était encore fait une opinion juste et vraie du changement qui s'opérait alors dans la tonalité. L'attrait de la nouveauté poussait certains musiciens à faire usage de quelques successions qui la caractérisent; mais, habitués qu'ils étaient aux formes de la tonalité ancienne, ils faisaient un mélange de ces deux choses incompatibles

D'autres compositeurs essayaient de résister à la révolution qui s'opérait dans l'art, quoiqu'ils eussent abandonné l'ancien genre des madrigaux à quatre, cinq ou six voix pour celui des airs et des canzonnettes à voix seule, avec accompagnement de la basse continue pour le clavecin, le luth ou la harpe.

Cependant on trouve çà et là des modulations déterminées par l'emploi des dissonances naturelles dans les compositions mêmes qui sont encore remplies d'incertitudes tonales. En voici un exemple remarquable que j'ai tiré des *Grazie ed affetti di musica moderna* [1], publiées par Jules San-Pietro de' Negri, en 1615. Dans le morceau intitulé *l'Armida in stilo recitativo* (page 5), ce compositeur a fait usage de cette progression modulante :

---

(1) *Grazie ed Affetti di musica moderna à una, due e tre voci. Da cantare nel clavicordio, chitarone, arpa doppia, ed altri simili istromenti di Giulio S. Pietro de' Negri. Nuovamente date in luce. Milano Appresso Filippo Lomazzo*, 1613, in-fol.

N.° 1

In _ torno all'idol mi_o spi_ra _ _ te pur spira_ _ _ te au _ re

au _ re so _ a _ vi e, ca _ _ _ re e nelle guancie _ let_te ba_cia_ _ te_lo per

me cor _ te _ si cor _ te _ sj au _ _ ret _ _ te e nelle guarcie _ let_te ba_

_cia_te lo per me ba cia te lo per me cor _ te si cor _ te _ si au _ ret _ _ te

L'harmonie indiquée par les chiffres doit se traduire ainsi :

261. Les incertitudes dont je viens de parler, à l'égard de la détermination de la tonalité moderne, avaient cessé vers le milieu du dix-septième siècle. Les compositions de cette époque prouvent que cette tonalité était dès lors constituée et parfaitement comprise. En voici un exemple tiré de l'*Orontea*, opéra de Cesti, représenté à Venise en 1649. On y voit que non-seulement les accords dissonants naturels y remplissent leurs fonctions pour la transition d'un ton à un autre, mais que les substitutions du mode mineur y sont très bien employées. (Voir le nᵒ 1 en regard.)

262. Dans la musique instrumentale, la détermination de la tonalité moderne et de la transition, par les accords dissonants naturels, était beaucoup plus avancée que dans la musique vocale ; car, tandis qu'on voyait encore dans celle-ci les compositeurs incertains sur l'emploi des nouveaux accords, Frescobaldi, grand organiste de Saint-Pierre, à Rome, était entré avec hardiesse dans la tonalité créée par eux, ainsi que le fait voir le début suivant d'une fugue du deuxième livre de ses pièces d'orgue et de clavecin, publié en 1627. La comparaison de ce morceau avec celui de Claude Merulo, que j'ai donné comme exemple dans le chapitre précédent, démontrera invinciblement la réalité de la transformation tonale que j'attribue à l'introduction des accords dissonants naturels dans la musique.(Voir le nᵒ 2 en regard.)

263. Avant les premières années du dix-huitième siècle, le besoin de fréquentes modulations avait pris beaucoup de développement, et les compositeurs avaient épuisé tout ce que les accords dissonants naturels peuvent offrir de ressources à cet égard, pour multiplier les accents expressifs dans leurs ouvrages, et pour donner à leur musique un caractère dramatique et passionné.

Sans avoir recours au style instrumental de cette époque, je crois pouvoir affirmer qu'il était impossible d'aller plus loin dans la modulation par les accords dissonants naturels et par leurs substitués que ne l'a fait Alexandre Scarlatti dans cet air de l'oratorio *il Sacrifizio d'Abramo*, où la mère d'Isaac cherche son fils. (Voir le n° 1 en regard.)

264. Parvenus où nous sommes, nous avons acquis la conviction :

1° Que l'Introduction des accords dissonants naturels dans la musique date des premières années du dix-septième siècle ;

2° Que ces accords, en mettant en relation harmonique le quatrième degré, la dominante et le septième degré, ont caractérisé la note sensible, lui ont imprimé la nécessité de résolution ascendante, et par là ont fondé la tonalité moderne, et l'ont substituée à la tonalité ancienne du plain-chant ;

3° Que l'effet d'attraction de la note sensible vers la tonique, par l'harmonie dissonante naturelle, a été de formuler tous les tons de la musique moderne sur le même modèle, chacun d'eux divisé en deux modes, savoir, le majeur et le mineur; tandis que les tons du plain-chant ne sont diversifiés que par la position des demi-tons d'une gamme unique commençant par ses divers degrés[1] ; différence trop peu sensible dans l'harmonie, et d'où résulte le vague caractère de la tonalité ancienne ;

4° Que, par le caractère spécial de chaque degré des gammes de la tonalité moderne, toute note a aussi sa spécialité d'harmonie, ce qui n'existe pas dans l'ancienne tonalité, et ce qui établit entre elles une différence radicale ;

5° Enfin, que tous les tons de la tonalité moderne étant caractérisés par les rapports harmoniques du quatrième degré, de la dominante et de la note sensible, le passage d'un ton dans un autre se manifeste toujours d'une manière évidente, et que le ton se fait immédiatement reconnaître par l'harmonie de ces trois notes ;

6° D'où il suit que l'harmonie dissonante naturelle du quatrième degré, de la dominante et de la note sensible, est l'organe de la transition, c'est-à-dire du passage d'un ton dans un autre, et que son introduction dans la musique a fait passer celle-ci de l'*ordre unitonique* dans l'*ordre transitonique*.

Pour ne laisser aucun doute sur ce dernier fait, il me suffira de donner ici une suite de transitions harmoniques, abstraction faite de toute mélodie (Voir le n° 2 de la page 176 .)

____

(1) Voyez mon *Traité élémentaire de Plain-Chant,* pages 3 et 12-18.

Lento.
Il mio fi_glio ov' è   che fà   dove   sta   la mia gio_ja   Il mio tesor? Figlio
ov'è che fà? Figlio   che fà dove stà?   dove   stà? la mia gio_ja   il mio tesor   il mio

fi_glio la mio gioja il mio te _ sor   ov'è   che fa2   dove sta che fa dove sta   il
6   #   +4   6   3+4   6 =   6
sf   p   sf   p   eres.
mio   te _ sor   il mio te_sor.   6 7
= 6 5   6   +4 6 7   7   7   1 =
4 =
Ton d'UT Majeur.   LA Mineur   RÉ Mineur.   UT Majeur.
3   +6   6 ——   6   3   6   3   +4   6   6   3   6   3   4 3
5   5   5   5
MI Bémol.   LA Bémol.   MI Majeur.   LA Majeur.
+4   6   +6   3   +4   6   +6   3   +4   6   6   6   +4
5
RÉ Majeur.   SI Mineur.   SOL Majeur.   MI Mineur.
6   +4   6 ——   +6 ——   3 ——   +4   6   +6   3   6   #   7   3
5
UT Majeur.   RÉ Majeur.   MI Majeur.   UT Majeur.
+5   6   +4   6   +4   6   7   6   3   6   3   6   6   7   3
3   5   5   5   4   +

CHAPITRE III.

LES ACCORDS DISSONANTS NATURELS, MODIFIÉS PAR LA SUBSTITUTION DU MODE MINEUR,
METTENT SIMULTANÉMENT PLUSIEURS TONS EN RELATION. — *Ordre pluritonique.*

265. L'harmonie, la tonalité et la modulation étant parvenues au point où nous les avons laissées à la fin du dernier chapitre, les choses restèrent en cet état pendant plus de soixante-quinze ans, c'est-à-dire pendant environ les trois quarts du dix-huitième siècle. Un usage plus ou moins fréquent de l'altération des intervalles naturels des accords, surtout en Allemagne, fut la seule innovation harmonique qu'on vit paraître pendant ce temps, presque entièrement consacré au perfectionnement des formes mélodiques et matérielles de la musique.

266. Le dix-huitième siècle, grande époque de la musique moderne, sous le rapport de la conception dramatique et instrumentale, s'était beaucoup plus préoccupé de cette conception, et particulièrement de la distribution des idées et de leur retour périodique, que de la recherche de nouvelles attractions tonales. Ce n'est donc pas dans la découverte de ces nouvelles attractions, mais dans le perfectionnement de toutes les formes mélodiques, harmoniques et rhythmiques, résultantes de la tonalité moderne, qu'il faut considérer le mérite de Marcello, de Clari, de Handel, de J.-S. Bach, de Leo, de Durante, de Pergolèse, de Jomelli, de Gluck et de plusieurs autres grands musiciens du dix-huitième siècle.

267. Mozart paraît avoir été le premier qui comprit qu'il y avait une source nouvelle d'expression, et un agrandissement du domaine de l'art, dans une propriété des accords dissonants naturels modifiés par les substitutions du mode mineur; propriété qui consiste à établir des rapports multiples de tonalité, c'est-à-dire des tendances d'un même accord vers des tons différents. Les ouvrages de ce maître illustre sont du moins ceux où j'ai trouvé les plus anciennes traces de ces accords, dans le sens dont il s'agit ici.

J'ai dit précédemment (§ 255), que l'enharmonie essayée par quelques musiciens du seizième siècle n'était qu'un jeu puéril de changements de dénomination de notes, sans véritable résultat harmonique. Ce n'est point ainsi que l'enharmonie est caractérisée dans les accords dissonants naturels modifiés par la substitution du mode mineur, car la différence de dénomination des notes de ces accords n'est que le résultat de leur tendance vers tel ou tel ton.

Supposons, par exemple, que l'accord soit celui de septième diminuée sur la note sensible du ton d'*ut*, mode mineur, il sera composé des notes *si*♮, *ré*, *fa*, *la*♭. Nul doute que l'accord ainsi disposé, c'est-à-dire composé de notes qui forment entre elles trois intervalles de tierces mineures, doit se résoudre sur la tonique du **ton d'***ut*, pour que chaque note accomplisse sa destination naturelle.

DÉMONSTRATION.

Mais toute tierce mineure sonne à l'oreille comme une seconde augmentée analogue, sauf l'élévation ou l'abaissement presque insensibles d'une des notes de l'intervalle, en raison de leur destination ascendante ou descendante. Ainsi,

la première tierce mineure de l'accord de septième diminuée a le même effet, pour l'ouïe, que la seconde augmentée ; la deuxième, tierce mineure sonne comme la seconde augmentée ; enfin la troisième tierce mineure produit un effet identique avec l'autre tierce mineure , et avec la seconde augmentée

Or, chacun de ces intervalles a, comme je viens de le dire, une tendance différente, en raison des signes de représentation des sons dont ils sont composés, et l'exécutant caractérise cette tendance, en élevant ou abaissant légèrement l'intonation à son insu, d'après la destination ascendante ou descendante de la note. Par exemple, dans l'intervalle de septième diminuée, la note inférieure a une tendance ascendante, et la supérieure une attraction descendante, en raison de la tonalité dont nous avons conscience.

DÉMONSTRATION.

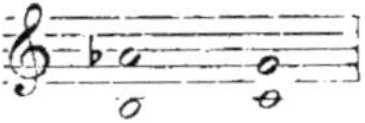

Mais dans la sixte majeure, qui est homophone avec la septième diminuée, c'est le contraire, car la note supérieure a une tendance ascendante, et le mouvement de l'inférieure est facultatif.

DÉMONSTRATION.

De même, dans l'intervalle de quinte mineure, la note inférieure a une ten
dance ascendante, et la supérieure une attraction descendante;

DÉMONSTRATION.

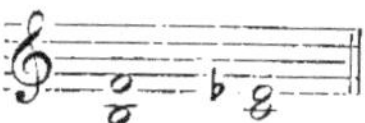

Tandis que dans la quarte majeure, qui, prise isolément, sonne identiquement de la même manière à l'oreille, la note supérieure a une attraction ascendante, et l'inférieure une tendance descendante.

DÉMONSTRATION.

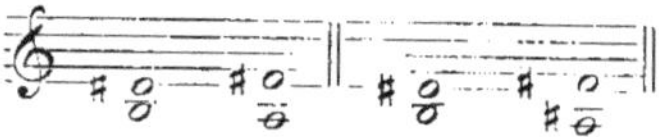

Il suit de là, que les accords dissonants avec substitution du mode mineur
jouissent de la propriété de se résoudre dans plusieurs tons et dans les deux
modes, en raison des tendances de tonalité que leur donne le compositeur.
Ainsi, l'accord de septième diminuée, qui vient d'être analysé, pourra se transformer au besoin, et suivant la pensée de l'artiste, en accord de quinte mineure et sixte, en accord de triton avec tierce mineure, et en accord de seconde
augmentée. Or, cette transformation pourra donner lieu à autant de cadences
différentes, qui se multiplieront encore en changeant le mode majeur en mineur, ou le mineur en majeur.

DÉMONSTRATION.

Cet exemple prouve jusqu'à l'évidence que les accords

DÉMONSTRATION.

sont identiques à l'oreille, pris isolément, mais non pas dans leur destination tonale.

268. Dès qu'on eut remarqué la faculté de changement de destination que possèdent certaines notes des accords, on se mit à la recherche d'effets analogues dans d'autres harmonies, et l'on ne tarda pas à remarquer que les altérations d'intervalles des accords naturels jouissent de la même propriété. Par exemple, dans l'accord de sixte augmentée avec quinte, l'intervalle de sixte augmentée sonne à l'oreille comme celui de septième mineure : de là, la possibilité de changer un accord de sixte augmentée en un accord de septième de dominante, et *vice versâ;* d'où résultent des tendances de résolutions tonales tout-à-fait différentes. (Voyez le n° 1 en regard.)

Mozart me paraît avoir été le premier compositeur qui a fait usage de cette enharmonie, en substituant, à l'accord appelé par la tonalité, son homophone, et faisant ainsi une modulation inattendue. C'est ainsi que dans le premier duo du premier acte de *Don Juan,* après une modulation enharmonique, par un accord substitué du mode mineur, il rentre dans le ton primitif par l'enharmonie de la sixte augmentée. Voici ce passage, dont l'effet était absolument inconnu lorsque Mozart écrivit son opéra. (Voyez le n° 2 en regard.)

Dans le grand sextuor du deuxième acte du même opéra, on trouve un autre exemple de l'enharmonie par la sixte augmentée, où l'effet est plus sensible encore, en ce que c'est au mode majeur, absolument inattendu que conduit l'enharmonie. Voici ce passage : (Voyez le n° 3 en regard.)

269. Etendant le principe de l'enharmonie, c'est-à-dire de la pluralité des tendances tonales de certaines notes des accords, j'ai trouvé que les accords consonnants eux-mêmes sont susceptibles de ces tendances, par la connexion d'une de leurs notes avec celles de l'accord dissonant d'un autre ton, et conséquemment, qu'ils peuvent servir à des transitions enharmoniques. En voici un exemple tiré de la messe de *requiem* que j'ai composée en 1835, pour le service funèbre des victimes de la révolution, à Bruxelles. (Voyez le n° 4 en regard.)

270. Généralisant de plus en plus la notion d'enharmonie, en la considérant comme un son qui a diverses sortes de tendances tonales, on arrive à la conviction que ces tendances peuvent se manifester par une attraction intuitive, bien que le son dont il s'agit ne soit pas accompagné de l'accord de transition, parce que le sens musical supplée à cette harmonie sous-entendue, au moment

N.º 1. DÉMONSTRATION.

N.º 2.

N.º 3

N.º 4.

N.º 1.

N.º 2.

du changement de ton. Un adagio du quatre-vingtième quatuor de Haydn nous offre un exemple bien remarquable d'une transition enharmonique opérée par une note de basse seule et non accompagnée d'un accord. Voici ce passage singulier, dont l'effet est plein de charme : (Voyez le n° 1 en regard.)

Il est évident que le subit changement de ton, sans élément de transition, serait plus pénible qu'agréable, si par une opération mentale, celui qui écoute cette musique n'établissait le point de contact entre les tonalités si différentes des onzième et douzième mesures. Or, le pivot de transition enharmonique ne peut se trouver qu'en échangeant par la pensée le *si* ♭, dernière note de la onzième mesure, en un *la* ♯, et supposant celui-ci accompagné d'un accord de quinte mineure et sixte; en sorte que le sens musical est saisi de cette transition. (Voyez le n° 2 en regard.)

271. L'introduction dans la musique de la multiplicité des tendances ou attractions tonales de notes en apparence identiques, a créé pour cet art un nouvel ordre de faits harmoniques et mélodiques auquel j'ai donné le nom d'*ordre pluritonique*. C'est la troisième période de l'art. Indépendamment de la force d'expression que ce nouvel organe y a introduit, il a ajouté aux autres émotions produites par la musique la sensation de surprise; sensation d'autant plus recherchée en l'état actuel de la société, qu'une des maladies de l'espèce humaine, en notre temps, est la satiété des émotions simples.

A Dieu ne plaise que je considère comme une cause de dégradation de l'art cette multiplicité de tendances tonales, d'où naît la sensation de surprise dont nos contemporains se montrent avides : elle en est au contraire le développement naturel et nécessaire. Je n'en blâme que l'abus, la formule, devenue habituelle; car toute formule vulgarise et dégrade les plus nobles procédés de l'art.

CHAPITRE IV.

LES ALTÉRATIONS D'INTERVALLES DES ACCORDS NATURELS ET MODIFIÉS PAR LA SUBSTITUTION
ÉTABLISSENT DES RELATIONS MULTIPLES ENTRE LES TONS DIVERS, ET COMPLÈTENT
LE SYSTÈME DE LA MODULATION. — PAR CES RELATIONS MULTIPLES, TOUTE MÉLODIE PEUT
ÊTRE ACCOMPAGNÉE DE BEAUCOUP D'HARMONIES DIFFÉRENTES.—*Ordre omnitonique.*
— ANÉANTISSEMENT DE L'UNITÉ TONALE. — DERNIER TERME DES RELATIONS DES SONS[1].

272. Après avoir vu la musique retenue dans les limites de l'unité tonale par les accords consonnants; après l'avoir vu sortir de cette unité par la transition, au

---

(1) M. de Lamennais m'a fait l'honneur de m'emprunter la théorie des tonalités que j'ai exposée dans mon Cours de la Philosophie de la Musique, en 1832. Il a cherché à la rattacher à son système philosophique, dans l'*Esquisse d'une philosophie* (Paris, 1840, 3 vol. in-8°); mais il a oublié de me nommer, comme auteur de cette théorie.

moyen des accords dissonants naturels ; enfin, après l'avoir observée dans la création de relations multiples de tonalités, par la diversité des tendances enharmoniques de certaines notes des accords, il nous reste à considérer cet art dans la dernière période de sa carrière harmonique, savoir : l'universalité des relations tonales de la mélodie, par la réunion de la simple transition à l'enharmonie simple, et à l'enharmonie transcendante des altérations d'intervalles des accords.

Cette dernière phase de l'art, sous le rapport harmonique, est celle que je désigne sous le nom d'*ordre omnitonique*. C'est vers ce dernier terme de sa carrière que l'art se dirige progressivement depuis un demi-siècle ; il y touche en ce moment.

273. J'appelle *enharmonies transcendantes* celles qui sont le résultat d'altérations multiples des intervalles des accords, afin de les distinguer de l'*enharmonie simple*, dans laquelle un des sons de l'accord est alternativement considéré comme le point de contact entre des tons divers.

Je prie le lecteur de m'accorder ici toute son attention, car il s'agit du point le plus délicat de la théorie absolument nouvelle que renferme cette troisième partie de mon ouvrage.

274. L'analyse de tous les faits d'attractions tonales de l'ordre omnitonique fournirait seule la matière d'un gros volume, et serait aussi fatigante pour l'esprit qu'inutile dans la pratique de l'art. Cette analyse, appliquée à un fait unique, est suffisante pour faire connaître ce qui distingue l'enharmonie transcendante de l'enharmonie simple, et pour indiquer l'emploi de cette analyse dans tous les faits du même genre ; car tout accord modifié par des altérations multiples est en connexion d'enharmonies diverses et collectives.

275. Supposons, comme un fait harmonique simple, la succession de l'accord de quinte mineure et sixte et de l'accord parfait, disposée de cette manière :

Supposons aussi que le ton caractérisé par cette harmonie est parfaitement établi dans l'oreille ; car s'il n'en était pas ainsi, la plupart des successions dont je vais donner les formules omnitoniques blesseraient le sens musical, les altérations qui en sont les bases n'étant pas suffisamment conçues.

On a vu (liv. II, chap. VIII, § 162) que le mouvement ascendant d'un ton, dans la succession de deux accords, lorsqu'il a lieu à la partie supérieure, peut être altéré, et que l'altération peut se prolonger sur l'accord suivant, et faire sa résolution en montant, à raison de son attraction (chap. IX, § 184), comme dans l'exemple suivant :

N.º 1. DÉMONSTRATION.
N.º 2. DÉMONSTRATION.
N.º 3. DÉMONSTRATION.
N.º 4. DÉMONSTRATION.
N.º 5. DÉMONSTRATION.
N.º 6. DÉMONSTRATION.
N.º 7. EXEMPLE.
N.º 8. DÉMONSTRATION.
N.º 9. DÉMONSTRATION.

Cette succession est analogue à celle de la même harmonie modifiée par la substitution du mode mineur : (Voyez le n° 1 en regard.)

Il y a aussi de l'analogie entre les successions de ces harmonies altérées et celle d'un accord de septième du ton de *mi* mineur, faisant une cadence rompue sur le sixième degré, et altéré dans sa quinte : (Voyez le n° 2 en regard.)

276. Nous avons maintenant à examiner comment ces diverses altérations ouvrent la voie de transitions enharmoniques touchant à tous les tons, et en quoi ces transitions diffèrent des autres moyens de modulation. Et d'abord, je commencerai par la simple altération de la tierce de l'accord de quinte mineure et sixte.

Or, la prolongation de *ré* ♯ produit une note attractive transitionnelle, dont la puissance absorbe assez le caractère de la note sensible du ton primitif, pour que celle-ci soit dispensée de se résoudre en montant, pourvu que la double attraction du quatrième degré et de la note altérée ait sa résolution. Dans ce cas, la note sensible de la basse se change en dominante du ton de *mi*. (Voyez le n° 3 en regard.)

Si l'altération ascendante est accompagnée de la substitution du mode mineur, cette substitution peut prendre, au moment de la résolution, le caractère d'une altération ascendante prolongée, et se changeant de *la* ♭ en *sol* ♯, conduira immédiatement au ton de *la* mineur. (Voyez le n° 4 en regard.)

Une modulation analogue, mais plus immédiate encore, conduira au même ton, si elle résulte de l'altération prolongée d'un accord de septième, évitant la cadence rompue. (Voyez le n° 5 en regard.)

Une autre transition enharmonique transcendante se tire aussi immédiatement des mêmes prolongations d'altérations, si la tonique de la basse se transforme en note sensible du ton d'*ut* dièse mineur : (Voyez le n° 6 en regard.)

L'effet de cette transformation sera plus piquant encore si la résolution de la nouvelle note sensible change la tonique qui lui appartient en troisième degré d'un autre ton : (Voyez le n° 7 en regard.)

La même double enharmonie peut aussi conduire immédiatement au ton de *ré* : (Voyez le n° 8 en regard.)

L'enharmonie de la note substituée, accompagnée de la transformation de la tonique de la basse en sixième degré altéré d'un autre ton, fait naître cette piquante modulation, analogue à celle qu'on obtient sans substitution : (Voyez le n° 9 en regard.)

277. Les enharmonies transcendantes dans lesquelles les notes attractives conservent leurs mouvements réguliers, ascendants et descendants, sont celles qui plaisent le plus au sens musical. Cependant leur destination naturelle est quelquefois évitée pendant la prolongation des notes, par de nouvelles tendances créées au moyen d'altérations des autres notes de l'harmonie. Telles sont les transitions enharmoniques dans lesquelles l'altération ascendante du second degré se transforme en note descendante de divers autres tons.

Par exemple, pendant l'enharmonie de la note altérée, si la dominante prend une altération ascendante, on aura cette transition inattendue : (Voyez le n° 1 en regard.)

Si, dans la résolution de cette enharmonie, la tonique de la basse, au lieu de se transformer en deuxième degré d'un ton inférieur, se change en sixième degré d'un ton supérieur, on a cette transition : (Voyez le n° 2 en regard.)

Si, sur la même enharmonie, la tonique se transforme en quatrième degré d'un ton inférieur, on a cette modulation : (Voyez le n° 3 en regard.)

Mais si, pendant l'enharmonie, la note de basse se change en troisième degré d'un ton inférieur, la modulation sera celle-ci : (Voyez le n° 4 en regard.)

La modulation sera analogue, mais plus douce si l'enharmonie provient de la septième, destinée à faire une cadence rompue; dans ce cas, l'enharmonie sera double. (Voyez le n° 5 en regard.)

Enfin si, pendant l'enharmonie de l'altération, le quatrième degré se transforme en note sensible d'un autre ton, on a cette modulation piquante : (Voyez le n° 6 en regard.)

278. Tel est le mécanisme de l'enharmonie transcendante; mécanisme applicable non-seulement aux combinaisons renversées des successions qu'on vient de voir, mais à toute altération d'harmonie dissonante, et qui constitue bien réellement l'*ordre omnitonique* de la musique; car toute harmonie de cette espèce peut se résoudre immédiatement en quelque ton que ce soit. Dans les exemples précédents, on voit en effet une seule harmonie altérée passer sans intermédiaire du ton d'*ut* majeur au ton d'*ut* dièse majeur et mineur, de *ré*, de *mi* bémol, de *mi* majeur, de *sol* bémol ou *fa* dièse, de *sol*, de *la* bémol, de *la* majeur et mineur, et de *si* bémol; or les combinaisons ne sont point épuisées.

279. Mais, dira-t-on, on peut aussi moduler dans tous les tons majeurs et mineurs par les accords dissonants naturels, et les substitutions ouvrent la voie de l'enharmonie. En quoi ces autres enharmonies, que vous désignez sous le nom de *transcendantes,* diffèrent-elles des autres moyens de modulation?

Voici ma réponse. Les accords naturels fournissent, il est vrai, des moyens de modulation pour tous les tons, mais sans laisser la faculté de se résoudre à volonté dans un ton ou dans un autre. Par exemple, il se peut que le ton primitif soit *fa,* et que la musique module en *la* mineur par un accord de septième de ce dernier ton; dans ce cas nul doute sur la modulation, car celle-ci est immédiatement connue par l'harmonie dissonante naturelle de l'accord de septième.

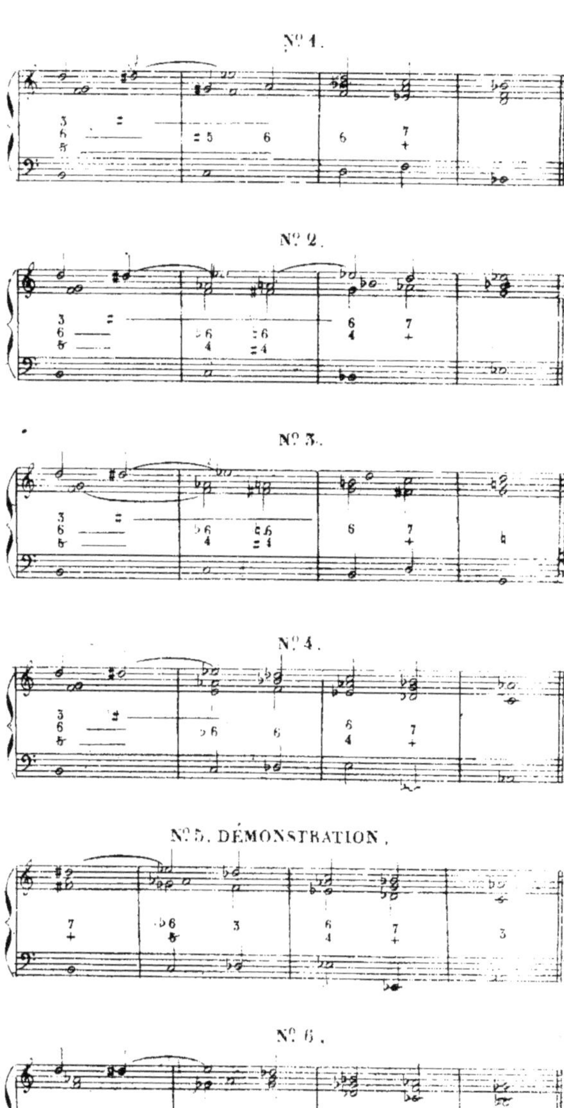

Nº 1.
Nº 2.
Nº 3.
Nº 4.
Nº 5. DÉMONSTRATION.
Nº 6.

En vain le compositeur éviterait-il de faire la cadence du ton de *la*, au moyen
d'une autre modulation, ce ton de *la* ne resterait pas moins dans la pensée, après
l'audition de l'accord de septième.

DÉMONSTRATION.

Les accords naturels ne peuvent d'ailleurs ouvrir qu'une seule voie de modulation ; pour chaque ton nouveau, il faut un nouvel accord.

À l'égard de l'enharmonie des accords modifiés par la substitution du mode
mineur, elle est certainement une source de modulation multiple ; toutefois
ses tendances sont renfermées dans les limites du changement de quatre formules d'un même accord. Or, l'attraction des notes de cet accord ne peut
changer dès que la formule est déterminée, tandis que les tendances de l'enharmonie produite par les altérations ne sont déterminées qu'après la résolution
des notes altérées, et que les modulations qu'elles font naître conduisent à tous
les tons.

Qu'on ne s'y trompe pas, le principe et les formules que je viens de faire
connaître sont la voie d'un monde nouveau de faits de tonalité ouverte aux artistes : c'est le dernier terme de l'art, sous le rapport harmonique.

280. Ce n'est pas seulement dans l'accomplissement des modulations que la
musique touche à toutes les **tonalités**, mais dans les transitions qu'elle indique
sans les réaliser. C'est même dans ce dernier artifice que la musique actuelle
puise le plus fréquemment ses moyens d'effet. Mozart est encore le nom que je
citerai à ce sujet, car il est le premier compositeur qui en ait fait usage. Il ne
faut pas confondre les harmonies par lesquelles il trompait l'attente de l'oreille,
dès 1780, avec les cadences d'*inganno*, connues des musiciens italiens longtemps
auparavant, et dont voici un exemple tiré des duos de Clari :

11

L'artifice de ces cadences d'*inganno* consiste à éviter la cadence finale par une nouvelle modulation, ainsi qu'on le voit dans le passage de la troisième mesure à la quatrième de l'exemple précédent; mais la modulation est déjà accomplie, et le ton est connu, quoique la conclusion ne se fasse pas entendre.

Il ne faut pas non plus confondre les modulations indiquées, et non réalisées, dont Mozart a donné les premiers exemples, avec des modulations très serrées et remplies de dissonances, dont on trouve de nombreux exemples dans les œuvres de Jean-Sébastien Bach, le musicien le plus avancé de son temps à cet égard. Prenons un de ces exemples dans l'oratorio de la *Passion,* d'après Saint-Mathieu, où la force de tête de ce grand musicien s'est développée dans toute sa puissance. (Voyez le n° 1 en regard.)

Réduite à l'harmonie fondamentale, cette riche combinaison présente les successions suivantes : (Voyez le n° 2, page 194.)

On voit par cette analyse que l'harmonie de la composition de Bach, comme celle de toute musique qui n'admet pas l'enharmonie, ne présente que des modulations achevées par la seule apparition des accords dissonants naturels ou de leurs substitués.

Il n'en est pas de même de ce passage d'un quintette de Mozart, composé en 1787. (Voyez le n° 3, page 194.)

Au premier temps de la quatrième mesure, il n'y a nul doute que la modulation s'est faite dans le ton d'*ut* bémol, et que la cadence va s'accomplir; mais l'enharmonie change la dominante de ce ton en sixième degré de *si* bémol mineur; ce dernier ton s'affermit dans la mesure suivante, la cadence s'opère,

N.º 1.

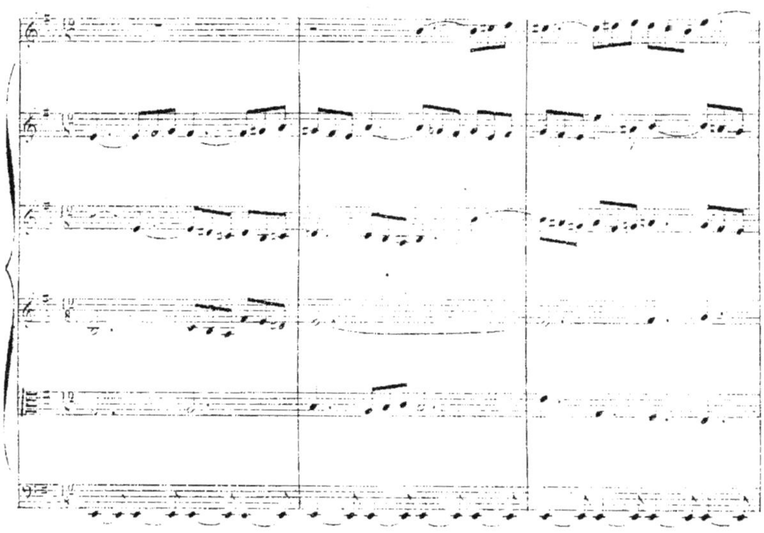

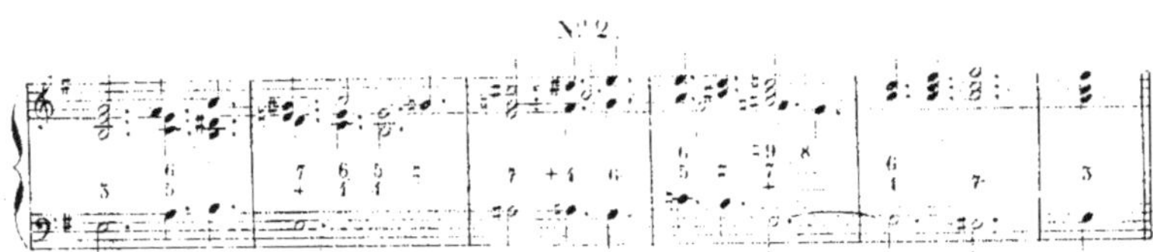
N.º 2.

N.º 3.
Adagio.
p
cres.
cres.
cres.
cres.
cres.

f
p
mf
f
p
mf
f
p
mf
p
f
p
p
mf

mais la conclusion arrive au mode majeur au lieu du mineur, et complète l'effet. Rien de semblable n'existait auparavant.

281. L'enharmonie collective des accords substitués du mode mineur, avec altération, et accompagnée de la pédale, fournit le moyen le plus complet d'indication d'une modulation qui ne s'accomplit pas et se résout dans le ton primitif. L'effet de cette harmonie est d'être identique, prise isolément, avec les accords dissonants naturels d'un autre ton : l'incertitude sur la résolution est donc le résultat de l'emploi de ces harmonies.

Supposons l'accord de triton du ton de *sol* (exemple 1), avec substitution du mode mineur (exemple 2), et altéré dans la sixte (exemple 3) : l'effet isolé de l'accord ainsi disposé sera celui de l'accord de quinte mineure et sixte du ton de *ré* bémol (exemple 4). La résolution naturelle, comme accord substitué et altéré, serait celle de l'exemple 5 ; mais de même qu'on résout l'accord de sixte augmentée sur la dominante d'un autre ton que celui auquel il semble appartenir (voyez § 168), on fait la résolution de cet accord de triton avec substitution et altération, dans le ton primitif d'*ut* (exemple 5), trompant ainsi l'oreille sur deux tonalités qui ont été indiquées, et dont aucune ne se réalise.

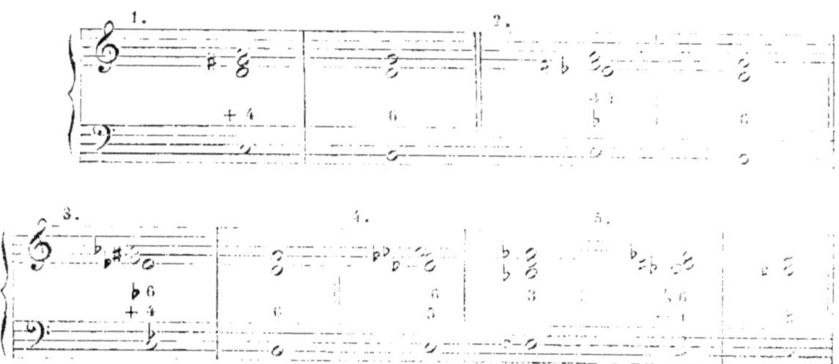

Rossini a fait un heureux emploi de cette dernière résolution de l'accord dans l'air de *Guillaume Tell* qui commence par ces mots : *sombre forêt*, et dans le duo *Li Marinari*, de son recueil intitulé : *les Soirées musicales*.

282. La tendance vers la multiplicité, ou même l'universalité des tons dans une pièce de musique, est le terme final du développement des combinaisons de l'harmonie; au-delà, il n'y a plus rien pour ces combinaisons.

L'éducation des musiciens s'est faite lentement dans cette voie de liaison entre les diverses tonalités ; mais ainsi qu'il arrive en beaucoup de choses humaines, après une longue réserve, les artistes se sont jetés à l'abandon dans la carrière de la musique modulée; et tel est l'abus des formules de cette musique depuis quelques années, qu'il est permis d'affirmer que l'unité tonale est maintenant absolument bannie de l'art. Lorsque je prévoyais et annonçais ce dernier résultat de la direction harmonique de la musique, dans mon cours de la philosophie de cet art (en 1832), je ne croyais pas que ce résultat fût si près de nous.

Pour nous représenter exactement la situation actuelle de l'harmonie, sous le rapport de la connexion des tonalités, supposons une mélodie peu modulante, et voyons quelle différence le temps a mis dans la manière de l'accompagner. Cette comparaison me paraît être le meilleur moyen pour faire comprendre quelle a été la progression dans la relation des tons ; partie importante de l'art et de la science absolument négligée par tous les auteurs de systèmes d'harmonie.

Le premier accompagnement (exemple A) représente l'harmonie dans le simple système transitonique des accords dissonants naturels ; l'exemple B est dans le système *quasi omnitonique* de l'harmonie de nos jours. (Voyez le n° 1 en regard. et page 198.)

285. Dans ces exemples, la mélodie retient l'harmonie dans de certaines limites qui l'empêchent d'arriver jusqu'à l'omnitonique absolu, car cette mélodie n'est pas modulante par elle-même ; mais en l'état actuel de l'art, il est des mélodies qui franchissent ces limites pour satisfaire au désir insatiable de modulations et de tendances attractives qui tourmente les artistes de notre époque. La mélodie a perdu sa pureté et n'a plus d'existence absolue, indépendante de toute condition étrangère, en devenant harmonique et modulante. Séparez la mélodie de l'harmonie dans quelques-unes des compositions des derniers temps, à peine conservera-t-elle quelque vague signification.

Pour choisir un exemple dans une œuvre d'art très distinguée de cette époque, je le tirerai de la *Serenata,* nocturne du recueil de Rossini intitulé : *les Soirées musicales.*

La première phrase de la cantilène est celle-ci :

Cette phrase est belle et significative ; quoique Rossini l'ait accompagnée d'une harmonie remplie de tendances attractives, elle n'indique pas de modulation par elle-même. Mais la seconde phrase

N° 1.

B

est évidemment dépendante de l'harmonie, car cette suite de notes

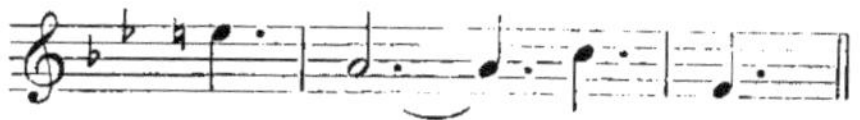

n'a aucune signification propre, et n'en acquiert que par l'harmonie qui l'accompagne. Voici cette harmonie avec la phrase entière :

Le recueil d'où cet exemple est tiré renferme beaucoup de phrases du même genre, dont l'effet principal réside dans le choix de l'harmonie et d'une multitude de détails élégants que Rossini y a semés.

Il entrait particulièrement dans sa pensée, lorsqu'il a composé cet ouvrage, de donner à sa musique un caractère pittoresque, et de multiplier les sensations modulantes par des tendances attractives, ou même par des successions de tons sans contact, à la manière de quelques maîtres de la fin du seizième siècle, dont on voit un exemple dans ce passage du duo *Li Marinari* :

Le double but que je viens d'indiquer a conduit le compositeur, particulièrement dans cette dernière pièce, à faire abstraction de tout sentiment mélodique, tant dans les voix que dans l'accompagnement, pour peindre les effets de la mer, les émotions et les cris des marins. Il n'appartenait qu'à une époque où l'harmonie modulante est devenue en quelque sorte l'objet principal de la musique, de faire arriver l'auteur le plus riche du dix-neuvième siècle en mélodies heureuses, à l'absence de toute cantilène qu'on remarque dans cette pièce.

Toutefois, il est important de remarquer que la connaissance du principe de l'enharmonie transcendante, dont j'ai analysé les conséquences dans ce chapitre, a manqué à Rossini et à ceux qui ont imité la dernière transformation de son talent, pour atteindre complétement le but de la *musique omnitonique*, vers lequel conduit ce principe. Les formules que j'en ai tirées restent à exploiter par la génération d'artistes qui s'élève en ce moment.

284. J'ai dit à plusieurs reprises dans cet ouvrage et ailleurs, que tout moyen de l'art réduit en formule fréquente est une dégradation de ce même art. Cette maxime est surtout applicable à la progression incessante des tendances à la modulation. Nul doute qu'il ne fût dans la destinée de l'harmonie d'atteindre les dernières limites de ces tendances, pour réaliser tout ce qui est possible en elle et par elle ; mais aussi nul doute que le fréquent emploi des attractions multiples de tonalités n'ait le très grave inconvénient d'exciter incessamment des émotions nerveuses, et d'enlever à la musique le caractère simple et pur de l'idée, pour le transformer en un art sensuel.

D'ailleurs la manière d'employer ces attractions et ces accents passionnés par les compositeurs est très souvent un contre-sens, car on leur voit multiplier ces éléments de trouble dans l'accompagnement de mélodies dont les paroles indiquent un sujet calme et doux. Il en est aujourd'hui de l'emploi de ces harmonies modulantes comme du luxe de l'instrumentation; leur effet est de produire plus souvent la fatigue de l'esprit et des organes que de les satisfaire.

Je livre ces importantes remarques aux méditations des compositeurs de l'époque actuelle, et surtout des artistes de l'avenir.

FIN DU TROISIÈME LIVRE

LIVRE QUATRIÈME.

EXAMEN CRITIQUE DES PRINCIPAUX SYSTÈMES DE GÉNÉRATION ET DE CLASSIFICATION DES ACCORDS[1].

CHAPITRE PREMIER.

SYSTÈMES BASÉS SUR DES PHÉNOMÈNES ACOUSTIQUES, SUR LA PROGRESSION HARMONIQUE, ET SUR DES AGRÉGATIONS MÉCANIQUES D'INTERVALLES.

285. Les anciens harmonistes, bien plus occupés du soin de perfectionner l'art, ou plutôt de le constituer, que d'en chercher la théorie, n'avaient point aperçu les divers rapports par lesquels les accords peuvent se rattacher les uns aux autres; encore moins s'étaient-ils préoccupés d'un principe générateur des agrégations de sons.

286. Rameau, musicien français qui était parvenu à l'âge de près de quarante ans sans être sorti de l'obscurité d'un organiste de province, fut le premier qui entrevit la possibilité d'une théorie générale de la génération des accords, et qui eut assez de génie pour en coordonner les diverses parties en un tout homogène. Il en exposa les principes dans un livre publié en 1722, sous ce titre : *Traité de l'harmonie réduit à ses principes naturels* [2].

Ce livre fit peu de sensation lorsqu'il parut : la nouveauté de la matière, et le style obscur et prolixe de l'auteur ne le rendaient intelligible qu'à un petit nombre de lecteurs; il est même permis de dire que personne n'en comprit exactement l'importance. La création d'une science nouvelle de l'harmonie méritait sans doute l'attention des musiciens instruits; mais où trouver ceux-ci, dans un temps où l'éducation manquait aux artistes, et lorsque tout leur savoir était renfermé dans la connaissance des procédés mécaniques de leur art? S'ils avaient pu comprendre que l'ouvrage de Rameau n'allait pas à moins qu'à poser les bases d'une science philosophique de l'harmonie, l'idée leur aurait paru si bouffonne, qu'elle aurait été certainement l'objet de leurs railleries.

---

(1) La plus grande partie de ce livre est tirée de mon *Esquisse de l'Histoire de l'harmonie considérée comme art et comme science systématique*, Paris, 1841, in-8° de 178 pages, tiré à 50 exemplaires seulement pour mes amis, et qui n'a point été mis dans le commerce.

(2) Paris, J. B. Christ. Ballard, 1722, 1 vol. in-4°.

Il y avait loin de cette disposition d'esprit à celle qu'il aurait fallu pour accueillir le *Traité de l'Harmonie* avec l'intérêt qu'il était digne d'inspirer. Ce ne fut que vingt ans après la publication de ce livre que le public commença à donner de l'attention au système de son auteur ; mais dès lors l'indifférence fit place à une sorte d'admiration fanatique, et la vogue de la théorie de Rameau se soutint jusqu'au commencement du dix-neuvième siècle.

287. Zarlino, Mersenne et Descartes avaient initié l'auteur de cette théorie à la connaissance des nombres appliqués à la science des sons : son âme ardente s'était passionnée pour cette science qui lui révélait la possibilité de donner une base certaine à la théorie de la musique. Dès lors les divisions régulières du monocorde lui parurent devoir être le point de départ du système de l'harmonie, et toute son attention se tourna vers le développement des conséquences logiques des faits révélés par ces divisions. Dès le début de son livre, il établit que l'identité des résultats de la science des nombres, soit qu'on l'applique aux divisions d'une seule corde, soit qu'elle ait pour objet les longueurs de cordes correspondantes à ces divisions, les dimensions des tubes des instruments à vent ou les vitesses de vibrations, démontre jusqu'à l'évidence l'utilité et l'infaillibilité de cette science dans ses rapports avec la musique. Ses efforts ont ensuite pour but d'établir que le son d'une corde dans toute sa longueur, représentée par 1, se confond à l'oreille avec les divisions de la même corde correspondante aux nombres 2, 4, 8, qui produisent les octaves de cette corde totale. Cette identité des octaves, sur laquelle il revint plus tard dans ses autres ouvrages, notamment dans un opuscule dont elle est l'objet spécial [1], lui paraissait avec raison la base du système de la basse fondamentale qu'il voulait établir, et dont il sera parlé plus loin.

288. D'autre part, une proposition de l'*Abrégé de musique* de Descartes devint pour lui le criterium de la génération des accords ; elle est ainsi conçue : « Je puis encore diviser la ligne A B (le monocorde) en 4, 5 ou 6 parties, mais non davantage, parce que la capacité de l'oreille ne peut distinguer au-delà les différences des sons sans un travail considérable [2]. » Or, les nombres 1, 2, 3, 4, 5, 6 donnent l'accord parfait avec les intervalles redoublés, disposés de la manière suivante sur le monocorde :

ut	ut	sol	ut	mi	sol	ut
1	2	3	4	5	6	8
	octave.		double octave.			triple octave.

Après avoir développé longuement la démonstration de ce principe de l'existence de l'accord parfait dans les lois des nombres appliquées aux divisions

(1) « Extrait d'une réponse de M. Rameau à M. Euler, sur l'identité des octaves, d'où il résulte des vérités d'autant plus curieuses, qu'elles n'ont pas encore été soupçonnées. » Paris, 1753, in-8° de 41 pages.

(2) Rursus possum dividere lineam A B in 4°r partes vel in 5° vel in 6°, nec ulterius fit divisio : quia scilicet aurium imbecillitas sine labore majores sonorum differentias non posset distinguere. (*Compendium musicæ*, p. 12, 13, édit. Trajecti ad Rhenum, 1650, in-4°.)

d'une corde sonore, Rameau imagina une théorie d'après laquelle tous les autres accords sont engendrés par une supposition ou superposition d'un certain nombre de tierces majeures ou mineures [1], ou dérivés par le renversement de ces agrégations primitives de tierces [2].

289. Une difficulté se présente pourtant dans le résultat de la division du monocorde prise pour base de l'harmonie consonnante : c'est qu'elle ne donne que l'accord parfait majeur. Rameau comprit qu'elle était assez grave pour renverser son système, s'il se fût attaché à ce résultat général ; il l'éluda en n'y puisant que les proportions de la tierce majeure 4 : 5, et de la tierce mineure 5 . 6, données par les notes *ut, mi* et *mi, sol,* pour en former toutes ses combinaisons de tierces. Ces combinaisons devinrent son point de départ. « En effet, dit-il, pour former l'accord parfait, il faut ajouter une tierce à l'autre, et pour former tous les accords dissonants, il faut ajouter trois ou quatre tierces les unes aux autres, la différence de ces accords dissonants ne provenant que de la différente situation de ces tierces. C'est pourquoi nous pouvons leur attribuer toute la force de l'harmonie en la réduisant à ses premiers degrés. L'on en peut faire la preuve dans une quatrième proportionnelle ajoutée à chaque accord parfait, d'où naîtront deux accords de septième ; et dans une cinquième proportionnelle ajoutée à l'un de ces accords de septième, d'où naîtra un accord de neuvième qui renfermera dans sa construction les quatre accords précédents [3]. »

D'après cette théorie, Rameau établit qu'il y a deux accords parfaits, l'un majeur, l'autre mineur, et que chacun de ces accords engendre par le renversement un accord de sixte et un accord de quarte et sixte [4]. A l'accord parfait majeur qu'il transpose sur la dominante du ton, sans en dire le motif, il ajoute une tierce mineure au-dessus, et en forme l'accord de septième de dominante, qui donne par le renversement les accords de *fausse quinte* (quinte mineure et sixte), de *petite sixte* (sixte sensible) et de *triton* [5].

EXEMPLE :

290. Par l'addition d'une tierce mineure à l'accord parfait mineur, Rameau

<hr>

(1) *Traité de l'harmonie,* etc., p. 33.
(2) *Ibid.* pag. 34 et suiv.
(3) *Ibid.* pag. 33.
(4) *Ibid.* pag. 34 et suiv.
(5) *Ibid.* pag. 37.

forme l'accord de septième mineure, qui a pour dérivés, par le renversement, les accords de *grande sixte* (quinte et sixte), de *petite sixte mineure* (tierce et quarte) et de *seconde*[1].

EXEMPLE :

291. L'addition d'une tierce majeure à l'accord parfait majeur fournit à Rameau l'accord de *septième majeure*, qui a ses dérivés par le renversement[2].

EXEMPLE :

292. Une tierce mineure ajoutée au-dessous de l'accord parfait mineur produit celui de septième avec fausse quinte (*accord de septième de sensible*) et ses dérivés par le renversement[3].

EXEMPLE :

293. Par l'agrégation de deux tierces mineures, Rameau donne naissance à l'accord de *fausse quinte* (accord de tierce et quinte mineures, ou accord parfait diminué);

----

(1) *Traité de l'harmonie*, pag. 39.
(2) *Ibid.* pag. 40.
(3) *Ibid.* pag. 41.

EXEMPLE :

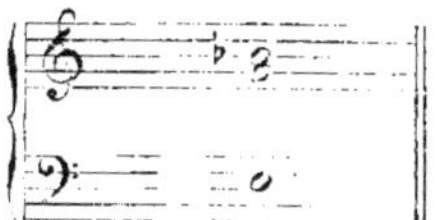

Et celle de deux tierces majeures lui fournit l'accord de *quinte superflue* (accord de quinte augmentée).

EXEMPLE :

294. Rameau trouve l'origine de l'accord de septième diminuée dans l'addition d'une tierce mineure au-dessous de l'accord de *fausse quinte*, ainsi que ses dérivés par le renversement.

EXEMPLE :

Accord de fausse quinte.	Accord de septième diminuée.	1ᵉʳ Dérivé.	2ᵉ Dérivé.	3ᵉ Dérivé.

295. Il appelle *accords par supposition* ceux qui, sortant des bornes de l'octave, se forment, selon lui, par l'addition d'une ou plusieurs tierces au-dessous d'un accord de septième quelconque. C'est ainsi qu'il explique l'origine des accords de *neuvième* et de *onzième*, que nous considérons aujourd'hui comme des retards d'octave par la neuvième et de tierce par la quarte. Dans l'ignorance où il était du mécanisme de la prolongation, il montre une rare sagacité à trouver une explication raisonnable de la différence de cette *quarte dissonante*, objet de tant d'embarras pour les anciens harmonistes [1].

296. Si nous nous plaçons dans la situation où se trouvait Rameau, c'est-à-dire en l'absence absolue d'aucun système d'harmonie à l'époque où il écrivait, nous ne pourrons lui refuser notre admiration pour la force de tête que suppose la création de celui qu'il a inventé et dont je viens d'exposer le sommaire, bien

____

(1) *Traité de l'harmonie*, pag. 73.

que ce système soit essentiellement faux. Séduit par de certaines propriétés de combinaisons que possèdent les intervalles employés dans la constitution des accords, cet homme de génie s'en est emparé pour en former la base de sa théorie. Alors qu'il publiait son *Traité de l'harmonie,* il n'avait point encore fixé son attention sur le phénomène de la production des harmoniques dans la résonnance d'un corps sonore, qui lui fit ensuite modifier ses idées, et qui, successivement, donna lieu à la publication de son *Nouveau système de musique théorique* et de ses autres ouvrages[1]. Ce n'était donc que le principe de la superposition et de la subposition des tierces qui le dirigeait dans son système, lorsqu'il fit paraître son premier livre sur l'harmonie. Or, pour faire l'application de ce principe à tous les accords, il se vit obligé d'abandonner toute idée de tonalité, car il ne trouvait pas toujours les tierces disposées comme il les lui fallait, dans son système, pour chaque accord dissonant, sur les notes où se placent ces accords suivant le principe tonal. Par exemple, l'accord de septième mineure avec tierce mineure, écueil éternel de tous les faux systèmes d'harmonie, cet accord, dis-je, qu'on appelle communément *accord de septième du second degré,* parce qu'il se fait sur la deuxième note d'un ton majeur (*ré, fa, la, ut*), il ne pouvait le faire naître de l'accord parfait mineur de cette deuxième note, parce qu'il savait très bien que, dans le système de la tonalité moderne, cet accord n'appartient pas à la note dont il s'agit; il fut donc obligé de prendre, pour l'origine de cet *accord de septième mineure avec tierce mineure,* l'accord parfait mineur du sixième degré (*la, ut, mi*), en sorte que son accord de septième (*la, ut, mi, sol*) semble appartenir à cette dernière note.

En opérant de cette manière pour la plupart des accords dissonants, Rameau fut obligé de considérer ces accords comme autant de faits isolés, et d'écarter toutes les règles de successions et de résolutions tonales établies dans les anciens traités d'accompagnement et de composition ; car ces règles, conformes aux lois naturelles de la tonalité, assignent de certaines positions aux accords, incompatibles avec la doctrine de la génération des accords par la superposition ou la subposition des tierces. Tel était donc le vice radical du système d'harmonie imaginé par Rameau : il consistait à anéantir des règles d'enchaînement basées sur le sentiment de l'oreille, bien qu'il les qualifiât d'*arbitraires,* pour y substituer un certain ordre de génération, séduisant par son aspect régulier, mais dont l'effet était de laisser tous les groupes harmonieux isolés et sans liaison.

297. Trop bon musicien pour ne pas comprendre qu'après avoir rejeté les règles de succession et de résolution des accords incompatibles avec son système, il devait y suppléer par des règles nouvelles qui n'y fussent pas contraires, Rameau imagina sa théorie de la *basse fondamentale,* dont il a exposé le système

---

(1) *Nouveau système de musique théorique,* où l'on découvre le principe de toutes les règles nécessaires à la pratique, pour servir d'introduction au *Traité d'harmonie.* Paris, Ballard, 1726, in-4°.

Génération harmonique, ou *Traité de musique théorique et pratique.* Paris, 1737, in-8°.

Démonstration du principe de l'harmonie, servant de base à tout l'art musical théorique et pratique. Paris, 1750, in-8°.

Nouvelles réflexions sur la démonstration du principe de l'harmonie. Paris, 1752, in-8°.

dans le deuxième article du dix-huitième chapitre de son *Traité de l'harmonie*. Cet article a pour titre : *De la manière de composer une basse fondamentale au-dessous de toute sorte de musique* [1].

La basse fondamentale n'est, dans le système de Rameau, qu'un moyen de vérification de la régularité de l'harmonie et non une basse réelle ; c'est pourquoi il fait remarquer [2] qu'on ne doit point s'arrêter en l'écrivant aux successions d'octaves ou de quintes consécutives. Les principales règles de cette basse sont : 1° qu'elle ne peut former avec l'harmonie des autres parties que les accords parfaits sur la tonique, le quatrième degré, la dominante et le sixième degré, et des accords de septième sur la dominante et sur le second degré. Cependant certaines successions de la basse fondamentale rendaient quelquefois nécessaire à cette basse un acte de cadence du quatrième degré à la tonique sur un accord de quinte et sixte. Cette difficulté conduisit Rameau à considérer cet accord comme un accord parfait du quatrième degré, auquel on ajoute facultativement la sixte, et il lui donna le nom d'accord de *sixte ajoutée*. Mais, attendu l'identité parfaite de cet accord avec celui de quinte et sixte, dérivé de la septième mineure du second degré, qu'il désigne sous le nom de *grande sixte*, il lui donna aussi celui d'*accord de double emploi*, et supposa que lorsqu'il fait sa résolution sur l'accord parfait de la dominante, il est accord de *grande sixte*, et dérivé de l'accord de septième mineure ;

EXEMPLE :

et que lorsqu'il est suivi d'un acte de cadence vers la tonique, il est accord fondamental de *sixte ajoutée*.

EXEMPLE :

Or, il est évident que ce prétendu accord fondamental, non formé par des tierces *superposées* ou *subposées*, détruit de fond en comble l'économie du système de Rameau ; mais tel est l'effet de la prévention, que l'inventeur du

(1) *Traité de l'harmonie,* pag. 134.
(2) *Ibid.* pag. 135, n° 7.

système de la basse fondamentale se fit une complète illusion sur ce défaut capital, et que ses sectateurs ne l'aperçurent même pas.

Les autres règles pour la vérification de l'harmonie par la basse fondamentale étaient : 3° Dans tout accord parfait de la tonique ou de la dominante, il faut qu'une des notes au moins qui composent l'accord se trouve dans l'accord précédent ; 4° la dissonance d'un accord de septième de la dominante doit avoir été également entendue dans l'accord qui précède ; 5° dans l'accord de quinte et sixte ou de *sixte ajoutée*, il faut que la basse, sa tierce, ou sa quinte, soient préparées par l'accord précédent, *mais la dissonance formée par la sixte contre la quinte est libre dans sa marche* ; 6° toutes les fois que la dominante se trouve à la basse fondamentale, elle doit descendre de quinte ou monter de quarte ; 7° lorsque le quatrième degré est à la basse fondamentale, il doit monter de quinte ou descendre de quarte.

Ces règles, données par Rameau pour la formation d'une basse différente de la basse réelle de la musique, et pour la vérification du bon emploi des accords, n'ont pu être établies par lui que d'une manière arbitraire : il aurait été impossible qu'il en exposât une théorie rationnelle fondée sur la nature même de l'harmonie. Elles ont en outre plusieurs défauts essentiels que toute la sagacité de l'inventeur ne pouvait en faire disparaître. L'un était l'insuffisance de ces règles pour une multitude de cas ; insuffisance qui est devenue beaucoup plus sensible depuis qu'une grande quantité de combinaisons harmoniques, inconnues au temps de Rameau, ont été introduites dans la musique. Mais ce n'est pas seulement par leur insuffisance que pèchent les règles de la basse fondamentale ; c'est aussi par leur opposition aux attractions tonales et au sentiment de l'oreille dans la plupart des successions. Selon cette doctrine, plusieurs de ces successions sont rejetées, malgré l'instinct musical et les lois de la tonalité ; ainsi, d'après la quatrième règle, il faudrait que la dissonance d'un accord de septième dominante ou de ses dérivés, fût préparée par l'accord précédent, tandis que ce qui distingue ces accords dissonants naturels des dissonances de prolongation est précisément qu'ils peuvent être attaqués sans préparation. Suivant la cinquième règle la basse, ou la tierce, ou la quinte, doivent être préparées, tandis que la sixte dissonante est libre dans son attaque ; or, dans cet accord, ce n'est point la sixte qui est la dissonance, mais la quinte, et le caractère propre de cette quinte dissonante est précisément de ne pouvoir être employée qu'avec la préparation, tandis que la basse et la tierce sont libres. D'ailleurs, la succession indiquée de cet accord de quinte et sixte à l'accord parfait de la tonique n'est pas bonne, et bien qu'elle ait été employée dans ces derniers temps par Beethoven et par quelques autres musiciens de l'école actuelle, elle n'est pas moins un contre-sens harmonique, puisque la dissonance n'a pas de résolution.

298. La doctrine de la basse fondamentale n'était, dans l'origine des idées de Rameau, qu'un accessoire ou, si l'on veut, un complément de son système d'harmonie. Dans la suite, s'étant préoccupé d'un phénomène d'acoustique indiqué par Mersenne et analysé par Sauveur, phénomène dans lequel on re-

marque qu'une longue corde vibrante, tendue suffisamment, fait entendre, lorsqu'on la fait résonner, outre le son principal, des sons harmoniques qui forment avec lui l'accord parfait majeur, Rameau y vit la confirmation de son système, savoir, qu'il n'y a dans la nature que cet accord, et que les autres en proviennent par des additions de tierces. Toutefois il éprouva quelque embarras à l'égard de l'accord parfait mineur, dont il avait besoin pour que ce système fût complet. Un peu de complaisance pour sa théorie de la basse fondamentale lui avait fait imaginer le *double emploi* de l'accord de quinte et sixte ; une condescendance analogue à ses nouvelles idées lui fit découvrir, dans certain frémissement des parties aliquotes de la corde vibrante, ce même accord parfait mineur, mais à un degré d'intensité plus faible que le majeur. En réalité, il aurait pu trouver beaucoup d'autres résonnances dans divers corps sonores de certaines formes et dimensions ; mais je ferai voir ailleurs que ces phénomènes n'ont aucune coïncidence avec le système réel de l'harmonie. Quoi qu'il en soit, on remarqua dès lors que Rameau attachait moins d'importance qu'autrefois à sa doctrine de la génération des accords par des combinaisons de tierces, tandis que son système de la basse fondamentale lui plaisait davantage chaque jour. Ce fut aussi cette partie de ce qu'il appelait *ses découvertes* qui eut le plus de succès. Beaucoup de gens, qui ne comprenaient pas la théorie de la génération des accords exposée dans le *Traité de l'harmonie*, s'enthousiasmèrent pour la basse fondamentale, au moyen de laquelle on croyait apprendre *la composition*, par de courtes formules.

Une observation a échappé à tous les critiques qui ont parlé du système de la basse fondamentale : c'est qu'en admettant même ses règles comme infaillibles, et conformes à ce que nous enseignent les lois de la tonalité et notre conscience musicale, elles n'auraient pu tenir lieu des anciennes règles pratiques, parce que l'application de celles-ci donne des résultats immédiats, tandis que la basse fondamentale n'était qu'un moyen de vérification des fautes qu'on avait pu faire.

299. Nonobstant les vices radicaux des diverses parties du système de Rameau, il n'en est pas moins vrai que ce système n'a pu être que l'ouvrage d'un homme supérieur, et qu'il sera toujours signalé dans l'histoire de l'art comme une création du génie. Il y a d'ailleurs dans ce système une idée qui seule immortaliserait son auteur, n'eût-il pas d'ailleurs d'autres titres de gloire : je veux parler de la considération du renversement des accords qui lui appartient, et qui est féconde en beaux résultats. Sans elle, il n'y a pas de système d'harmonie possible : c'est une idée générale qui s'applique à toute bonne théorie, et qu'on peut considérer comme le premier fondement de la science.

SYSTÈMES DÉRIVÉS DE CELUI DE RAMEAU.

300. Les ouvrages de Rameau, parvenus en Allemagne, firent sur l'esprit de Marpurg, savant théoricien, critique et historien de la musique, une pro-

fonde impression. Un voyage qu'il avait fait à Paris, en 1746, lui avait fait voir l'enthousiasme que la théorie contenue dans ces livres excitait parmi les musiciens. De retour à Berlin, il se livra à l'étude de cette théorie, et ce fut d'après elle qu'il rédigea son *Manuel de la basse continue et de la composition* [1]. Il y reproduisit le principe de la génération des accords par des additions de tierces; principe dont la conséquence inévitable est d'isoler tous les accords, et de faire disparaître leur formation réelle par les lois de tonalité et de succession.

501. A l'égard des modifications introduites par Marpurg dans le système de Rameau, voici en quoi elles consistent :

Prenant comme lui l'accord de tierce et quinte, majeur ou mineur, diminué ou augmenté, comme la base des accords dissonants de quatre et de cinq sons, il forme l'accord de septième majeure au moyen de l'addition d'une tierce majeure au-dessus de l'accord parfait majeur (voyez ci-dessous, l'exemple 1); l'accord de septième de la dominante, par l'addition d'une tierce mineure au-dessus d'un accord parfait majeur (ex. 2); l'accord de septième mineure du second degré, par l'addition d'une tierce mineure au-dessus d'un accord parfait mineur (ex. 3); l'accord de septième de sensible, par l'addition d'une tierce majeure au-dessus d'un accord de tierce et quinte mineure (ex. 4); enfin l'accord de septième diminuée, par l'addition d'une tierce mineure au-dessus du même accord (ex. 5).

Tous les dérivés de ces accords sont obtenus par le renversement, dans la théorie de Marpurg comme dans celle de Rameau.

Marpurg tire la formation des accords altérés de septième, de l'addition de tierces au-dessus des accords parfaits ou de tierce et quinte, également altérés. Ainsi, une tierce majeure placée au-dessus de l'accord de quinte augmentée lui donne un accord de septième majeure avec quinte augmentée (ex. 1); et une tierce majeure au-dessus de l'accord de quinte mineure avec tierce majeure produit un accord de septième de sensible avec tierce altérée (ex. 2), etc.

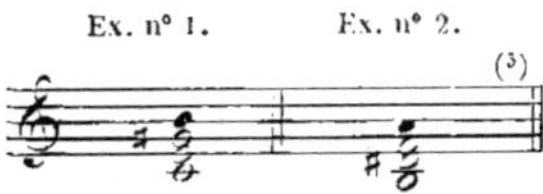

Dans le système de Marpurg, l'addition de tierces au-dessous des accords de septième, qu'on trouve dans celui de Rameau, disparaît; elle est remplacée

<hr>

(1) *Handbuch bey dem Generalbasse und der Composition* etc. Berlin, 1755-1758, in-4°; 2e édition, Berlin, 1762, in-4°.

(2) *Handbuch bey dem Generalbasse.* etc. 1re partie, page 52.

(3) *Ibid.* page 53.

par des additions de deux ou de trois tierces au-dessus des accords parfaits. Ainsi, deux tierces placées au-dessus de l'accord parfait majeur donnent l'accord de septième et neuvième majeure (ex. 1); deux tierces au-dessus de l'accord parfait majeur de la dominante produisent l'accord de neuvième majeure avec septième mineure (ex. 2); enfin, deux tierces mises au-dessus de l'accord parfait majeur de la dominante d'un ton mineur produisent l'accord de neuvième mineure de la dominante (ex. 3), etc.

501. Sans entrer dans de plus grands développements, il est facile de comprendre l'esprit de ce système. Son avantage sur celui de Rameau consiste à conserver aux harmonies la place qu'elles doivent occuper sur les degrés de la gamme, au lieu d'en chercher la formation sur des notes arbitraires. Marpurg écarte de sa théorie les considérations de proportions numériques et de phénomènes acoustiques; il les remplace par celle de la tonalité, ne conservant du système de son prédécesseur que la formation mécanique des accords dissonants par les additions de tierces; c'est pourquoi il qualifie lui-même sa théorie d'*éclectique,* dans sa préface. Mais ainsi que Rameau, il confond par ce procédé les accords dissonants naturels avec ceux qui ne peuvent naître que des circonstances de succession, et en fait autant de faits isolés dont il est impossible d'apercevoir *à priori* l'application. Cette formation mécanique des dissonances est absolument arbitraire, et n'a aucun rapport avec les procédés de l'art.

502. C'est cette même théorie qui a été reproduite récemment par Choron et M. Ad. de Lafage dans leur *Nouveau manuel complet de musique vocale et instrumentale*[1]. C'est aussi le même système que Choron avait pris pour base de sa classification d'accord dans ses *Principes d'accompagnement des écoles d'Italie*[2], avec quelques modifications empruntées au P. Sabbatini, dont il n'avait pas trop bien compris le livre[3]; puis il l'abandonna complètement dans le traité d'harmonie de ses *Principes de composition des écoles d'Italie,* publié quatre ans après, pour se rapprocher de la théorie de Catel; et enfin il revint en dernier lieu au système de Marpurg, qui vient d'être analysé, pour son *Manuel de musique,* dont il préparait la publication au moment de sa mort.

Le système de la formation des accords par des additions de tierces a été aussi reproduit en France dans ces derniers temps par M. Gérard, ancien professeur au Conservatoire de Paris[4].

503. En Italie, Testori est le seul harmoniste qui ait adopté le système de

(1) Paris, 1838, tom. 1ᵉʳ, 2ᵉ partie.
(2) Paris, Imbault, 1804, in-fol.
(3) *La Vera idea delle musicali numeriche segnature,* Venise, 1799, 1 vol. in-4°.
(4) *Traité méthodique d'harmonie.* Paris, Launer, 1833, un vol. in-fol.

Rameau dans son intégrité[1]. Calegari, Valotti et le P. Sabbatini n'ont emprunté à ce système que ce que Marpurg en avait tiré, et en ont fait un système nouveau que j'analyserai plus loin.

505 *bis*. Il serait aussi fatigant que peu utile de citer ici tous les traités de la science de l'harmonie dont les auteurs avaient pris pour base les principes de Rameau. La plupart ont été peu remarqués, et n'ont pas formé d'écoles particulières.

Toutefois je ne puis me dispenser de dire quelques mots d'un de ses sectateurs qui a fondé une école distincte : je veux parler de l'abbé Roussier, auteur du *Traité des accords et de leur succession, selon le système de la basse fondamentale* (Paris, 1764, in-8º). Ce livre est divisé en trois parties. Il y a peu de choses à dire des deux premières, car elles ne contiennent qu'une classification et une analyse des accords suivant les principes de Rameau. Je ferai seulement remarquer que bien qu'il eut peu d'habileté dans l'art d'écrire, et que son éducation première de musicien eut été négligée, Roussier montre beaucoup plus d'esprit de méthode que l'inventeur du système, et que le premier, en France, il a porté ses vues sur la considération si importante de la succession des harmonies. Mais la troisième partie a de quoi nous étonner, si nous considérons l'époque de sa publication, car l'abbé Roussier y propose l'introduction dans la musique d'un certain nombre d'accords inconnus jusqu'alors.

Il y a lieu de s'étonner que, dirigé par l'analogie et par le sentiment musical, qui était faible en lui, Roussier ait entrevu la possibilité du bon emploi de certaines harmonies que le génie de Mozart et d'un petit nombre de ses successeurs a su mettre en œuvre plus tard. C'est ainsi que l'accord de *sixte augmentée*, ou comme on disait alors *superflue*, le conduit par la loi du renversement à l'accord de tierce diminuée et de quinte juste, et à celui de sixte mineure avec quarte majeure ; c'est ainsi encore qu'en passant de l'accord de tierce diminuée et de quinte juste à celui de septième de la dominante, il conçoit la possibilité d'en altérer la tierce comme dans l'accord parfait.

S'il se fût borné aux altérations des intervalles des accords, soit primitifs soit modifiés par la prolongation ou par la substitution, il aurait rendu le plus grand service à l'avancement de l'art et de la science, et nous nous formerions l'opinion la plus favorable de son instinct, de son goût et de son expérience ; mais il n'en est point ainsi, car la barbarie de son oreille lui a fait imaginer d'autres harmonies intolérables où le sentiment de toute tonalité est anéanti.

Malgré ces défauts, le *Traité des accords* et le complément de cet ouvrage, que Roussier publia sous le titre de *L'harmonie pratique, ou Exemples pour le Traité des accords* (Paris, 1775, in-8º), auraient rendu d'éminents services en France à la théorie de l'harmonie, en appelant l'attention des musiciens sur la considération de la succession des accords que le système de Rameau avait fait oublier, si Roussier lui-même n'eût travaillé à faire perdre de vue ses ouvrages pratiques

---

(1) *La Musica ragionata espressa in dodici passegiate a dialogo famigliarmente*, etc. 4 parties. Vercelli, in-4º, presso G. Panialis, 1767-1782.

par un retour à une théorie des nombres appliqués à la musique, dont il donna la première indication dans les notes de ses *Observations sur différents points d'harmonie* (Paris, 1765, in-8°, pages 217 à 225), et qu'il a développée depuis lors dans d'autres ouvrages. Une conception obscure de la tonalité de la musique des anciens Grecs et des Chinois le conduisit à considérer ces nombres sous un point de vue mystérieux. Il se persuada que les progressions harmonique et arithmétique sont aussi fausses l'une que l'autre, et, n'admettant de la première que la proportion de la quinte $\frac{1}{3}$, il imagina une progression triple de quinte en quinte descendantes, représentée par ces nombres :

1. 3. 9. 27. 81. 243. 729. etc.

Laquelle, poussée jusqu'à la douzième quinte ou au treizième terme, donne le chiffre de 531, 441, expression, selon lui, du comma d'*ut* bémol à *si* ♮, qui est son point de départ. Cette progression peut se représenter en musique par cette suite :

Roussier en tire cette gamme qu'il considère comme fondamentale :

Le système de la progression triple a eu en France beaucoup de partisans, parmi lesquels on remarque La Borde, auteur de l'*Essai sur la musique* (Paris, 1780, 4 vol. in-4°).

304. Rameau, d'Alembert, qui a expliqué son système[1], et tous les sectateurs de la théorie de la basse fondamentale, s'étaient persuadés que cette théorie était puisée dans la nature, parce qu'elle tire son principe de l'accord parfait, et que cet accord est le produit de la résonnance d'une corde vibrante de longue dimension suffisamment tendue. Dès son origine, l'idée de la nécessité de chercher dans un phénomène acoustique le *criterium* de la science de l'harmonie était devenue un article de foi.

Dans le temps même où Rameau prenait le point de départ de sa théorie dans la résonnance multiple des harmoniques d'un corps sonore, Tartini suivait en Italie une direction opposée, ayant remarqué que deux sons aigus, à la tierce parfaitement juste l'un de l'autre, étant joués sur son violon, faisaient entendre un troisième son, qui formait avec eux l'accord parfait. Ce phénomène était aussi dans la nature : il servit de base à Tartini pour formuler une théorie qui était l'inverse de celle de Rameau, bien qu'elle conduisit à certains

____

[1] *Éléments de Musique théorique et pratique suivant les principes de M. Rameau.* Paris, 1752, 1 vol. in-8°.

résultats identiques à ceux qu'avait trouvés le musicien français. Le système de Tartini étant presque exclusivement spéculatif et ne présentant que d'insignifiantes applications pratiques, n'a pas formé d'école proprement dite et n'est pas de nature à être analysé ici. Ceux de mes lecteurs qui désireront le connaître, trouveront cette analyse dans mon *Esquisse de l'histoire de l'harmonie* [1].

505. Après les travaux de quelques harmonistes allemands et français de la fin du dix-huitième siècle et du commencement du dix-neuvième, on croyait que l'idée d'une théorie de l'harmonie tirée de phénomènes d'acoustique était abandonnée ; mais nous l'avons vue reparaître dans ces derniers temps, et les auteurs de systèmes de ce genre ayant découvert ou ayant cru découvrir dans des corps sonores de diverses formes et dimensions, des rapports harmoniques différents de ceux qu'on avait remarqués dans la résonnance d'une corde mise en vibration, se sont persuadés qu'ils avaient trouvé les moyens de compléter le système de la nature, dont on n'avait auparavant qu'un des éléments.

C'est ainsi que, récemment, M. le baron Blein, auteur de *Principes de mélodie et d'harmonie déduits de la théorie des vibrations* [2], n'a point hésité à déclarer illusoires toutes les théories d'harmonie et de composition qui ne reposent que sur le témoignage du sens musical et de la conscience. Il s'en explique nettement dans son introduction et dans plusieurs endroits de son livre. « La méthode de Fuchs (dit-il), qui m'a été indiquée comme la meilleure, les leçons de Bemetzrieder, rédigées par Diderot, les principes de Rameau, analysés par d'Alembert, et plusieurs autres ouvrages qui me sont tombés sous la main, ne m'ont nullement satisfait à cet égard (les règles de l'harmonie et du contrepoint), et *j'ai cherché des principes plus certains dans les phénomènes produits par des corps sonores de diverses formes et dimensions.* » Or, les éléments ne lui ont pas manqué ; car, avec la corde métallique tendue et pincée, il avait l'accord parfait du mode majeur ; la percussion d'un cylindre de fer d'un mètre de longueur et de quinze millimètres de diamètre, lui faisait entendre l'accord de quarte et sixte dérivé d'un accord parfait du mode mineur ; la mise en vibration d'un plateau de verre ou de métal, triangulaire-équilatéral, lui fournissait la dissonance de seconde ; enfin, dans la percussion de divers points d'un plateau carré, il trouvait le rapport de deux sons qui font entendre le triton. Certes, voilà bien tous les éléments de l'harmonie naturelle consonnante et dissonante.

Soumettant ces faits au calcul, M. le baron Blein en a tiré une théorie nouvelle des vibrations que je n'ai point à examiner ici, parce que mes analyses n'ont pour objet que les systèmes de génération et de classification des accords. Je dirai seulement que cette théorie ne conduit pas son auteur à la formation d'une gamme et d'une tonalité, écueil de tous les systèmes qui ont pour base le calcul et les expériences d'acoustique ; mais à une échelle chromatique, négation de toute gamme et de toute tonalité.

L'exposé du système de formation des accords de M. Blein, déduit de sa théo-

---

(1) Paris, 1841, 1 vol. in-8°, p. 94-102, et *Gazette musicale de Paris* (ann. 1840, n° 63, p. 535-538).
(2) Paris, Bachelier, 1832. 1 vol in-8.

rie des vibrations, se refuse à l'analyse ; il faut le voir dans son ensemble au livre même dont il est l'objet pour s'en former une idée. Il me suffira, pour faire comprendre à quelles erreurs l'esprit de système a conduit l'auteur de ce livre, de présenter quelques exemples de ce qu'il appelle des successions harmoniques. Je les choisis dans le tableau (D) qu'il en a donné, particulièrement dans les successions que M. Blein appelle *dissonances sauvées* [1].

Telle est la musique que M. Blein a trouvée dans la nature, et qu'il a déduite du calcul basé sur des faits acoustiques. Ne nous étonnons pas, d'après cela, du profond dédain qu'il professe pour l'art enseigné par les harmonistes.

CHAPITRE II.

SYSTÈMES BASÉS SUR LA PROGRESSION ARITHMÉTIQUE ET L'ÉCHELLE CHROMATIQUE.

506. Au moment où les musiciens français commençaient à se préoccuper de la science de l'harmonie et de la basse fondamentale, une autre théorie, d'abord peu remarquée, mais reproduite plus tard sous diverses formes, vit aussi le jour sur le sol de la France. Levens, maître de musique de la cathédrale de Bordeaux, fut le premier qui la fit connaître dans un livre intitulé : *Abrégé des règles de l'harmonie pour apprendre la composition, avec un nouveau projet sur un système de musique sans tempérament, ni cordes mobiles* (Bordeaux, 1743, in-4° de 92 pages). Levens prouve dans la première partie de cet ouvrage qu'il était bon musicien

---

(1) Je prie le lecteur de croire que le livre d'où je tire ces exemples d'accords et de modulations est sérieux, et j'espère qu'il ne doutera pas de mon exactitude dans mes citations. Il est bon de remarquer au surplus que M. Blein est non-seulement un ancien officier général du génie, qui a fait ses études de mathématiques à l'École des Ponts et Chaussées de Paris, mais qu'il est musicien, et qu'il joue du violon.

et qu'il écrivait avec plus de correction que la plupart des auteurs de traités de musique. Cette première partie est relative à la pratique de l'harmonie, telle qu'elle était connue de son temps en France, et suivant la doctrine de Rameau, que l'auteur n'entend pas toujours, et qu'il contredit quelquefois. La seconde partie du livre offre plus d'intérêt par le projet d'un nouveau système dans lequel Levens se montre inventeur, ainsi qu'il le dit lui-même ; car le premier il substitue la progression arithmétique à la progression harmonique employée jusqu'à lui pour la génération des intervalles.

Il avait remarqué que la progression harmonique ne peut engendrer une gamme complète, la quatrième note n'en étant pas nécessairement le produit ; car, dit-il, aucun des nombres de cette progression ne saurait en trouver d'autre qui soit avec lui dans la proportion de 4 à 3, qui est celle de la quarte. Cette considération le conduit à proposer d'avoir recours à la progression arithmétique, conjointement avec la progression harmonique poussée jusqu'au 10ᵉ terme, celle-ci en montant, l'autre en descendant. Il divise d'après cette progression deux cordes : la première lui donne une série ascendante de sons dont les intervalles sont ceux des sons naturels du cor et de la trompette.

Exemple de progression ascendante :

ut   ut   sol   ut   mi   sol,   si ♭,   ut,   ré,   mi.
1,   1/2, 1/3, 1/4, 1/5, 1/6,   1/7,   1/8, 1/9, 1/10.

Procédant d'une manière inverse pour la deuxième corde, au moyen de la progression arithmétique, il trouve une série descendante qui lui donne le quatrième degré et le sixième baissé d'un demi-ton.

Exemple de la progression descendante :

ut,   ut,   fa,   ut,   la ♭,   fa,   ré,   ut,   si ♭,   la ♭.
1,   2,   3,   4,   5,   6,   7,   8,   9,   10.

Levens trouve dans son système trois tons différents, savoir le *ton majeur*, dans la proportion de 7 à 8 ; le *ton parfait*, dans celle de 8 à 9 ; enfin, le *ton mineur*, comme 9 à 10. Par l'expérience qu'il en a fait, dit-il, il résultait de cette diversité de tons, une variété fort agréable. Pour compléter l'échelle chromatique, il ne lui restait plus qu'à diviser le ton majeur en deux tons inégaux, dans les proportions de 14 : 15 et 15 : 16 ; le ton parfait en deux autres demi-tons moyens dont les proportions sont 16 : 17, et 17 : 18 ; enfin le ton mineur en deux demi-tons minimes comme 18 : 19, et 19 : 20.

Le défaut capital de ce système, défaut qui le fait crouler par sa base, c'est, d'une part, qu'il ne répond à la constitution d'aucune tonalité, et, de l'autre, que les intervalles ne coïncident pas aux diverses octaves pour leurs proportions, et conséquemment affectent l'oreille de sensations fausses ; par exemple, aux deux extrémités de l'échelle on trouve d'un côté la distance d'*ut* à *ré* représentée par un *ton majeur*, et de l'autre par un *ton parfait*. Mais ces difficultés n'arrêtent point Levens et ne l'empêchent pas de construire, par la progression harmonique, un accord de septième mineure (*ut, mi, sol, si* bémol) sur la tonique, quoique la note qui forme la septième ne soit point du ton ; un accord de quinte et sixte (*ut, mi, sol, la*) sur la même note, quoique cet accord ne s'y rencontre jamais ; un accord de septième de la dominante (*sol, si, ré, fa*), oubliant que cette dernière note n'existe pas dans les dix premiers termes de la progression harmonique, et que celle qu'il lui substitue n'est pas le véritable quatrième degré du ton ; l'accord de quinte et sixte (*fa, la, ut, ré*), bien que les deux premières notes de cet accord lui manquent également dans la progression harmonique des dix premiers termes ; enfin, l'accord de septième de dominante par la progression harmonique, quoique la tierce de cette dominante soit formée par une note moins élevée que la note sensible véritable.

507. Ballière, géomètre de l'académie de Rouen, et Jamard, chanoine régulier de Sainte-Geneviève, à Paris, s'emparèrent plus tard des idées de Levens, et les développèrent, le premier, dans un livre intitulé : *Théorie de la musique* [1] ; l'autre, dans des *Recherches sur la théorie de la musique* [2] ; mais les travaux de ces deux savants ayant un caractère tout spéculatif, et n'ayant point abouti à une théorie pratique de l'harmonie, je ne crois pas devoir m'en occuper ici. Les lecteurs qui désireraient en voir l'analyse, la trouveront dans mon *Esquisse de l'histoire de l'harmonie* [3].

THÉORIE DE SORGE.

508. Deux ans après que l'ouvrage de Levens eut paru, Sorge, organiste à Lobenstein, mathématicien instruit et musicien distingué, publia aussi une théorie dont la progression arithmétique est la base ; mais il le fit en homme supérieur qui dans ses calculs ne perd pas de vue l'objet principal, c'est-à-dire, la constitution d'une science conforme à l'art. Il fut le premier harmoniste allemand qui se rallia à la pensée de Rameau sur la nécessité d'une base scientifique pour les procédés de l'art. Euler l'avait précédé à la vérité dans cette carrière ; mais la théorie de celui-ci est si étrangère à ce même art, qu'elle n'est considérée aujourd'hui que comme l'erreur d'un grand homme [4]. Le livre dans lequel Sorge a exposé son système a pour titre : *Vorgemach der musikalischen Composition*, c'est-à-dire, *Antichambre de la composition musicale*, ou instruction détaillée, régulière et suffisante pour la pratique actuelle de la basse continue [5].

Divisant, comme tous les musiciens, les accords en consonnants et dissonants, il considère comme consonnant tout accord qui n'est composé que de

(1) Paris, Didot, 1764, in-4°.
(2) Paris, 1769, 1 vol. in-8°.
(3) Pages 105-110.
(4) Voyez l'analyse de cette théorie dans mon *Esquisse de l'histoire de l'Harmonie*, pages 74-91, et dans la *Gazette Musicale de Paris* (ann. 1840, n° 52).
(5) Lobenstein, 1745, 1 vol. in-4°

trois sons, à des intervalles de tierce, de quarte, de quinte ou de sixte de diverse nature.-Plusieurs de ces accords n'étant pas le produit de la progression harmonique pure, il a recours à la progression arithmétique, dans laquelle il trouve les expressions approchées de ces mêmes accords; mais il la pousse beaucoup au-delà du dixième terme où s'était arrêté Levens; les rapports 4 : 5 : 6 lui donnent l'accord parfait majeur, et il remarque (ch. VI, p. 14) que des expériences de divers genres prouvent que cet accord existe dans la résonnance de plusieurs corps sonores. La progression arithmétique lui fournit l'accord parfait mineur (ch. VII, p. 16), et dans les sons naturels de la trompette

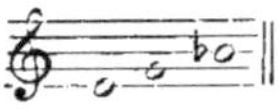

il trouve l'accord de tierce et quinte mineure (accord parfait diminué), qu'il appelle *trias deficiens* (ch. VIII, p. 18). La progression arithmétique, poussée jusqu'à des termes élevés, fournit à Sorge les accords parfait avec quinte augmentée (ch. IX, p. 20), et parfait avec tierce diminuée.

509. Dans la seconde partie de son livre, il traite des accords de sixte et de quarte et sixte, dérivés des accords précédents, qu'il appelle *fondamentaux* (Haupt-Accords); mais, dans cette distinction des accords fondamentaux et dérivés, il ne fait pas mention de Rameau, à qui elle appartient, et n'appelle pas l'attention de ses lecteurs sur ce qu'il y a d'important dans la considération du renversement.

510. La troisième partie du livre de Sorge est consacrée aux accords dissonants. Les sons de la trompette et la progression géométrique lui fournissent l'accord de septième mineure 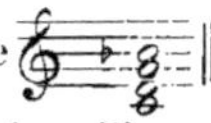 , qui n'est pas, il est vrai, l'accord de septième de la dominante, mais qu'il considère comme tel par la transposition. Il forme les autres accords de septième en ajoutant cette dissonance, 1º à l'accord parfait mineur ; 2º à l'accord de tierce mineure et quinte ; 5º à l'accord parfait avec quinte augmentée ; 4º à l'accord parfait avec tierce diminuée. La progression arithmétique lui fournit des nombres pour tous les intervalles de ces harmonies.

510 *bis*. Tous ces accords et ceux qui en dérivent sont rangés par Sorge parmi ceux où la dissonance est naturelle, c'est-à-dire s'attaque sans préparation : quant aux autres dissonances, elles lui paraissent rentrer dans la catégorie des notes de passage ou de prolongations. Remarquons bien ceci, car nous voici arrivés à l'un des faits les plus importants de l'histoire de l'harmonie : c'est la seconde époque des découvertes réelles faites dans cette science, et la gloire de cette découverte appartient à l'humble organiste de Lobenstein, méconnu jusqu'à ce jour par tous les historiens de la musique. Pour la première fois, il est établi par lui qu'un accord dissonant existe par lui-même, abstraction faite de toute modification d'une autre harmonie : il constate de plus que cet accord est absolument différent des autres harmonies dissonantes. Il est vrai qu'il se trompe en accordant le même caractère à l'accord de septième mineure ou la dissonance est, selon lui, ajoutée à l'accord parfait mineur, quoique cet accord ne se

forme et ne s'emploie que comme un produit de la prolongation et d'un autre genre de modification dont il sera parlé plus loin. Mais si l'aspect de la régularité dans la formation des accords a pu égarer Sorge, il n'en a pas moins saisi le caractère fondamental de l'accord de septième dominante et de la tonalité moderne : en cela il mérite de prendre place dans l'histoire de la science harmonique immédiatement après Rameau qui, le premier, avait aperçu les bases de cette science et les avait posées dans la considération du renversement des accords. A l'égard de ses erreurs concernant la réalité de la progression arithmétique pour la formation des harmonies fondamentales, nous n'en devons pas tenir plus de compte que de la formation des mêmes accords par les additions de tierces de Rameau.

SYSTÈME DE VALOTTI ET DE L'ÉCOLE DE PADOUE.

311. Repoussée par tous les partisans du système de la basse fondamentale, la progression arithmétique était aussi considérée par les géomètres comme impuissante à produire une bonne théorie de l'harmonie. Ceux-ci lui refusaient même la qualité de progression véritable, parce qu'elle procède par une suite de nombres dont les différences sont égales, ce qui ne constitue pas une véritable proportion.

Frappé sans doute de l'apparente régularité du système de Levens, qu'il ne cite cependant pas, le P. Valotti, savant maître de chapelle de Saint-Antoine de Padoue, formula une théorie générale de l'harmonie et de la composition, dont la progression arithmétique devint un élément constitutif. Dans la première partie de son travail, la seule qui a été imprimée [1], il s'attache à défendre cette progression contre les critiques dont elle est l'objet (chap. x, p. 53), et établit qu'elle est une progression aussi bien que l'harmonique, qu'elle est inverse de celle-ci, et que leurs termes extrêmes sont les mêmes [2].

312. Rameau avait établi dans son *Traité de l'harmonie* que les dissonances qui ne sont pas contenues dans les limites de l'octave ne sont pas susceptibles de renversement : en cela il n'avait admis que les principes de toutes les écoles et de la pratique des meilleurs compositeurs. Mais Valotti lui reproche avec raison d'avoir méconnu lui-même ce principe en créant des accords de neuvième et de onzième, au moyen d'une et de deux tierces en dehors des limites qu'il avait marquées. Il pose en fait qu'il n'y a point de renversements d'accords proprement dits, mais des compléments d'octaves et renversements de rapports

____

(1) *Della scienza teorica, e pratica della moderna musica, libro primo,* in Padova, 1779, 1 vol. in-4°.

(2) Sono fra di loro inverse le due proporzioni armonica, ed aritmetica, poichè in ambedue veggonsi fra i medesimi estremi le stesse ragioni inversamente collocate; cioè nell' armonica la maggiore nel grave, e la minore nel acuto, mentre per l'opposto nell' aritmetica trovasi nel grave collocata la minore, e la magg ore nell' acuto. Dati dunque tre termini consonanti in proporzione armonica : siccome anche inversi, ed in proporzione aritmetica sono tuttavia consonanti ; perciò di questa proporzione conviene trattare, per esser anch' essa, non per un sol titolo, famigliare alla musica, come in appresso si vedrà, parlando de' modi, delle cadenze, della relazione che fra di loro serbano alcune proporzioni, etc.

numériques par la progression double, harmonique et arithmétique (chap. xxxix, p. 117). Quoi qu'il en dise, cette distinction ne peut excuser les renversements de neuvième par la septième, dont il offre des exemples dans plusieurs combinaisons, entre autres, celui-ci :

Cette théorie erronée le conduit à un faux renversement de l'accord de septième par celui de neuvième et quarte, dans cet autre exemple :

au lieu de ce renversement réel :

Tel est le système bizarre, opposé à tout bon sentiment d'harmonie et à la pratique de toutes les écoles, que Valotti avait développé dans des traités d'harmonie et de contrepoint; mais sa mort, qui suivit de près la publication de son premier livre, ne lui laissa pas le temps de mettre les autres au jour.

313. Il ne faut pas croire, toutefois, que Valotti n'admit pas dans l'harmonie les diverses dispositions des notes d'un accord dissonant direct dans les dérivés, mais il ne les considérait précisément que comme des changements de dispositions, et ne croyait au renversement absolu que dans la forme qu'on vient de voir.

314. Le P. Sabbatini, son successeur, avait été élève du P. Martini; mais, plus tard, il devint celui de Valotti et adopta son système, au moins en partie, car il avance aussi que la neuvième renversée produit la septième, dans le livre qui a pour titre : *la Vera idea delle musicali numeriche segnature* (chap. vi, p. 78). La méthode exposée dans ce livre étant purement empirique, il n'y faut pas chercher une vue générale de construction systématique; les faits y sont constatés par leur existence, mais sans recherche de leur origine. Ainsi Sabbatini trouve l'accord parfait majeur sur la tonique, l'accord parfait mineur sur le sixième degré, et une progression de ces accords, par une suite de mouvements de basse descendant de quinte et montant de quarte, le conduit à l'accord de tierce mineure et quinte mineure qui se fait sur le septième degré. En ce qui concerne ce dernier accord, il a montré plus de sagacité que tous ses devanciers; car ceux-ci le considéraient comme un accord naturel à la place qu'il occupe, tandis que Sabbatini, ou plutôt Valotti, a très bien vu que cet accord, qui ne répond à aucune condition tonale des modes majeur ou mineur, ne se fait que par analogie dans une

progression d'accords parfaits non modulante. Il est remarquable que des harmonistes plus modernes se sont montrés moins avancés sur ce point. A l'égard de l'harmonie dérivée de la fondamentale, Valotti et Sabbatini suivaient la doctrine de Rameau.

515. Considérant l'échelle chromatique comme une gamme réelle, ces auteurs ne présentent pas comme des altérations des intervalles naturels des accords parfaits majeur, mineur et diminué, la quinte augmentée, la tierce diminuée, ni les autres intervalles modifiés des accords consonnants; mais comme un emploi arbitraire d'intervalles qui ont tous leur place dans cette échelle chromatique.

516. Passant ensuite aux accords dissonants, Sabbatini les construit par addition d'intervalles aux accords parfaits majeur, mineur et diminué. Ainsi l'addition d'une tierce majeure au-dessus de l'accord parfait majeur de la tonique lui donne un accord de septième majeure *ut, mi, sol, si,* qu'il considère comme le premier en ordre. De même, l'addition d'une tierce mineure au-dessus de l'accord parfait mineur du sixieme degré fait naître un accord de septième mineure, *la, ut, mi, sol.* Il tire de ces deux accords fondamentaux, par le renversement, les accords de quinte et sixte, de tierce, quarte et sixte, et de seconde. Enfin, une tierce majeure ajoutée au-dessus de l'accord de tierce et quinte mineures engendre l'accord de septième de sensible *si, ré, fa, la.* Sabbatini dit ensuite (*la Vera idea delle music. num. segnat.*, art. V, p. 52) qu'il y a un autre accord de septième mineure qui se fait sur la quinte de la note principale du ton, et qui est composé de tierce majeure, quinte juste et septième mineure, comme *sol, si, ré, fa.* Celui-là, dit-il, diffère des autres en ce qu'il n'a pas besoin d'être préparé, tandis que la dissonance des autres doit toujours être entendue précédemment dans l'état de consonnance.

On voit que l'absence d'une bonne classification des accords primitifs jette ici l'auteur de ce système dans une grande confusion d'idées, et que l'ordre logique que nous avons vu chez les auteurs des systèmes les plus erronés ne se rencontre plus ici. Car, qu'est-ce que cet accord de septième qui se trouve placé en dehors du système de génération pratique adopté par cet auteur, qui a des conditions différentes pour son emploi, et qui ne leur ressemble que par la nécessité de résoudre la dissonance en descendant? et comment se fait-il qu'ayant trouvé par la pratique que cet accord dissonant n'avait pas besoin de préparation, Valotti et Sabbatini n'en aient pas conclu qu'il était accord constituant de la tonalité, aussi bien que les accords parfaits majeur et mineur? Comment, enfin, la nécessité de préparer les dissonances des autres accords de septième ne leur a-t-elle pas fait voir que ces accords avaient une autre origine que des additions de tierces à des accords parfaits? Bien d'autres imperfections résultent de ce système; mais je me hâte d'arriver aux singularités qui ont fait rejeter ce système par les écoles puristes de l'Italie, sous le rapport de la pratique.

L'addition d'une tierce mineure au-dessus de l'accord parfait diminué du mode mineur conduit Valotti et Sabbatini à l'accord de septième diminuée; la même addition au même accord avec tierce chromatique ou diminuée produit l'accord de septième diminuée avec tierce diminuée (*ré ♯ fa, la, ut*); enfin, l'addition d'une tierce mineure au-dessus de l'accord parfait augmenté donne naissance à l'accord de septième majeure avec quinte augmentée (*ut, mi, sol ♯, si*). Toutes les harmonies dérivées de ces accords sont formées par le renversement.

517. Jusque-là, si la théorie est peu satisfaisante, les exemples pratiques d'harmonie du livre de Sabbatini sont conformes à ce qui se fait dans l'école moderne; mais voici une nouvelle partie insolite où l'oreille est blessée d'associations étrangères de sons dont les mouvements ne sauraient donner la sensation de dissonances résolues, attendu que les notes sur lesquelles se font les résolutions sont déjà entendues dans l'accord. Ainsi, dans l'accord parfait *ut, mi, sol, ut,* dont il redouble même les intervalles, Sabbatini dit qu'on ajoute la neuvième, en sorte que l'accord qu'il présente est sous cette forme :

Suivant les principes de son maître, il présente les dérivés sous les formes suivantes, et fait le complet renversement par un accord de seconde quarte et septième.

EXEMPLES :

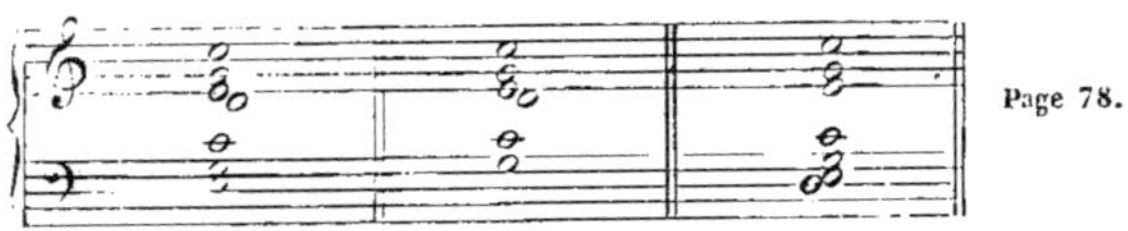

C'est encore ainsi que Sabbatini, d'après Valotti, ajoute une dissonance de onzième à l'accord parfait majeur ou mineur dont les intervalles sont redoublés; l'accord, ainsi composé, se présente sous ces formes dans sa disposition primitive, dans ses dérivés et dans son renversement complet :

Enfin, poussant le système jusqu'à ses dernières limites par l'addition de la neuvième, de la onzième, de la treizième, qu'il appelle *sixte dissonante*, et de la quatorzième ou septième redoublée, à l'accord parfait, avec les dérivés et les renversements des trois dissonances, conformément à la théorie de Valotti, Sabbatini présente ces accords sous les formes suivantes :

Ces harmonies si dures, si dénuées de moyens de bonnes résolutions, n'ont été imaginées par un savant musicien, élevé dans des principes plus purs, que par esprit de système, et parce qu'il n'a pas compris le mécanisme de la prolongation qui retarde les intervalles naturels des accords. S'il eût suivi la théorie de ce mécanisme, il aurait vu que par cela seul qu'une note est retardée dans un accord, elle n'y peut être entendue en même temps que le retardement, et, conséquemment, qu'au lieu de composer l'accord de neuvième de *ut, mi, sol. ut, ré,* il devait le former de *ut, mi, sol, ré,* retardant *ut, mi, sol, ut.* Dès lors, il eût évité toutes les horreurs harmoniques qu'il présente comme des dérivés de son harmonie primitive. De même, le principe du retardement lui eût fait voir que sa onzième prétendue n'est qu'une quarte ; que cette quarte retarde la tierce, et, conséquemment, que la tierce et la quarte ne peuvent se faire entendre ensemble. Ainsi, au lieu d'avoir un accord composé de *ut, mi, fa, sol, ut,* qui ne se rencontre dans aucune pièce de musique bien écrite, il aurait eu *ut, fa. sol, ut,* retardant *ut, mi, sol, ut,* et ses harmonies dérivées eussent eu la même régularité. Il en est de même du dernier exemple, où toutes les agrégations les plus intolérables sont accumulées.

Je n'ai pas besoin de pousser plus loin l'examen de cette bizarre théorie pour faire comprendre ce qui souleva contre elle tout ce qu'il y avait de compositeurs distingués en Italie, quand les élèves de Valotti commencèrent à la répandre. Elle a eu cela de particulier, que c'est la seule qui ait eu la prétention de réformer l'art d'écrire ; car tous les autres systèmes n'avaient eu pour objet que de donner des explications plus ou moins fausses des faits, plus ou moins rapprochées de la vérité, ou de créer de simples hypothèses spéculatives.

SYSTÈME DE L'ABBÉ VOGLER ET DE SON ÉCOLE.

318. L'auteur de ce système avait fait dans sa jeunesse un voyage en Italie, et avait appris de Valotti les éléments du système de ce savant musicien. Sans l'adopter entièrement, il partagea les idées du maître concernant l'utilité de la progression inverse, harmonique et arithmétique, et en déduisit la conséquence d'une échelle chromatique, comme base de la mélodie et de l'harmonie. Ayant institué une école de musique à Mannheim, en 1776, il fit paraître dans la même année une sorte de manifeste des principes qu'il y enseignait, dans un livre intitulé : *Tonwissenschaft und Tonsetzkunts* (la Science de la musique et de la composition), suivi d'une sorte de commentaire de ces principes, qui parut sous le titre de *Churpfalzische Tonschule* (Ecole de musique du Palatinat, Mannheim, 1778), et d'un journal des progrès de l'école par la nouvelle méthode, intitulé : *Betrachtungen der Mannheimer Tonschule* (Examen de l'école de musique de Mannheim). Voici en quoi consiste le système imaginé par Vogler.

319. Prenant une corde qu'il divise harmoniquement d'une part, et dans une progression arithmétique de l'autre, il en tire les intervalles harmoniques et diatoniques dans les notes graves et moyennes, conformément à la construction acoustique de la trompette et du cor, et les intervalles chromatiques dans les notes aiguës. Comme Levens, il établit trois tons dont les proportions sont différentes, savoir : un ton majeur de *si* ♭ à *ut*, dans la proportion de 7 : 8 ; un ton moyen d'*ut* à *ré*, comme 8 : 9, et un ton mineur de *ré* à *mi*, comme 9 : 10 (*Tonwissenschaft*, pag. 122, 125). La progression arithmétique, poussée jusqu'au trente-deuxième terme, donne à Vogler une échelle chromatique, une gamme majeure par les notes *ut, ré, mi, fa, sol, la, si ;* une gamme mineure, et enfin une gamme enharmonique d'*ut* ♯ et *ré* ♭, *ré* ♯ et *mi* ♭, *mi* ♯ et *fa* ♮, etc.

320. Vogler tire également de la division de sa corde, par la progression arithmétique, l'accord parfait majeur *ut, mi, sol;* l'accord parfait mineur *sol, si* ♭, *ré;* l'accord de tierce et quinte mineure *mi, sol, si* ♭; l'accord de septième mineure avec tierce majeure *ut, mi, sol, si* ♭; l'accord de neuvième majeure *ut, mi, sol, si* ♭ *ré;* l'accord de septième mineure avec quinte mineure *mi, sol, si* ♭, *ré;* enfin, toutes les harmonies, sans en excepter celles dont les intervalles sont en général désignés sous le nom d'*altérations*. Il ne s'agit donc plus, suivant l'auteur du système, que de mettre chacune de ces harmonies sur le degré où elle est le plus convenablement placée. Ce serait sans doute une difficulté radicale à l'égard de la tonalité, si Vogler admettait des formules de tonalité qui déterminassent expressément la place de chacune, en raison de certaines fonctions de successions; mais il n'oublie pas que la progression arithmétique lui a donné non une gamme, mais une échelle chromatique, et, fidèle à son principe, il établit que tous les accords possibles, fondamentaux ou dérivés, se font sur toutes les notes de cette échelle; et, quoiqu'il soit obligé de se conformer à l'usage, et d'établir des tons d'*ut*, de *ré*, de *mi* ♭, de *fa*, etc., il veut que, dans ces tons, toute note qui ne semble pas leur appartenir, toute harmonie qui leur est étrangère, puisse trouver place, sans qu'il en résulte de véritables modulations, à moins qu'un acte de cadence ne constitue le ton nouveau.

321. D'après cet exposé, on voit que l'abbé Vogler plaçait l'accord parfait sur tous les degrés des gammes majeure et mineure.

EXEMPLES :

Il trouve sur l'échelle chromatique l'accord parfait avec quinte augmentée (ex. 1), l'accord de tierce diminuée et quinte diminuée (ex. 2), enfin l'accord de tierce majeure et quinte diminuée (ex. 3).

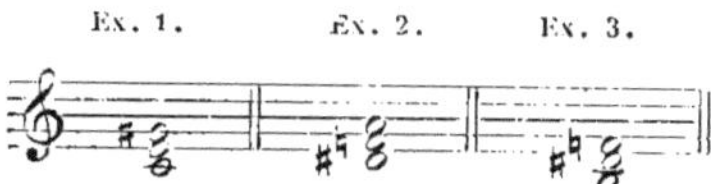

322. La septième ajoutée à chacun des accords de trois sons des deux gammes, donne sur tous les degrés de ces gammes des accords de septième dont la nature des intervalles est en raison des degrés qu'ils occupent.

EXEMPLES :

L'échelle chromatique fournit à Vogler l'accord de septième mineure avec quinte augmentée (ex. 1), celui de septième majeure avec quinte augmentée (ex. 2), celui de septième diminuée avec tierce diminuée (ex. 3), enfin l'accord de septième mineure avec tierce majeure et quinte diminuée (ex. 4).

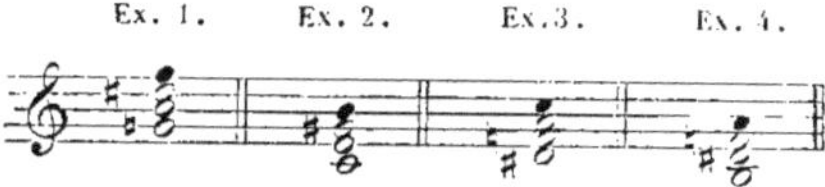

Chacun de ces accords a des dérivés et se renverse conformément à la nature de ses intervalles.

323. La septième et la neuvième ajoutées à chacun des accords de tierce et quinte des deux gammes majeure et mineure, donnent sur tous les degrés de ces gammes des accords de neuvième complets, dont la nature des intervalles est en raison des degrés qu'ils occupent.

EXEMPLES :

Ces accords ont des dérivés et se renversent conformément à la **théorie de Valotti** et de **Sabbatini**, c'est-à-dire, la neuvième par la septième.

L'**échelle chromatique** engendre l'accord de neuvième majeure avec quinte augmentée.

EXEMPLE :

On ne comprend pas quelle timidité a empêché Vogler d'ajouter la neuvième aux accords de septième altérés des exemples 1, 3, 4 du § 521.

524. L'addition d'une dissonance de onzième à chacun des accords de tierce et quinte, qu'il place sous toutes les notes de la gamme, fournit à **Vogler** autant d'accords dissonants qui se présentent sous ces formes :

Ces accords faux, qui ne proviennent originairement que de retards de tierce par la quarte, et dans lesquels la tierce ne devrait pas être conséquemment conservée, sont renversés par Vogler, conformément à la doctrine de Valotti dans ces harmonies horribles :

La réunion de la neuvième à la onzième sur les accords consonnants complets produit ces accords plus choquants encore :

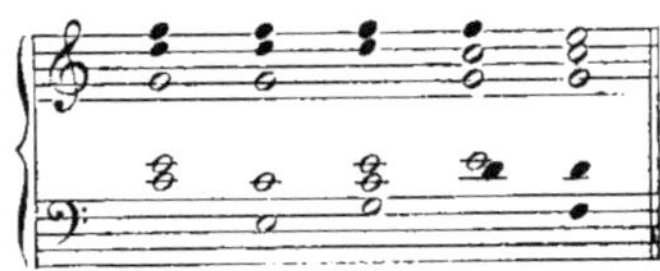

525. Une semblable théorie est la négation de toute théorie véritable, car elle

réduit l'art et la science à une collection de faits absurdes, sans liaison, et opposés au sentiment d'une bonne harmonie. Les lois de la création harmonique sont anéanties dans ce dédale d'accords hétérogènes. En vain Kaecht, élève de Vogler, a-t-il fait des efforts pour établir ces lois, sans démentir le système de son maître, dans son livre intitulé : *Traité élémentaire de l'harmonie et de la basse continue*[1] ; il n'a pu y parvenir.

525. Quelques systèmes d'harmonie publiés de nos jours semblent avoir pris leur origine dans celui de Vogler, bien que leurs auteurs aient écarté toute considération de progression numérique, et qu'ils aient rejeté les renversements des accords de neuvième et de onzième qu'il avait empruntés à Valotti.

Au nombre de ces systèmes, je remarque principalement ceux de M. Frédéric Schneider, maître de chapelle de la cour de Dessau, et de M. Jelensperger, professeur d'harmonie au Conservatoire de Paris, mort à la fleur de l'âge.

525 *bis*. M. Schneider a exposé sa théorie dans un livre intitulé : *Traité élémentaire d'harmonie*[2]. D'après le principe fondamental de cette doctrine, l'accord parfait et l'accord de septième se font sur toutes les notes de la gamme. Ils s'y présentent, à l'égard de la nature de leurs intervalles, conformément à la nature du ton et du mode, et ont, en raison de la note où ils sont placés, la tierce ou majeure ou mineure, la quinte juste ou diminuée (mineure), la septième majeure ou mineure. Il en est de même pour l'accord de neuvième. Il ne s'agit plus, pour compléter la nomenclature des accords, que d'en altérer les divers intervalles.

526. Quoique plus simple en apparence et plus naturelle que la théorie de Vogler, celle-ci n'en est pas moins une de ces conceptions excentriques où il ne s'agit pas seulement d'une fausse classification des accords, mais d'un emploi de ces accords contraire au sentiment vrai de l'harmonie, aux traditions de l'art pur. En admettant, dans le sens le plus absolu, que les accords de septième et de neuvième ne sont que des accords consonnants auxquels on ajoute une ou deux tierces, M. Schneider semble s'être persuadé que ces accords, bien que dissonants, ont, dans leur emploi, toute la liberté de l'accord parfait, comme on peut le voir par ces exemples qu'il donne de leur enchaînement (page 22).

(1) *Elementarwerk der Harmonie und des Generalbasses*, Augsbourg, 1792 — 1798, in-4°, Munich, 1814, in-4°.

(2) *Elementarbuch der Harmonie und Tonsetzkunst*, Leipsick, 1820, in-fol. obl., 2ᵉ édit.; Leipsick, 1827, in-fol. obl.

Dans ces progressions, M. Schneider assimile tous les accords de septième à celui de septième de la dominante, et tous les accords de neuvième à celui de neuvième du même degré; car il en fait disparaître la préparation, c'est-à-dire, la prolongation, qui en est l'origine. Il suit de là que non-seulement la classification est erronée, mais que l'emploi de ces accords est contraire à la bonne tradition de l'art. De semblables erreurs sont d'autant plus fâcheuses dans un livre didactique, que son auteur étant un compositeur très distingué, son autorité peut entraîner les jeunes harmonistes dans une funeste direction.

527. M. Jelensperger, auteur d'un livre intitulé *L'harmonie au commencement du XIXe siècle* [1], y développe un système éclectique plus conforme aux traditions de l'art.

Un accord, dit-il, est la réunion de deux, trois, quatre ou cinq notes différentes, prises dans une même gamme et pouvant être rangées de tierce en tierce. Par exemple :

Après avoir expliqué quelques détails de ce point de départ, il établit que l'accord de trois sons et celui de quatre se placent sur tous les degrés des deux gammes majeure et mineure, et que leurs intervalles constitutifs sont en raison du mode et du degré de la gamme où ils se trouvent. Les formules où il présente les notes des deux gammes ainsi harmonisées sont les suivantes :

(1) Paris, un vol. gr. in-8°.

Mais arrivant à la pratique, il n'admet plus que l'accord de septième du cinquième degré des deux modes et les dérivés sans préparation; pour tous les autres, il veut la préparation, ce qui n'est autre chose que la prolongation, à l'exception de celui du septième degré. Or, si la préparation ou la prolongation est indispensable pour ces accords de septième, c'est qu'elle en est l'origine; donc cette origine n'est pas une simple addition de tierce à un accord consonnant de tierce et quinte; donc ces accords n'ont pas d'existence isolée comme dans le tableau précédent.

528. M. Jelensperger n'a pas fait une faute semblable pour l'accord de neuvième, ou de cinq sons rangés par tierce; car il ne l'admet *à priori*, et pris isolément, que sur le cinquième degré des deux modes. Il se garde aussi du renversement de cet accord, admis dans la théorie de Valotti et de Vogler.

529. Dans tout le reste de sa théorie, M. Jelensperger traite de la prolongation et de l'altération des intervalles des accords suivant les principes de l'école où il a été élevé. S'il n'a pas compris le rôle du premier de ces genres de modification pour la création des accords de septième, c'est qu'il s'est aperçu de son insuffisance pour la formation de l'accord de septième du deuxième degré, et qu'il n'a pas connu l'autre genre de modification qui se réunit à celui-là pour engendrer cet accord. Dans son embarras, et ne pouvant séparer l'accord de septième du second degré des autres, il n'a rien trouvé de mieux que la classification de l'abbé Vogler.

CHAPITRE III.

550. Contemporain de Sorge et de Marpurg, Daube, musicien au service du roi de Würtemberg, se préoccupa comme eux de la nécessité d'une théorie systématique de l'harmonie; mais s'isolant de toute considération de nombres et de phénomènes d'acoustique, il ne conçut l'utilité de cette théorie qu'en la faisant conforme à la pratique. A vrai dire, celle qu'il publia sous ce titre : *l'Harmonie en trois accords, d'après les règles des auteurs anciens et modernes*[1], est moins une théorie qu'une classification d'accords, en raison de leurs fonctions dans la tonalité. Quoique cet ouvrage n'ait paru qu'en 1756, il était cependant terminé deux ans auparavant, ainsi que le prouve la préface, datée de Stuttgard, le 28 décembre 1754; Daube l'a conséquemment écrit avant de connaître le Manuel de la basse continue de Marpurg. Le livre de Sorge, publié neuf ans auparavant, ne paraît l'avoir occupé que sous le rapport pratique, soit qu'il fût trop étranger à la science du calcul pour le lire avec fruit, soit qu'il ait voulu simplement, comme il l'indique en plusieurs endroits, remplacer par un traité systématique les ouvrages empiriques et vieillis de Heinichen et de Mattheson.

Par le titre de l'*Harmonie en trois accords*, Daube entend trois accords fondamentaux, existant par eux-mêmes, comme des conséquences de la tonalité, et en vertu d'une loi de connexion intime de leurs intervalles constituants. Ces trois accords sont l'accord parfait, l'accord de septième de dominante, et l'accord de quinte et sixte du quatrième degré. Il y a loin de là à l'accord parfait unique de Rameau, et aux constructions des autres accords par des additions de tierces et des suppressions d'intervalles ; cependant il est évident que Daube a emprunté son accord du quatrième degré au *double emploi* de l'harmoniste français, comme il doit à Sorge, dont il ne parle pas, l'idée de l'existence primitive de l'accord de septième dominante. Enfin Rameau lui fournit aussi la théorie du renversement des accords fondamentaux. Daube n'explique pas le motif qui lui fait adopter comme fondamental l'accord de quinte et sixte plutôt que celui de septième du second degré; mais, d'après ce qu'il dit dans le deuxième chapitre, concernant la dissonance de seconde qui engendre la septième, et non la septième donnant naissance à la seconde, il y a lieu de croire que c'est ce motif qui lui a fait considérer l'accord de quinte et sixte comme fondamental, parce que l'intervalle de seconde s'y trouve entre la quinte et la sixte.

Les trois accords dont il vient d'être parlé paraissent à l'auteur du système constituer toute l'harmonie, parce que, dit-il (chap. III, pag. 20), eux et leurs dérivés suffisent pour accompagner tous les degrés de la gamme ascendante et descendante. Et pour le démontrer, il donne cette formule tonale avec des harmonies tirées de ces mêmes accords; mais quelques-unes de ces harmonies

(1) *Generalbass in drey Accorden, gegründet auf den Gesetze der alt und neuen Autoren*. Leipsick. 1756. 1 vol. in-4°

sont aussi mauvaises sous le rapport du sentiment de tonalité que sous celui de la succession des intervalles : par exemple, Daube place sur le sixième degré ascendant l'accord de tierce, quarte et sixte suivi de l'accord de quinte mineure et sixte sur le septième ; d'où il suit que la dissonance de l'accord du sixième degré n'a point de résolution possible. Cette faute, et l'accord de quarte et sixte, placé sur la dominante, qui prive ce degré de son accord de repos, rendent inadmissible la formule harmonique de l'auteur de ce système. Marpurg a critiqué avec vivacité cette gamme et beaucoup d'autres choses du livre de Daube, sous le voile de l'anonyme, dans le deuxième volume de ses Essais historiques et critiques (pag. 465).

531. Tous les autres accords, Daube les considère ou comme des prolongations complètes d'accords primitifs ou dérivés sur des actes de cadence, ou comme des altérations des intervalles naturels de ces accords; système dans lequel Sorge l'avait précédé.

Ne nous étonnons pas de l'erreur de Daube à l'égard de l'accord de quinte et sixte du quatrième degré, car cette harmonie, dérivée de certaines modifications dont il sera parlé plus tard, a été l'écueil de tous les harmonistes jusqu'à ce jour. En la considérant comme primitive, on rend toute conception d'un système rationnel complet impossible. En réalité, Daube n'a rien ajouté aux bases fondamentales des théories posées par Rameau et par Sorge ; on trouve cependant quelques bonnes formules de modulations dans son livre, qui a joui d'une certaine vogue en Allemagne.

532. Après l'ouvrage de Daube parut un livre remarquable qui échappa pourtant à l'attention de l'Allemagne, ou qui du moins ne fut pas estimé à sa juste valeur : je veux parler de celui que Schrœter, organiste à Nordhausen, publia sous ce titre : *Instruction claire sur la basse continue*[1]. Homme instruit, non-seulement dans la musique, mais dans les lettres et dans les sciences, Schrœter avait mûri dans la méditation et dans le calme d'une petite ville ses idées sur une théorie de l'harmonie, objet de tant d'efforts infructueux. Il avait lu tout ce qui avait été publié sur cette science, avait analysé avec soin les travaux de ses prédécesseurs, et avait résumé ses observations et ses analyses dans une histoire de l'harmonie, dont le manuscrit périt malheureusement dans le pillage de Nordhausen par l'armée française, en 1761. Trop âgé pour recommencer un pareil ouvrage, Schrœter se borna à en donner un abrégé dans l'excellente préface de son Instruction sur l'harmonie.

533. Il établit dans le huitième chapitre de son livre (pag. 56) qu'il n'y a que l'accord parfait qui existe par lui-même, et que tous les autres sont les produits ou du renversement de cet accord, ou de la substitution de la septième à l'octave pour la formation de l'accord de septième dominante ou de la prolongation, pour la construction de la septième du second degré et de l'harmonie qui en dérive, ou enfin de l'anticipation.

Voici donc un grand pas dans la véritable théorie, en ce que l'harmonie de la

---

(1) *Deutliche Anweisung zum Generalbass.* Halberstadt. 1772. 1 vol. in-4°.

septième mineure et celles qui en dérivent sont considérées sous leur aspect réel, c'est-à-dire sous celui d'une prolongation qui retarde les intervalles naturels d'un accord consonnant. Schrœter ne considère dans ce phénomène que l'effet du retard, c'est pourquoi il lui donne le nom de *Verzœgerung* (*retardatio*). Si on lui avait demandé quel est ce *retardement*, il aurait éprouvé beaucoup d'embarras pour trouver une réponse satisfaisante ; car il est évident que la prolongation venant à cesser, par exemple, dans l'accord *ré, fa, la, ut,* on aura pour résolution *ré, fa, la, si,* qui n'est point une harmonie consonnante. Il y a donc quelque autre circonstance qui, dans l'accord *ré, fa, la, ut,* se combine avec la prolongation d'*ut ;* mais l'analyse de Schrœter n'a pas creusé si profondément : elle s'est arrêtée à la découverte du fait de retardement. On ne peut nier que cette découverte ne soit de grande importance, en ce qu'elle a fourni le premier élément d'une classification des accords dissonants qui n'existent pas primitivement comme des conséquences de la tonalité. Ce fut la première atteinte portée à la fausse théorie qui fait ranger l'accord de septième avec tierce mineure dans la même classe d'harmonie que celui de septième avec tierce majeure.

A l'égard de celui-ci, Schrœter fit un pas rétrograde, en le considérant comme le produit de la substitution de la septième à l'octave de l'accord parfait, car cet accord de septième dominante, caractéristique de la tonalité moderne, existe par lui-même dans cette tonalité dont il est le générateur. C'est ce qu'avaient très bien vu Euler et Sorge.

354. Dans les chapitres neuvième à dix-septième, Schrœter développe les conséquences de la théorie exposée dans le huitième ; le dix-huitième est consacré aux altérations ; le dix-neuvième aux retardements de toutes les harmonies naturelles et altérées : l'auteur fait preuve dans celui-ci d'une grande sagacité. Quelques-uns de ses aperçus sont plus avancés que l'état de l'art de son temps, et lui font pressentir par instinct des agrégations harmoniques que Mozart, Beethoven, Weber et Rossini ont ensuite introduites dans la pratique.

355. Kirnberger, savant musicien fixé à Berlin, fit paraître, un an après la publication du livre de Schrœter, un traité sur le même sujet, intitulé : *Les vrais principes concernant l'usage de l'harmonie* [1]. Il y prend pour point de départ l'accord de tierce et quinte dans ses trois formes tonales, c'est-à-dire composé

de tierce majeure et quinte juste  ; de tierce mineure et quinte juste  ; et de tierce mineure et quinte mineure  . Puis il considère comme accords primitifs dissonants les quatre accords de septième, savoir :

1° l'accord de tierce majeure, quinte juste et septième mineure : .

____

(1) *Die wahren Grundsätze zum Gebrauche der Harmonie.* Berlin et Kœnigsberg, 1773, in-4°.

2° l'accord de tierce mineure, quinte juste et septième mineure :  ;

5° l'accord de tierce mineure, quinte mineure et septième mineure :  ;

4° l'accord de tierce majeure, quinte juste et septième majeure :  .

« Ces formes, dit Kirnberger, ne diffèrent que par la qualité des intervalles ; mais la qualité des intervalles est précisément ce qui établit la différence dans l'existence naturelle ou artificielle des accords à l'égard de la tonalité : si la difficulté n'était pas là, il n'y en aurait point. Au surplus, dans l'usage qu'il fait de ces accords, lui-même fait bien voir qu'il existe entre eux une différence essentielle qui résulte de la diverse qualité des intervalles : c'est qu'il emploie sans préparation le premier et le troisième, et qu'il prépare la dissonance du second et du quatrième. Or, la préparation n'est, comme je l'ai fait voir en plusieurs endroits, que le fait identique de la prolongation ; la nécessité de celle-ci pour les accords dont il s'agit prouve une origine différente des deux autres, et autre chose qu'une différence accidentelle d'intervalles.

535. Quant à l'accord de septième du second degré, Kirnberger le fait provenir du retard de la sixte dans l'accord de sixte du même degré, dérivé de l'accord de tierce et quinte mineure ; exemple : On y introduit quelquefois la quinte, dit-il, pour remplir l'harmonie, comme dans cet exemple : mais en vertu de quelle loi, et par quel mécanisme se fait l'introduction de cette note étrangère à l'accord ? C'est ce qu'il n'a point vu, et ce qu'il ne cherche même pas à expliquer, se bornant à signaler un fait d'expérience. Ainsi que je l'ai dit, cette difficulté est une des plus considérables de toute la théorie rationnelle de l'harmonie : elle a été l'écueil de tous les systèmes (Voyez à ce sujet le chapitre VII du deuxième livre).

536 *bis*. La théorie de Kirnberger a été développée et mise dans un ordre plus méthodique par Türk dans une *Instruction pour l'accompagnement de la basse continue* (*Anweisung zum Generalbassspielen*, Halle et Leipsick, 1791, 1 vol. in-8°); ouvrage qui a eu plusieurs éditions, et qui jouit en Allemagne d'une grande réputation, quoique les détails dont il est surchargé en rendent la lecture fatigante, et qu'on n'y aperçoive pas assez la conception d'une théorie simple et générale.

557. Godefroi Weber, mort depuis peu d'années, a joui longtemps en Allemagne de la réputation d'un savant musicien. Sa réputation eut pour base son *Essai d'une théorie systématique de la composition* [1], et la rédaction de l'écrit

---

(1) *Versuch einer geordneten Theorie der Tonsetzkunst zum selbst unterricht*. Mayence, Schott 1817, 3 vol. in-8°, 2e édition, *ibid.* 1824, 4 vol. in-8°. 3e édition, *ibid.* 1830 — 1832, 4 vol. in-8°.

périodique intitulé : *Cœcilia*. Par une singularité bien remarquable, le titre du premier de ces ouvrages est en opposition directe avec le but de l'auteur et avec le contenu du livre, qui ne renferme pas une *théorie*, encore moins une *théorie systématique*. Écoutons Weber lui-même, et voyons comment il s'en est expliqué dans sa préface.

« Je dois cependant faire remarquer en particulier que mon *Essai d'une théorie systématique* n'est nullement, comme plusieurs l'ont pensé, un système dans le sens scientifico-philosophique du mot, ni un ensemble de vérités déduites dans une succession logique d'un principe suprême. J'ai, au contraire, établi, comme un trait caractéristique de ma manière de voir, que notre art ne s'approprie nullement, du moins jusqu'à présent (1817), une semblable base systématique. Le peu de vrai que nous savons, en ce qui concerne la composition (l'harmonie), consiste encore à l'heure qu'il est en un certain nombre d'expériences et d'observations sur ce qui sonne bien ou mal dans tel ou tel assemblage de notes. Déduire ces expériences logiquement d'un principe fondamental, et les transformer en science philosophique, en système, voilà ce qu'on n'a pu faire jusqu'à présent, comme j'aurai souvent occasion de le faire remarquer dans le cours de l'ouvrage. On voit partout avec évidence que les théoriciens, jusqu'à ce jour, au lieu d'examiner dans tous leurs détails les phénomènes de la consonnance et de la dissonance de tel ou tel assemblage de sons, et de ne commencer la construction d'un système qu'après cet examen, élèvent précipitamment l'édifice et avant mûre réflexion, le faisant se présenter sous la forme imposante d'une conception mathématique : puis, lorsqu'ils rencontrent, ce qui est inévitable, une multitude de phénomènes qui ne s'accordent pas avec le système établi *à priori*, ou même sont en opposition directe avec lui, que font-ils ? Ils préfèrent ranger ces phénomènes dans des catégories d'exceptions, licences, ellipses, etc., et s'en débarrasser ainsi, plutôt que de renoncer à la douce illusion de leur système d'harmonie.

« Mon ouvrage a pour toute prétention le mérite d'examiner les principes d'expérience avec plus de précision ; d'y ajouter de nouvelles observations ; de rapprocher l'une de l'autre les choses du même ordre ou qui semblent s'appartenir ; de les lier et de coordonner les faits suivant le plan le plus raisonnable, non comme les déductions d'une base sévèrement systématique, mais seulement avec le plus d'ordre possible ; en un mot, comme essai d'une *théorie ordonnée* pour laquelle je ne voulais pas conséquemment afficher le titre pompeux de *système*, qui me paraissait trop prétentieux. (Préface, pag. x-xii, 3ᵉ édit.). »

Après cet exposé de ses principes négatifs, on demande comment Weber pouvait choisir un point de départ pour traité de l'harmonie, sous quelque forme que ce fût, quoiqu'on soit obligé de reconnaître qu'après tant d'essais infructueux pour la formation d'une théorie philosophique de cette science, son scepticisme était en quelque sorte excusable. Toutefois, pour une simple méthode d'analyse même, il faut bien une base quelconque, un certain nombre de la se connaît à l'escepte; Weber l'a compris, et la nécessité de cette base en a fait un système. Nous venons de l'accord de tierce et quinte de Kirnberger et ses quatre accords de septième. Dans ces formes, dit Weber (t. I, pages 152-155, §§ 135-136, 1re édit.), toutes les variétés fondamentales des accords de trois et de quatre sons se trouvent renfermées.

Ne demandez pas à Weber l'origine de ces accords, leurs lois primitives à l'égard de la tonalité, ni aucune autre chose de cette espèce : conséquent dans ses principes, il vous répondra qu'il n'a point de système à cet égard, et qu'il ne sait rien de tout cela ; mais il vous montrera des exemples de l'emploi de ces accords, et il en analysera les diverses circonstances. Sa méthode est l'empirisme élevé à sa dernière puissance. Ainsi, sa seule démonstration de l'identité des accords soit consonnants, soit dissonants fondamentaux, consiste dans cette formule de progression d'harmonie :

Si on lui objectait que la préparation par la syncope n'est pas nécessaire pour le dernier accord de septième, parce qu'il est naturel et conforme à l'attraction tonale, tandis qu'elle est indispensable pour les autres ; si de plus on lui objectait que ces accords consonnants et dissonants ne se placent sur toutes les notes de la gamme que par analogie de mouvement, et parce que le sentiment tonal est suspendu pendant toute la durée de la progression jusqu'à l'accord de septième de dominante, qui rétablit le caractère de la tonalité, Weber renverrait ces explications, aussi simples qu'évidentes, à la catégorie des exceptions forcées dont il parle dans sa préface ; car tel est son scepticisme, que n'acceptant que le fait qui frappe ses yeux, il rejette toute règle générale, comme celle des progressions non modulantes, parmi les hypothèses.

557 bis. À défaut d'une théorie générale, Weber adopte pour l'enseignement de l'harmonie et de la composition l'analyse d'une multitude de faits particuliers. S'il n'avait prévenu les objections qu'on pourrait faire contre les inconvénients de cette méthode, dans le passage de sa préface cité précédemment, on aurait pu lui dire que le désavantage d'une analyse trop minutieuse de cas particuliers est de fatiguer l'attention des lecteurs, et de surcharger la mémoire de beaucoup de faits qui peuvent lui échapper à chaque instant, sans espoir qu'elle les retrouve, tandis que les formules générales s'appliquent à tout, et ne sont pas, comme il dit, des sources d'exceptions et de contradictions.

558. Le plus singulier de tous les systèmes qui admettent quatre accords fondamentaux de septième, diffèrent par la nature de leurs intervalles, mais existant par eux-mêmes, est celui que M. Derode a publié sous ce titre : *Introduction à l'étude de l'harmonie, ou exposition d'une nouvelle théorie de cette science* [1]. Suivant cette théorie, la tierce est la seule origine de tout accord.

Par l'arrangement d'une progression ascendante de tierces, on a la série suivante :

ut, mi, sol, si ♭, *ré, fa, la.*

Avec ces notes on forme les accords suivants :

Accord parfait. ut — mi — sol.
1er dissonant.   *ut — mi — sol — si* ♭.
2e dissonant.   » *— mi — sol — si* ♭ *— ré.*
3e dissonant.   » *—* » *— sol — si* ♭ *— ré — fa.*
4e dissonant.   » *—* » *—* » *— si* ♭ *— ré — fa — la.*

Tels sont, suivant l'auteur de ce système, les seuls accords engendrés par les tierces successives, et conséquemment les seuls qui soient dans la nature. *Les autres sont une affaire de goût!*

De ces cinq accords, un seul est consonnant, c'est l'accord parfait majeur *ut, mi, sol.* M. Derode ne veut pas qu'on puisse donner ce nom à l'accord parfait mineur, qui n'est pas donné par la nature : c'est, dit-il, *un accord dissonant incomplet!* Or, si l'accord parfait mineur n'est pas consonnant, on comprend qu'il ne peut pas y avoir de mode mineur ; aussi M. Derode nie-t-il positivement l'existence de celui-ci.

Si nous examinons la constitution des accords dissonants ci-dessus, nous voyons que le premier répond au premier de Kirnberger et de G. Weber ; le second, au troisième de ces auteurs ; le troisième, au second des mêmes théoriciens, et que le quatrième est semblable au quatrième. Du reste, dans les deux systèmes, ces quatre accords dissonants fondamentaux ont une existence primitive égale.

Mais, dans les systèmes de Kirnberger et de Weber, ces accords sont placés sur leurs notes tonales, tandis que, dans celui de M. Derode, nous voyons le *si* bémol, c'est-à-dire une note étrangère au ton, apparaître dans tous. La raison de cette singularité, c'est que l'auteur de ce système, prenant pour point de départ de sa théorie le phénomène des harmoniques produits par la corde métallique tendue et pincée, a entendu (à un degré plus faible que l'accord parfait *ut, mi, sol*) la dissonance *si* ♭. Or, voici le raisonnement de M. Derode : lorsque cette dissonance se fait entendre sur la tonique, il n'est plus possible de rester sur cette tonique, parce que toute dissonance a besoin de résolution ; cette résolution, dit-il, se fait sur l'accord parfait de la quinte grave de la même tonique, c'est-à-dire sur *fa*. L'accord de septième mineure, avec tierce majeure, n'est donc pas (dans le système de M. Derode) celui de la dominante, mais celui de la tonique. Pour lui, le même accord, composé des notes *sol, si* ♮, *ré, fa,* n'appartient pas au ton d'*ut,* mais au ton de *sol.*

(1) Paris, Treuttel et Würtz, 1828, 1 vol. in-8°.

Cependant *si* bémol n'appartient pas à la gamme d'*ut*, mais bien *si* ♮! C'est ici le plus curieux du système de M. Derode : la gamme, dit-il, n'existe pas. C'est une formule de convention que rien n'autorise. Écoutons-le parler sur ce sujet.

« La gamme, en tant que série déterminée, présente-t-elle quelque chose de nécessaire? Le son, qui suit ou qui précède un autre, est-il immédiatement formé du premier? Forme-t-il le second? Ne sont-ce pas trois productions plus ou moins étrangères entre elles, qu'on s'est plu à rapprocher? Et l'on sent bien que ce rapprochement n'a pas établi une dépendance nécessaire qui n'existait point auparavant. Ainsi, le *ré* qui suit *ut* n'est pas formé d'*ut* d'une manière directe, puisque ce *ré* est la quinte de *sol*; que *mi* n'a rien de nécessaire avec le *ré* qu'il suit, parce que ce *mi* provient d'*ut*, etc. ¹ »

Ainsi qu'on le voit, c'est toujours le phénomène des harmoniques du corps sonore qui guide M. Derode. La loi métaphysique de cohésion, qui règle la position et le rapport des notes de la gamme, se transforme dans son imagination en un arrangement de fantaisie. Que de cet ordre de position résultent la tonalité et l'enchaînement des harmonies que celle-ci rend nécessaires, peu lui importe, puisque cette tonalité n'est pas la sienne! En vain lui objecterez-vous les faits d'attractions tonales qui résultent de combinaisons d'harmonie que la génération des tierces ne lui a pas données; tout cela sera comme non avenu : *ce sont des choses de goût!* Son système est logique; il n'y a rien à en rabattre; c'est à prendre ou à laisser.

539. Ce système, publié il y a quinze ans, n'a point eu de succès et ne pouvait en avoir; car, de tous ceux par lesquels on a entrepris de refaire l'art sur des bases prises en dehors de lui, celui-ci est le plus excentrique. Je n'en ai présenté le résumé que pour faire voir à quelles erreurs peut être entraîné un homme d'esprit et d'instruction, en partant de la fausse hypothèse que l'harmonie et sa théorie sont le produit de faits physiques isolés, indépendants de notre organisation sensible et intellectuelle, ou plutôt la dominant.

540. Le principe générateur de la succession des tierces, qu'on a vu apparaître pour la première fois dans la théorie de Rameau, et duquel M. Derode a tiré de si étranges conséquences, avait été reproduit avant lui dans toute sa rigueur par Langlé, professeur et bibliothécaire du Conservatoire de Paris; mais, abstraction faite de toute considération de phénomènes acoustiques, et de toute théorie numérique. L'ouvrage dans lequel il a exposé son système a pour titre : *Traité d'harmonie et de modulation* ². La prétention déclarée de Langlé est de rechercher dans la pratique de l'art les véritables fondements de la science. Aux premiers mots de l'avertissement qu'il a mis en tête de son traité, on est tenté de croire qu'il a saisi les vrais principes de cette science, car il s'élève contre les livres précédemment publiés, où les accords sont considérés d'une manière isolée, sans égard aux lois de succession qui les régissent; mais immédiatement après, on lui voit avancer cette singulière proposition : *qu'il n'y a qu'un seul accord, celui de tierce, dont les combinaisons produisent tous les autres.*

---

¹ Voyez l'*Introduction a l'étude de l'Harmonie*, p. 311.
² Paris, Naderman, 1797, in-fol.

Et pour la démonstration de ce principe, il présente l'exemple de cette suite de tierces : *fa, la, ut, mi, sol, si, ré, fa;* puis il en tire l'accord parfait du quatrième degré *fa, la, ut;* l'accord parfait mineur *la, ut, mi;* l'accord de la tonique *ut, mi, sol;* l'accord relatif mineur de la dominante *mi, sol, si;* l'accord de la dominante *sol, si, ré :* les accords de septième majeure *fa, la, ut, mi,* et *ut, mi, sol, si;* l'accord de septième mineure avec tierce mineure *la, ut, mi, sol,* et l'accord de septième de dominante *sol, si, ré, fa.* Or, dans cette classification, Langlé, comme beaucoup d'autres théoriciens, confond tout en faisant, au moyen de ses générations de tierces, des classes d'accords de septième, par exemple, de toutes les espèces, comme si ces rapports existaient par eux-mêmes dans la musique, et abstraction faite de toute considération de la formation des accords par l'altération, la prolongation et la substitution. Par cela même, il se trouve en contradiction manifeste avec le début de son livre. Ce défaut, qui, bien que non analysé par ses lecteurs, n'en jetait pas moins beaucoup d'obscurité sur son système, nuisit au succès de l'ouvrage. D'ailleurs, de choquantes imperfections dans les successions d'accords qu'il présente comme exemples, firent rejeter son livre, dans l'examen qui fut fait des divers systèmes d'harmonie par l'assemblée des professeurs du Conservatoire, en 1800, et dès lors sa théorie fut oubliée.

541. Schicht, directeur de l'École de Saint-Thomas, de Leipsick, a formulé des *Principes d'harmonie*[1] sur un choix arbitraire d'accords dont la dominante est la base. Sur cette note il trouve l'accord parfait majeur *sol, si, ré;* l'accord de septième mineure *sol, si, ré, fa,* d'où il tire l'accord de tierce et quinte mineure *si, ré, fa;* l'accord de neuvième *sol, si, ré, fa, la,* d'où se tire celui de septième de sensible *si, ré, fa, la,* et l'accord parfait mineur *ré, fa, la;* l'accord de onzième *sol, si, ré, fa, la, ut,* d'où se tire l'accord de septième et tierce mineure *ré, fa, la, ut;* enfin l'accord de treizième *sol, si, ré, fa, la, ut, mi,* d'où se tire celui de septième majeure *fa, la, ut, mi.* L'altération accidentelle des intervalles de ces accords complète le système empirique d'harmonie imaginé par Schicht.

542. A les bien considérer, les systèmes de Langlé et de Schicht sont identiques dans leur principe, et ne diffèrent que par le choix de la note fondamentale que Langlé a prise, on ne sait pourquoi, au quatrième degré de la gamme, tandis que Schicht a choisi la dominante.

543. Parmi les systèmes d'harmonie basés sur le choix arbitraire d'un certain nombre d'accords fondamentaux, celui de Reicha, ancien professeur de composition au Conservatoire de Paris, doit être signalé comme ayant obtenu le succès le mieux établi, et comme ayant eu des sectateurs ardents et dévoués. Je suis obligé d'entrer à ce sujet dans plus de détails que je n'en ai donné concernant les systèmes de Schicht et de Langlé.

544. Écartant la considération de la succession des accords qui, depuis Sorge,

(1) *Grundregeln der Harmonie nach dem Verwechslungs Systems.* Leipsick. Breitkopf et Hærtel, 1812, in-fol.

avait fait faire de grands pas à la science, et conséquemment des phénomènes de constitution harmonique résultant de la prolongation, Reicha rentre dans le système des accords isolés [1], dont il forme une classification arbitraire, suivant de certaines considérations qui lui sont particulières. Sa base de théorie se compose de treize accords fondamentaux consonnants et dissonants, disposés dans cet ordre :

545. Dès les premiers pas faits par Reicha dans l'exposition de ses principes, on aperçoit une certaine confusion dans les idées fondamentales, qui le jette dans le dédale d'une multitude de faits particuliers; défaut bien singulier chez un homme qui avait suivi en Allemagne des cours de philosophie, le droit et de mathématiques.

Les deux premiers accords de la classification de Reicha sont l'accord parfait majeur et le mineur; le troisième est l'accord parfait diminué (tierce et quinte mineures), dont il fait un accord dissonant. En cela il diffère des autres auteurs de systèmes d'harmonie par classifications d'accords isolés, qui n'avaient reconnu comme dissonances que les sons qui se heurtent en seconde, ou leurs renversements et redoublements de septième et de neuvième. Ce qui détermine Reicha à ranger cet accord parmi les dissonants, c'est que par l'effet de la constitution même de l'intervalle de quinte diminuée (mineure), il y a une sorte d'attraction entre les deux sons qui composent cet intervalle; mais il aurait dû voir que cette attraction n'est pas tellement impérieuse, qu'elle ne s'évanouisse dans une modulation succédant à cet accord, ce qui n'a point lieu à l'égard de la véritable dissonance, à moins qu'elle ne prenne, par l'enharmonie, le caractère d'une note sensible. Le quatrième accord de la classification est celui de quinte augmentée; mais ici déjà se manifeste la confusion des idées de l'auteur du système, car dans le chapitre où il traite ensuite de cet accord, il avoue que ce n'est qu'un accord parfait majeur altéré dans sa quinte.

546. Le cinquième accord est celui de septième de dominante, qu'il appelle de *première espèce;* puis vient le sixième accord, qui est cet accord de septième mineure avec tierce mineure, objet de tant d'erreurs pour tous les harmonistes. Reicha lui donne le nom de septième de seconde espèce, et se borne à dire *qu'il s'emploie principalement sur le second degré d'une gamme majeure (Cours de com-*

<hr>

(1) *Cours de composition musicale, ou Traité complet et raisonné d'harmonie pratique.* Paris, Gambaro, in-fol.

position, pag. 56), sans plus s'inquiéter de sa formation originaire, que de celle des autres accords.

La septième avec quinte mineure, appelée *de troisième espèce* par Reicha, et la septième majeure ou de quatrième espèce, la neuvième majeure et la neuvième mineure, sont également considérées par lui comme des accords primitifs du même rang; et quoique les accords 11, 12 et 13 ne soient que les altérations des accords dérivés de sixte augmentée, avec quinte et avec quarte, et de l'accord de septième dominante avec quinte augmentée, il les place néanmoins dans sa classification fondamentale.

Il semble que Reicha a rangé ses treize accords au hasard plutôt que dans un ordre systématique, car le treizième devrait évidemment être placé après le huitième pour que la classification des accords de quatre sons fût semblable à celle des accords de trois.

347. Ce théoricien considère les accords de septième de sensible et de septième diminuée comme des renversements des deux accords de neuvième majeure et mineure (nos 9 et 10) : il présente ces renversements sous cette forme :

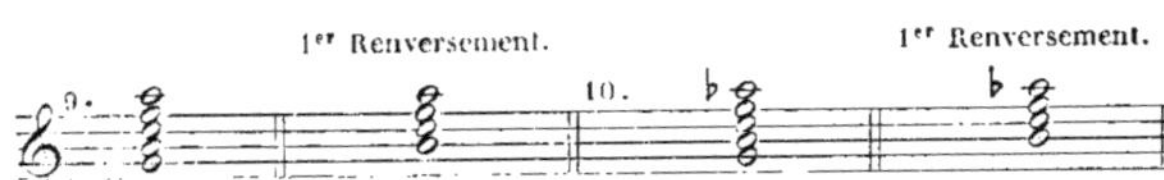

Bien que l'origine des dérivés soit ici incontestable, comment faire comprendre au lecteur une opération de renversement où il ne voit pas apparaître toutes les notes de l'accord fondamental? Une seule considération peut expliquer et rendre évidente la suppression de la note fondamentale de l'accord, c'est celle de la substitution d'une note à une autre; véritable origine de ces accords (voyez le livre IIe, chap. 5, § 117 et suiv. de cet ouvrage). Sans cette considération, la note fondamentale ne peut disparaître dans les dérivés, et l'on ne peut comprendre le renversement des deux accords de neuvième que sous ces formes. (Voyez le § 124 de cet ouvrage) :

348. Admettons un moment la possibilité de faire abstraction des conditions de prolongation et autres pour la formation des accords de septième qui figurent dans la classification de Reicha ; nous verrons que pour être conséquent avec lui-même, il devait classer de la même manière les accords de neuvième, et qu'au lieu de deux de ces accords, il aurait dû en présenter cinq, dans cet ordre :

Dira-t-on que plusieurs de ces formes ne sont que des altérations (ce qui est vrai)? Je demanderai pourquoi ces altérations paraissent comme fondamentales dans les accords de septième (n°s 7, 8, 15); et dans l'impossibilité où l'on sera de répondre à cette question d'une manière satisfaisante, je serai en droit de dire que la classification est incomplète, au point de vue empirique du système de Reicha.

349. Achevons de montrer les vices de cette classification arbitraire. Le fait le moins explicable de ce système se trouve incontestablement dans les accords 11 et 12; car jamais accord dont la sixte est un des intervalles constitutifs ne pourra être considéré comme primitif. Sous quelque forme que nous le considérions, quelle que soit l'association de ses notes, nous ne pouvons voir dans un accord semblable qu'un dérivé dont il faut chercher le fondamental. Or, le fondamental dont le onzième accord de Reicha est tiré est celui de neuvième mineure de la dominante altéré dans le second degré :

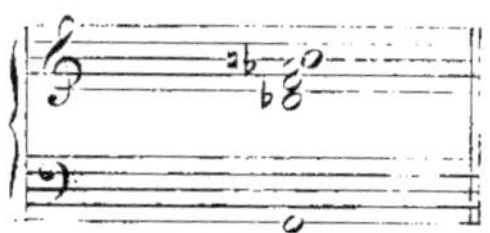

Lorsque la note substituée est placée à la basse, la génération de cette harmonie se présente dans cet ordre :

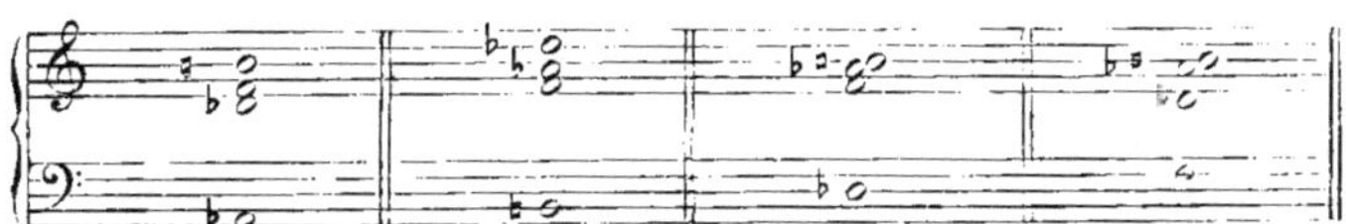

Le onzième accord de la classification de Reicha n'est donc pas fondamental, et ne devait pas figurer parmi ceux qui le sont. Chose remarquable, lui-même l'a reconnu ! Car il dit (page 10) : « Dans le onzième (accord), la note principale est supprimée, *et l'accord est par conséquent renversé.* » Mais, s'il en est ainsi (comme on n'en peut douter), comment expliquer le placement de cet accord renversé parmi les fondamentaux?

Au surplus, il en est de même du douzième accord; car cet accord, composé de tierce, quarte et sixte augmentée, n'est point fondamental et ne saurait l'être. Il est le second dérivé de l'accord de septième de dominante, altéré dans sa quinte.

DÉMONSTRATION.

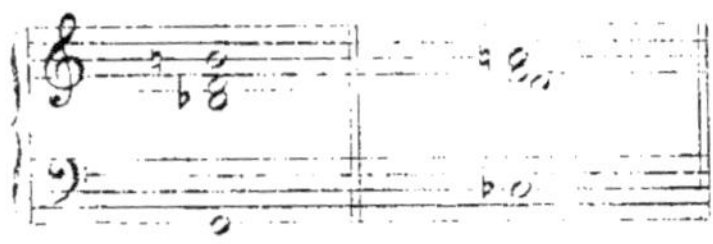

530. Il est évident, par ce qui précède, qu'en se plaçant même au point de vue de Reicha, on est autorisé à déclarer sa classification d'accords non-seulement incomplète, mais fausse. L'étonnement que fait naître cette classification augmente encore lorsqu'on lit ce passage du livre où on la trouve :

« Il n'y a que treize accords dans notre système musical, comme on l'a vu par le tableau précédent; mais comme ces accords peuvent être renversés et plus ou moins altérés par des notes qui leur sont étrangères (telles que les notes passagères, petites notes, suspensions, etc.), il arrive fréquemment que l'on prend ces renversements et ces altérations accidentelles pour autant d'autres accords qui n'existent point réellement, et qui ne font qu'embarrasser l'esprit et retarder les progrès des élèves (page 8). »

On croit rêver en lisant de pareilles choses. Eh quoi! Reicha reconnaît que les accords renversés (dérivés), et ceux qui sont altérés par des notes qui leur sont étrangères, par des suspensions, etc., ne doivent pas être comptés comme accords réels du système musical! Mais, à ce compte, le quatrième, qui est un accord parfait altéré dans sa quinte; le sixième, le septième et le huitième, qui sont des produits de suspensions; le treizième, qui est un accord dissonant naturel altéré dans sa quinte; enfin le onzième et le douzième, qui sont des dérivés d'accords altérés, devraient disparaître du tableau de ces prétendus fondements du système musical, et dès lors il n'en renfermerait plus que six!

Ces observations suffisent pour démontrer que, non moins erroné que les systèmes précédemment analysés, celui de Reicha n'a pas même leur mérite de conception logique, reposant sur une base vicieuse. Tel est donc ce système qui a eu beaucoup de vogue parmi quelques artistes de Paris, parce que le professeur dont il est l'ouvrage faisait oublier ses défauts dans les explications et dans les applications pratiques qu'il donnait à ses élèves. Je le répète, ce système est une conception de la théorie la moins rationnelle qu'il fût possible d'imaginer, et le retour le plus déplorable vers l'empirisme grossier des anciennes méthodes du commencement du dix-huitième siècle. Il détruit en France le bien que la méthode de Catel (dont il sera parlé tout à l'heure) avait fait, et rouvrit la porte à une multitude de fausses théories qui se sont produites en ce pays et ailleurs depuis quelques années. D'autant plus dangereux qu'il était soutenu par un nom justement estimé, en d'autres parties de l'art, il remit en question ce qui était décidé par l'autorité de la raison et de l'expérience, et forma des sectateurs qui le déclarèrent une conception du génie, quoiqu'en réalité il eût pu conduire à l'anéantissement de la science, si la science pouvait périr.

CHAPITRE IV.

SYSTEMES BASÉS SUR UNE DIVISION ARBITRAIRE DU MONOCORDE.

351. Lorsque le Conservatoire de musique de Paris fut organisé, en 1796, on y réunit les professeurs les plus renommés pour chaque branche de l'art. Chacun enseigna selon ses idées et sa méthode, parce qu'on n'avait pas eu le temps de préparer un corps de doctrine pour un enseignement uniforme. C'est ainsi que Rodolphe donna des leçons d'harmonie suivant sa méthode empirique, dénuée de tout esprit d'analyse [1]; que Rey fit son cours d'après le système de la basse fondamentale; que Langlé développa les conséquences de la théorie dont on a vu précédemment l'exposé, et que H. Berton employa avec ses élèves la méthode pratique, dégagée de toute considération de système; car ce ne fut que quelques années plus tard que ce compositeur célèbre imagina son arbre généalogique des accords, et le dictionnaire qui en est le développement [2].

Cependant on s'aperçut bientôt des inconvénients de cette diversité de méthode et de système dans une école où l'unité de doctrine doit être la base de l'instruction. Une commission, composée de Cherubini, Gossec, Martini, Lesueur, Méhul, Catel, Lacépède, du géomètre Prony, et des professeurs qui viennent d'être nommés, fut instituée au commencement de l'année 1801, dans le but de discuter et de poser les bases d'un système d'harmonie. Celui de Rameau fut particulièrement l'objet d'un examen sérieux, parce qu'il avait encore en France beaucoup de partisans; mais la majorité de la commission se prononça en faveur d'une théorie proposée par Catel, qui la publia peu de temps après dans un livre intitulé : *Traité d'harmonie adopté par le Conservatoire, pour servir à l'étude dans cet établissement* [3]. L'influence qu'exerçait déjà le Conservatoire à cette époque, fit bientôt recevoir sans contestation ce que les musiciens les plus célèbres de la France déclaraient être ce qu'il y avait de meilleur :

(1) *Théorie d'Accompagnement et de Composition, à l'usage des élèves de l'école nationale de musique.* Paris, 1798, in-fol.

(2) *Traité d'Harmonie basé sur l'arbre généalogique des accords.* Paris, Mme Duhan, 1804 1 vol. in-4".

Dictionnaire des accords. Paris, 1804, 3 vol. in-4°.

(3) Paris, 1802, in-fol.

e fut le coup de grâce donné au système de Rameau, et l'abandon de celui-ci
fut d'autant plus complet et rapide, que ce qui lui restait de sectateurs fut à la
même époque éliminé de l'enseignement public.

552. Quelle était donc cette théorie si satisfaisante qui se faisait adopter sans
contestation par les plus habiles musiciens de France, et qui obtenait tout à
coup une vogue dont les travaux de Rameau n'avaient été récompensés qu'après
trente ans de luttes et de discussions? Catel l'exposa en une seule phrase : *Il
n'existe en harmonie qu'un seul accord qui contient tous les autres* (*Traité d'harmonie*, page 5). Quel est cet accord, et comment se forme-t-il? Voici le résumé
de ce que dit Catel à ce sujet :

Si nous prenons une corde qui soit à l'unisson du *sol* le plus grave du piano,
et si nous la partageons par moitié, nous trouvons son octave; son tiers donne
l'octave de sa quinte; son cinquième, la double octave de sa tierce; son septième,
l'intervalle de vingt et unième, ou double octave de sa septième; enfin son
neuvième, sa vingt-troisième ou double octave de sa neuvième. Il résulte donc
de cette division un accord composé de *sol, si, ré, fa, la*. Cet accord est celui à
qui l'on donne dans la pratique le nom de *neuvième de la dominante*. Il contient
l'accord parfait majeur *sol, si, ré*; l'accord parfait mineur *ré, fa, la*; l'accord
parfait diminué *si, ré, fa*; l'accord de septième dominante *sol, si, ré, fa*, et
l'accord de septième de sensible *si, ré, fa, la*. En continuant l'opération de la
division de la corde à la troisième octave, c'est-à-dire en partant du son 1/8, on
trouve les sons 1/10, 1/12, 1/14 et 1/17, qui produisent l'accord de *neuvième*
mineure de la dominante *sol, si, ré, fa, la* bémol, et l'accord de *septieme diminuée*
si, ré, fa, la bémol. Tous ces accords sont naturels et fondamentaux : on en tire,
par le renversement des intervalles, des accords naturels comme eux, et qui de
même que les fondamentaux, s'attaquent sans préparation, comme résultant de
la constitution de la tonalité.

La formule d'où Catel tire cette théorie est présentée sous cette forme, dans
son livre :

Cette division du monocorde est arbitraire, en ce qu'elle ne représente pas la
justesse absolue des intervalles, mais une justesse approximative. Dans le fait,
elle est l'expression d'une progression arithmétique inverse.

553. Les accords naturels étant trouvés, comme on vient de le voir, Catel
établit que toutes les combinaisons d'harmonie, autres que celles-là, se forment
ou par des notes étrangères aux accords, appelées *notes de passage*, ou par des

prolongations qui suspendent ou retardent les intervalles naturels des accords, ou enfin par des altérations de ces mêmes intervalles. A l'égard de la substitution, Catel ne l'a pas aperçue ; mais il en a eu une sorte d'intuition lorsqu'il a dit, à propos de l'analogie d'emploi de l'accord de *quinte diminuée* (quinte et sixte mineures), et de ceux de septième de sensible et de septième diminuée : *la similitude qui existe entre ces accords prouve leur identité et démontre clairement qu'ils ont la même origine* (*Traité d'harmonie*, page 14).

C'est une idée dont les résultats sont féconds que celle de la recherche des harmonies et de leur analogie dans la destination qu'elles ont, conformément à l'ordre de la succession tonale. Si Catel fût entré plus avant dans cette considération, il n'eût rien laissé à faire à ses successeurs, car il aurait trouvé le système complet dont il a seulement indiqué quelques parties.

554. A l'égard de la prolongation, bien qu'il n'en ait pas formulé la théorie d'une manière générale, et qu'il se soit trop attaché à des cas particuliers, il en a bien connu le mécanisme, en ce qui concerne les accords consonnants et quelques-uns des accords dissonants ; mais l'obstacle contre lequel étaient venues échouer d'autres théories précédentes, vient encore se représenter dans celle de Catel, et conduit à un naufrage semblable. Cet obstacle est, comme on le pense bien, l'accord de septième mineure du second degré, et les harmonies qui en dérivent. On doit se rappeler que dans l'accord de neuvième majeure de la dominante, produit par la division de la corde, il a trouvé l'accord parfait mineur *ré, fa, la;* cet accord existe donc, pour lui, sur le second degré de la gamme, quoique ce ne soit point celui qu'on y place, dans la détermination de la tonalité moderne. Selon lui, dans la succession de cet accord parfait à celui de la tonique, si cette tonique se prolonge, elle produit l'accord de septième dont il s'agit. Mais plusieurs difficultés se présentent ici : 1° L'accord parfait mineur du second degré n'appartient point à la tonalité, tandis que la prolongation qui produit l'accord de septième est tonale ; 2° Catel ne peut démontrer sa prétendue origine de l'accord de septième qu'en l'écrivant à cinq parties, pour l'avoir complet, ce qui est une exception contraire au principe d'unité sur lequel doit reposer toute théorie véritable ; 5° et enfin, le principe de la composition artificielle des accords par la prolongation veut que la prolongation venant à cesser, l'accord retardé se présente immédiatement ; or, toute prolongation qui produit une dissonance devant nécessairement se résoudre en descendant d'un degré, l'application de cette règle fondamentale ne peut trouver ici sa place, car si *ut,* septième de *ré, fa, la, ut.* descendait sur *si,* on aurait un accord dissonant nouveau de quinte et sixte, *ré, fa, la, si,* qui n'appartient point au ton, et qui serait celui du quatrième degré du ton mineur relatif. J'ai démontré cela en plusieurs endroits de ce livre. Catel a bien compris cette difficulté ; mais ne sachant comment s'en tirer, et n'ayant pu trouver la véritable origine de l'accord, il a eu recours à cette règle arbitraire dont la fausseté se démontre d'elle-même, et qu'il énonce ainsi : « La prolongation peut se faire aussi sur un accord déjà complet, dans lequel la note prolongée n'aura pas de résolution ; mais elle doit nécessairement se résoudre dans l'accord suivant en descendant

d'un degré. » Si les vues de Catel eussent été plus générales, et s'il eût connu le mécanisme de la substitution et les combinaisons de modifications collectives des accords naturels, il eût évité l'écueil contre lequel est venue se briser une partie de son système.

555. Si nous cherchons ce qu'il y a d'original dans la théorie de Catel, et ce qu'il a emprunté à ses devanciers, ou du moins ce qu'il n'a dit qu'après eux, nous verrons que Sorge avait le premier considéré, en 1745, l'harmonie consonnante et celle de la septième dominante; comme formant la classe des accords naturels; mais que celui-ci s'était trompé en rangeant dans la même classe l'accord de septième mineure du second degré, tandis que Catel a très bien vu qu'il formait une harmonie artificielle, quoiqu'il n'ait pas découvert la nature de l'artifice. Sorge vit bien aussi que quelques accords, notamment celui de onzième (de Rameau et de Marpurg) n'étaient que des produits de prolongations qui formaient des accords artificiels; mais Schrœter (en 1772) est le premier qui vit que l'accord de septième du second degré est un des accords de cette classe, bien qu'il ne pût dire comment s'y opère la prolongation. Enfin Schrœter fut le premier qui analysa avec clarté les faits de l'altération des intervalles des accords naturels et des aspects nouveaux que ces altérations leur donnent. Si Catel n'a point eu connaissance des livres de ces auteurs, il a du moins renouvelé ce qu'ils avaient déjà publié : mais ce qui lui appartient en propre, c'est l'aperçu de l'analogie des accords de neuvième majeure et mineure de la dominante, de la septième de sensible, et de la septième diminuée, avec l'accord de septième de la dominante; c'est aussi l'ordre qu'il a mis dans les diverses parties du système, et enfin l'analyse des faits de pratique, où il a montré l'habileté d'un grand musicien.

Ne nous étonnons donc pas du succès général qu'obtint en France sa théorie, pendant les quinze premières années du dix-neuvième siècle; remarquons, au contraire, combien de motifs semblaient devoir s'opposer au pas rétrograde que Reicha, et quelques autres harmonistes, ont essayé de faire faire à la science après la publication de ce système.

556. M. de Momigny, antagoniste ardent de la théorie de Catel, prit cependant, comme ce savant musicien, pour point de départ de la science, la division arbitraire du monocorde. Le premier ouvrage, où il exposa ses idées à ce sujet, a pour titre : *Cours complet d'harmonie et de composition d'après une théorie neuve et générale de la musique, basée sur des principes incontestables, puisés dans la nature, d'accord avec tous les bons ouvrages pratiques anciens et modernes, et mis, par leur clarté à la portée de tout le monde* [1]. Depuis cette époque jusqu'en 1834, M. de Momigny a reproduit ou expliqué son système dans des écrits polémiques où il traite ses adversaires avec hauteur, et dans divers livres qui n'ont pu le rendre populaire [2].

(1) Paris, 1806, 3 vol. in-8º.

(2) *La seule vraie theorie de la musique, utile à ceux qui excellent dans cet art comme à ceux qui en sont aux premiers éléments.* Paris, sans date (1823), 1 vol. in-fol.

Encyclopédie méthodique. Musique publiée par MM. Framery, Ginguené et de Momigny. Paris, 1791-1818. 2 vol. in-4º.

Cours général de musique, de piano, d'Harmonie et de Composition, depuis A jusqu'à Z, pour les

357. Se mettant au point de vue de Levens, de Ballière, de Jamard et de Sorge, pour la recherche des bases de la constitution de la gamme, M. de Momigny les trouve dans les divisions d'une corde sonore, d'après la progression arithmétique qui donne pour résultat la gamme *ut, ré, mi, fa, sol, la, si* bémol ; mais attendu que cette gamme n'est pas conforme à celle de la musique des Européens modernes, et que le *si* bécarre ne se trouve qu'à la quinzième division de la corde, M. de Momigny, au lieu d'adopter comme Levens et ses imitateurs une gamme de huit notes, avec le *si* bémol et le *si* bécarre, imagine de ne point considérer la corde comme une tonique, mais comme une dominante, en sorte que sa gamme est *sol, la, si, ut, ré, mi, fa.* Il énumère longuement les avantages qui résultent de la position de la tonique au milieu de la gamme, comme le *soleil au centre des planètes ;* par exemple, de trouver les deux demi-tons dans les sept notes, sans la répétition de la première à l'octave ; de diviser la gamme en deux quartes justes, et d'avoir les deux demi-tons aux mêmes places dans ces quartes ; car une des plus sévères objections de M. de Momigny, contre la forme de la gamme commençant par la tonique, porte sur la quarte majeure ou *triton,* que forment entre elles la quatrième et la septième note ; ne remarquant pas que c'est précisément cette relation qui est constitutive de la tonalité, et qui conduit à la conclusion finale de toute mélodie et de toute harmonie.

358. Les divisions d'une corde, considérée comme dominante, conduisent M. de Momigny, en ce qui concerne l'harmonie, aux mêmes résultats que Catel avait obtenus par les mêmes moyens ; mais quelles que soient ses prétentions à cet égard, il les expose avec beaucoup moins de clarté. Ainsi, comme Catel, il arrive à la formation des accords parfaits et de ceux de septième dominante et de septième de sensible, comme étant les seuls accords naturels ; mais quant aux autres, au lieu d'expliquer par quels artifices ils se forment, il les déclare des *accords qui n'en sont pas,* et les nomme *discords en majeur* et *discords en mineur,* en sorte que l'analyse véritable d'une harmonie combinée de beaucoup de prolongations réunies aux altérations de différents genres, deviendrait impossible à quiconque n'aurait lu que les fastidieuses explications de M. de Momigny. D'ailleurs, presque tous les exemples qu'il donne de l'emploi des harmonies sont mal écrits, et prouvent que cet auteur n'avait que des notions confuses de l'usage de l'harmonie.

359. Si l'on examine les prétentions de M. de Momigny à l'originalité, on reconnaîtra qu'il a emprunté la progression arithmétique à Levens, Ballière et Jamard ; le transport du son fondamental de la gamme sur la dominante à Sorge ; la division de cette corde à Catel, pour en tirer l'harmonie primitive ; les combinaisons des tierces pour la formation des accords naturels à Langlé, et les progressions de quartes et de quintes, pour la formation des échelles, à l'abbé Roussier. Tout ce qui appartient en réalité à celui qui a élevé la voix si haut pendant trente ans en faveur d'un système repoussé par les musiciens, ce sont quelques aperçus qui ne manquent pas de justesse concernant la mesure et le rhythme.

élèves, quelle que soit leur infériorité, et pour tous les musiciens du monde, quelle que soit leur supériorité réelle. Paris, chez l'auteur, 1834, in-4°.

CHAPITRE V.

RÉSUMÉ ET CONCLUSION.

360. Ici doit finir cette longue analyse de ce qui a été fait depuis le commencement du dix-septième siècle pour la création d'une science de l'harmonie, et surtout depuis que Rameau en eut posé la base. En la résumant, nous trouvons que tous les systèmes ont eu pour principe l'un des quatre ordres de faits suivants : 1° la résonnance harmonique des corps sonores, ou plus généralement les phénomènes acoustiques de différents genres, et la progression harmonique à laquelle ils servent de base; 2° la progression arithmétique déterminée par l'échelle harmonique du cor ou de la trompette; 3° la construction arbitraire des accords par des additions et des soustractions de tierces; 4° la division arbitraire du monocorde. Il est donc évident que tous ces systèmes découlent plus ou moins de sources qui ne sont pas intimement liées à la musique en elle-même, c'est-à-dire à l'art tel qu'il se manifeste dans ses résultats immédiats, et que dans tous il a fallu jusqu'à un certain point ajuster cet art au principe étranger qu'on lui donnait.

La seule chose à laquelle on n'a point songé directement, c'est de chercher le principe de l'harmonie dans la musique elle-même, c'est-à-dire, dans *la tonalité*. Mais qu'est-ce que la tonalité? Si niaise que soit cette question, en apparence, il est cependant certain que peu de musiciens pourraient y répondre d'une manière satisfaisante. Pour moi, je dirai que la tonalité réside dans les affinités mélodiques et harmoniques des sons de la gamme, d'où résulte le caractère de nécessité de leurs successions et de leurs agrégations. La composition des accords, les circonstances qui les modifient, et les lois de leurs successions sont les résultats nécessaires de cette tonalité. Changez l'ordre de ces sons, intervertissez leurs distances, et la plupart des relations harmoniques s'anéantiront. Par exemple, essayez d'appliquer notre harmonie à la gamme majeure des Chinois,

ou à la gamme mineure incomplète des Irlandais et des montagnards de l'Écosse :

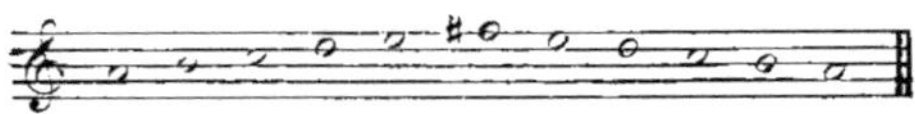

Les successions de notre harmonie deviendront inexécutables dans ces tonalités. Que faire, en effet, d'une harmonie combinée comme celle de notre musique dans une gamme majeure dont le quatrième degré est plus élevé d'un demi-ton que dans notre gamme de même espèce, et n'est séparé de la cinquième note que par un demi-ton ; en sorte que l'attraction qui, dans notre gamme harmonique, existe entre la quatrième note et la septième, et constitue l'harmonie de la dominante, est ici entre la tonique et le quatrième degré, et rend conséquemment toute cadence finale impossible? Que faire d'une harmonie semblable à celle de notre mode mineur dans une gamme mineure dont le sixième degré est plus élevé que le nôtre d'un demi-ton, et qui n'a point de septième note? Il est évident que ces choses ne sont point faites pour aller ensemble. Les airs Irlandais qu'on a publiés dans des recueils d'airs nationaux sont dans le mode majeur, ou appartiennent à des temps modernes, ce qui a permis de les harmoniser tant bien que mal ; il en est de même des airs écossais et du pays de Galles, qui, d'ailleurs, sont souvent accompagnés à l'octave ou en pédale, parce que leur caractère tonal ne permet pas d'employer les actes de cadence de notre harmonique. Le caractère étrange que nous remarquons dans ces airs ne résulte pas de la fantaisie de leurs auteurs, mais de la gamme dont ils faisaient usage.

Ce que j'appelle la tonalité, c'est donc l'ordre de faits mélodiques et harmoniques qui résulte de la disposition des sons de nos gammes majeure et mineure : si une seule de ces distances était intervertie, la tonalité prendrait un autre caractère, et des faits différents se manifesteraient dans l'harmonie. Les conséquences immédiates de cette tonalité sont de donner à certaines notes un sentiment de repos qui n'existe point dans les autres, et d'appeler sur ces notes des terminaisons de cadences, c'est-à-dire l'accord parfait : telles sont la tonique, le quatrième, le cinquième et le sixième degrés ; c'est de priver de ce caractère de repos le troisième degré et le septième, et conséquemment d'en exclure l'accord parfait ; c'est de donner à la relation du quatrième et du septième degré une attraction résolutoire qui imprime à l'harmonie dissonante de la dominante son caractère propre, et l'oblige à se résoudre par une cadence parfaite ou imparfaite, ou à être suivie d'une modulation ; car il n'y a point de milieu pour l'harmonie de la dominante ; il faut qu'elle se résolve ou dans la cadence, ou dans la modulation. Les règles qui proscrivent des successions immédiates de quintes et de tierces majeures n'ont pas d'autre origine ; car deux quintes de suite, ascendantes ou descendantes, et deux tierces majeures ont l'inconvénient de mettre en contact immédiat deux tons qui n'ont point entre eux d'analogie. Tout cela, je le répète, dérive nécessairement de la forme des gammes majeure et mineure, et constitue ce qu'on appelle les lois de la tonalité.

361. Mais, dira-t-on, quel est le principe de ces gammes, et qui a réglé l'ordre de leurs sons, si ce ne sont des phénomènes acoustiques et les lois du calcul? Je réponds que ce principe est purement métaphysique. Nous concevons cet ordre et les phénomènes mélodiques et harmoniques qui en découlent par une conséquence de notre conformation et de notre éducation. C'est un fait qui existe pour nous par lui-même, et indépendamment de toute cause étrangère à nous. Eh quoi ! on ne voudrait pas accorder qu'il a suffi de notre instinct, réuni à l'expérience, pour poser dans une gamme les bases de jouissances destinées à

notre intelligence, et l'on cherchera dans quelque phénomène acoustique inconnu la cause secrète de cette organisation d'une tonalité faite à notre usage! Remarquez d'abord que ces faits acoustiques, mal analysés, n'ont pas la signification qu'on leur accorde à la légère ; car, par exemple, la production de l'harmonie de l'accord parfait majeur, qu'on remarque dans la résonnance de certains corps sonores, est accompagnée de beaucoup d'autres résonnances plus faibles. Il en est de même à l'égard de certains autres corps qui produisent d'autres harmonies. D'ailleurs, l'expérience a prouvé que différents modes de vibration imprimés aux mêmes corps donnent naissance à des phénomènes divers. M. **Troupenas** a démontré (*Revue musicale*, t. **XII**, p. **125**) que l'intervalle de *triton* découvert par M. le baron Blein dans la résonnance d'un plateau carré frappé à l'un de ses angles, n'est autre chose que le résultat de la vibration de ce plateau dans le sens de sa diagonale, tandis que la vibration dans le sens d'un des côtés du plateau donne lieu à d'autres phénomènes. Supposons, pour donner la plus grande extension possible aux prétendues bases naturelles de l'harmonie, que dans la suite des temps on découvre des phénomènes acoustiques qui donnent toutes les harmonies possibles de notre système; en conclura-t-on que ces phénomènes ignorés sont l'origine des harmonies trouvées *à priori* par de grands musiciens? En vérité, ce serait étrangement abuser de l'action supposée par certains sophistes de causes occultes sur nos déterminations, et ce serait porter une rude atteinte à notre liberté philosophique! Certes, quand Monteverde a trouvé l'harmonie de la dominante qui a changé le caractère de la musique, et a constitué notre tonalité en modes majeurs et mineurs toujours uniformes, quel que soit le ton, l'existence de la vibration diagonale du plateau était pour lui le néant : il ne fut déterminé que par son instinct et par de certaines observations d'analogie. Son audacieuse pensée n'a pas créé le fait, mais elle l'a découvert, et le principe qui l'a dirigé est absolument métaphysique.

Parlerai-je du phénomène acoustique de l'échelle harmonique du cor et de la trompette, qui coïncide avec la progression arithmétique? Il fournit, il est vrai, les éléments d'une gamme, mais d'une gamme fausse qui n'est pas la nôtre, et l'on a vu ce qu'en ont pu faire Levens, Ballière et Jamard.

De la division du monocorde, en y introduisant au septième terme le nombre reconnu nécessaire par Euler, comme l'ont fait Catel et M. de Momigny? Elle renferme l'harmonie des accords naturels ; mais en s'arrêtant à ceux-ci, on n'a ni tous les sons de la gamme, ni les éléments d'une tonalité. Pour parvenir à ceux-ci, il faudrait pousser cette division à tous les sons *sol, si, ré, fa, la, ut, mi,* comme l'a fait Schicht; mais alors les accords naturels et artificiels seront confondus, et la classification rationnelle de ces accords n'existera plus.

De la progression purement harmonique? Elle fournit la mesure exacte des intervalles invariables de la tonalité du plain-chant, où il n'existe pas d'intervalle doué d'attraction, mais elle ne peut conduire à la formation d'une gamme comme la nôtre. D'ailleurs les phénomènes acoustiques et le calcul donnassentils les éléments de notre tonalité, ne nous fourniraient point l'ordre dans lequel ils doivent être rangés pour composer cette tonalité ; et l'on a vu que c'est là que réside la difficulté radicale.

362. S'il est reconnu que ces bases de système sont illusoires, qu'elles ont égaré tous ceux qui les ont prises pour point de départ, et qu'elles sont impuissantes à porter l'édifice de la tonalité, il est évident qu'il ne reste plus d'autre principe pour la construction de la gamme et de la tonalité que le principe métaphysique, principe à la fois objectif et subjectif; résultat nécessaire de la sensibilité qui perçoit les rapports des sons, et de l'intelligence qui les mesure et en déduit les conséquences. Après tant de siècles d'études faites dans deux directions absolument contraires, on arrive à reconnaître que les Pythagoriciens se sont trompés en attribuant aux nombres une cause de construction tonale qui ne leur appartient pas; et que les Aristoxéniens ne se sont pas moins trompés en supposant que l'oreille possède une faculté de comparaison qu'elle n'a pas. L'oreille perçoit les sons ; le sentiment trouve *à priori* les formules de leurs associations ; l'esprit compare leurs rapports, les mesure, et détermine les conditions mélodiques et harmoniques d'une tonalité.

363. Cela posé, la science de l'harmonie est toute faite, car cette science n'est autre chose que l'exposé systématique de l'art. La tonique se manifeste par le sentiment absolu de repos qui s'y fait sentir, et l'harmonie dissonante de la dominante achève de lui donner ce caractère par sa résolution attractive sur l'harmonie consonnante de cette tonique.

Le quatrième degré de la gamme, le cinquième et le sixième se font aussi reconnaître pour des notes de repos par la faculté de terminaison de cadences incidentes dont ces notes sont pourvues; l'harmonie consonnante, c'est-à-dire l'accord parfait, leur appartient donc aussi. Ces harmonies, conformes au ton et au mode, sont majeures ou mineures, en raison de l'état naturel des notes. Le troisième et le septième degré, qui ne sont séparés que par un demi-ton de leurs notes supérieures, et qui par cela ont des tendances attractives, ne peuvent être considérés comme des notes de repos, ni conséquemment porter l'harmonie de l'accord parfait dont le caractère est celui de la conclusion. Suivant l'ordre tonal, ils ne peuvent donc être accompagnées que d'harmonies dérivées. Le second degré de la gamme, ne pouvant être la conclusion d'un acte de cadence que dans une progression, n'a qu'un caractère de repos équivoque : de là vient que l'harmonie de l'accord parfait ne lui appartient pas dans les séries harmoniques ascendantes et descendantes de la gamme, et que cette note n'est accompagnée, dans ces formules, que d'une harmonie dérivée.

Il n'y a d'accord naturel fondamental que l'accord parfait, et celui de septième de la dominante. Suivant la belle découverte de Rameau, admise dans tous les systèmes d'harmonie, les autres harmonies naturelles dérivent de celle-là par le renversement des accords fondamentaux.

364. Avec l'harmonie naturelle fondamentale et dérivée. toute la tonalité harmonique est établie, et la faculté de modulation existe. Les autres groupes harmonieux qui peuvent affecter l'oreille ne sont que des modifications de ces accords naturels. Ces modifications ont pour objet de produire la variété

de sensations d'une part, et de l'autre d'établir un plus grand nombre de relations entre les divers tons et modes.

Les modifications des accords consistent dans *la substitution* d'une note à une autre ; *la prolongation* d'une note qui retarde un intervalle de l'accord ; *l'altération* ascendante ou descendante des notes naturelles des accords ; *la substitution réunie à la prolongation ; l'altération réunie à la substitution ; l'altération réunie à la prolongation ; les altérations ascendantes et descendantes collectives ; les anticipations ; les notes de passage.*

365. La substitution n'a lieu que dans l'accord de septième de dominante et dans ses dérivés. La note substituée est *toujours* le sixième degré qui prend la place de la dominante. Ainsi, lorsque l'accord de septième est écrit à cinq parties, savoir : *sol, si, ré, fa, sol,* si l'on substitue *la* à *sol,* dans la partie supérieure, c'est-à-dire si le sixième degré prend la place de la dominante, on a l'accord de *neuvième de la dominante* qui, conformément au mode, est majeur ou mineur. Si l'on fait une substitution semblable dans le premier dérivé *si, ré, fa, sol,* on a dans le mode majeur l'accord de *septième de sensible si, ré, fa, la,* dans le mode majeur, et l'accord de *septième diminuée si, ré, fa, la♭,* dans le mode mineur. Il en est de même des autres dérivés. Ce qui démontre l'analogie de ces accords et l'origine de la formation de ceux-ci, c'est l'identité de leur emploi et de leurs déterminations tonales. Catel a bien vu cette identité, et a constaté le fait de la substitution d'un accord à son analogue ; mais il n'a pas connu le mécanisme de la note substituée ; mécanisme bien important, puisqu'il conduit à la démonstration d'origine de certains autres accords qui ont été l'écueil de toutes les théories.

366. Dans la succession de deux accords, toute note descendant ou montant d'un degré peut se prolonger sur l'accord suivant, dont elle retarde la construction normale. Si la prolongation produit une dissonance, elle doit se résoudre en descendant, comme toute dissonance qui n'est pas une note sensible ; si elle est une consonnance, elle opère son mouvement en montant. C'est ainsi qu'une prolongation qui retarde l'octave de l'accord parfait produit un accord de tierce, quinte et neuvième ; que celui qui en retarde la tierce produit un accord de quarte et quinte ; que le retard de la sixte du premier renversement de l'accord parfait produit un accord de tierce et septième, et que celui de la sixte d'un accord de quarte et sixte, produit septième et quarte. C'est encore ainsi que le retard de la tierce d'un accord de septième donne un accord de quarte, quinte et septième ; que le retard de la note de basse, dans le premier dérivé de cet accord, produit un accord de seconde, quarte et quinte ; que le retard de la sixte, dans le second dérivé, engendre un accord de tierce, quarte et septième ; enfin, que le retard de la quarte majeure dans le dernier dérivé de l'accord de septième, produit un accord de seconde, quinte et sixte. Remarquez que dans l'accord de septième et dans ses dérivés, c'est toujours la tonique qui retarde la septième note. Le retardement ne change pas plus que la substitution la destination des accords naturels, et l'emploi de ceux-ci reste identiquement le même après que la prolongation est résolue.

367. Si l'on réunit les circonstances de la substitution à celle de la prolongation, on a pour modification combinée de l'accord de septième de dominante un accord de quarte, septième et neuvième; pour celle du premier dérivé, un accord de seconde, quarte et sixte; pour celle du second dérivé, un accord de tierce mineure, quinte et septième mineure; enfin, pour celle du dernier dérivé, un accord de tierce, quinte et sixte. Ces modifications combinées ne changent pas la destination des accords naturels : cette destination reste la même que la résolution des modifications. Telle est donc l'origine de ces accords de septième du second degré, de quinte et sixte, etc.; origine qui a été l'écueil de toutes les théories d'harmonie, parce que leurs auteurs ignoraient le mecanisme de la substitution et des modifications collectives des accords.

368. Toute note montant ou descendant de l'intervalle d'un ton dans la succession de deux accords peut être altérée d'un demi-ton. Les altérations ascendantes se font par l'addition d'un dièse ou par la suppression d'un bémol; toute altération descendante naît de l'addition d'un bémol ou de la suppression d'un dièse. Toute note affectée d'une altération ascendante prend le caractère d'une note sensible accidentelle, et se résout nécessairement en montant.

Les altérations introduisent une immense quantité de modifications dans les accords naturels, et se combinent avec la substitution simple, avec la prolongation et avec la substitution réunie au retardement.

Les altérations ascendantes et descendantes peuvent être prolongées dans la succession de deux accords. Lorsque la prolongation est celle d'une altération ascendante, elle doit se résoudre en montant, quoique dissonante, parce que le caractère d'attraction résultant de celui de la note sensible accidentelle absorbe celui de la dissonance.

De ces modifications complexes des accords naturels résultent des affinités multiples qui mettent en rapport tous les tons et leurs modes, réalisent la dernière période du développement de l'harmonie que j'ai désignée sous le nom d'*ordre omnitonique*, et fournissent la solution de ce problème : *Une note étant donnée, trouver des combinaisons et des formules harmoniques telles qu'elle puisse se résoudre dans tous les tons et dans tous les modes*. Elles engendrent aussi un grand nombre d'accords nouveaux non encore employés par les compositeurs, et dont j'ai déterminé *à priori*, par l'analyse, la forme, la destination et l'usage.

369. L'anticipation est un artifice par lequel on fait entendre sur un accord une des notes de l'accord qui doit lui succéder : cet artifice est toujours mélodique; car c'est la partie chantante qui l'emploie.

370. Les notes de passage sont celles qui, trop rapides ou trop peu significatives dans les formes de la mélodie ou de l'accompagnement pour avoir chacune une harmonie propre, sont cependant nécessaires pour le complément de ces formes. L'oreille admet l'usage de ces particules explétives de l'harmonie, pourvu que leur mouvement s'opère par degrés conjoints, lorsqu'elles sont étrangères aux accords.

371. Il est des formules harmoniques appelées *progressions* ou *marches de basse*, parce que la basse y fait une série de mouvements semblables, comme

de monter de seconde et descendre de tierce, monter de quarte et descendre de quinte, etc. Dans ces progressions, on place à chaque mouvement accompli des notes de la basse les mêmes accords dont on a accompagné le premier. Il y a de ces progressions qui modulent à chaque mouvement : il en est d'autres qui ne modulent pas. Dans ces dernières, l'esprit suspend toute idée de tonalité et de conclusion jusqu'à la cadence finale, en sorte que les degrés de la gamme perdent leur caractère tonal, l'oreille n'étant préoccupée que de l'analogie du mouvement. De là vient que, dans ces progressions non modulantes, tous les accords peuvent être posés sur toutes les notes. Ainsi, dans une progression qui monte de seconde et descend de tierce, on mettra alternativement l'accord parfait et l'accord de sixte sur toutes les notes, d'où il arrivera que l'accord parfait, étant placé sur le septième degré, aura la quinte mineure. Ainsi encore, dans une progression qui montera de quarte et descendra de quinte, en commençant par la dominante accompagnée de l'accord de septième, on mettra l'accord de septième sur tous les degrés; et il arrivera de cette similitude de mouvement et d'harmonies que l'accord dont il s'agit sera composé de tierce majeure, quinte juste et septième majeure sur la tonique et sur le quatrième degré, et de tierce mineure, quinte juste et septième mineure sur le troisième degré et sur le sixième. Telle est l'origine des théories de Vogler et de Schneider, qui font placer l'accord parfait et celui de septième sur toutes les notes de la gamme, quoiqu'en réalité un pareil emploi de ces accords serait destructif de tout sentiment de tonalité, s'il se faisait ailleurs que dans les progressions non modulantes, où la tonalité est en effet anéantie jusqu'à l'acte de cadence.

372. Parvenue à ce point, la théorie de l'harmonie est au dernier terme de l'art et de la science : elle est complète, et rien n'y peut être ajouté. C'est cette théorie que j'ai développée dans cet ouvrage. Rameau, Sorge, Schroeter, Kirnberger et Catel en ont trouvé successivement les premiers éléments, et je l'ai complétée, en la posant sur la base inébranlable de la tonalité. Ce qui en démontre invinciblement l'excellence, c'est qu'elle est en même temps l'histoire des progrès de l'art, et la meilleure analyse des faits qui s'y manifestent

FIN DU QUATRIÈME ET DERNIER LIVRE.

NOTES.

NOTE *A.*

(Voyez le chapitre V du livre II.)

La substitution du sixième degré à la dominante dans les accords dissonants naturels, pour la production des modifications harmoniques de ces accords, a soulevé des objections de la part de plusieurs artistes et professeurs estimables lorsque je publiai la première édition de mon *Traité d'harmonie*. M. Zimmerman, mon ami, professeur au Conservatoire de Paris, savant musicien et partisan déclaré du système théorique de Catel, attaqua ma doctrine sur ce point et sur plusieurs autres, dans le journal intitulé *la France musicale*. J'écrivis à ce sujet plusieurs lettres qui parurent dans *la Revue et Gazette musicale de Paris*[1]. La première de ces lettres contenait une discussion approfondie du principe de la substitution, dont les conséquences sont de la plus haute importance dans le système de la science : je crois devoir en donner ici un extrait qui jettera de nouvelles lumières sur ce sujet.

Dans le numéro de *la France musicale* du 26 mai 1844, M. Zimmerman disait : *M. Fétis, qui a fondé sa Théorie sur l'attraction du quatrième degré de la gamme avec le septième, aurait dû apporter sa sagacité ordinaire dans l'appréciation de cette attraction.*

Voici ma réponse : « Si je n'ai pas fait cela, mon cher Zimmerman, dans un livre qui n'avait pas d'autre objet, non seulement tu es en droit de dire que j'ai manqué de sagacité, mais tu dois ajouter que je suis le théoricien le plus maladroit qui se soit jamais donné la mission de formuler un système. J'avoue pourtant que je ne comprends pas comment j'aurais pu fonder une théorie sur une chose que je n'aurais pas appréciée convenablement ; car, ou mes déductions sont conformes au principe, et dans ce cas j'ai dû apprécier celui-ci pour les en tirer ; ou elles n'en découlent pas, et dès lors je serais en contradiction avec moi-même, ce que tu ne m'as pas reproché ; ou enfin le principe est faux, et les conséquences, rigoureusement déduites, sont fausses aussi ; or, dans cette supposition, j'aurais encore apprécié avec justesse le principe, seulement j'aurais erré à l'égard de celui-ci. Voyons quelle est ton opinion concernant l'attraction du quatrième et du septième degré.

» *Au lieu d'attribuer à je ne sais quel contact du quatrième degré et du cinquième la propriété de faire admettre sans préparation la septième dominante, M. Fétis aurait dû reconnaître que cette septième, qui contient la quinte diminuée,*

---

(1) Année 1844, numéros 29, 32, 35, 37, 39 et 40.

lui est redevable du privilége de se faire entendre sans être préparée. C'est le principe vivifiant de l'attraction qui manifeste ici sa puissance.

» Ainsi tu glorifies l'attraction des deux notes de la gamme, qui, seules, peuvent la faire naître : dès lors tu es d'accord avec moi sur ce qui constitue la tonalité moderne. Je prends acte de cette déclaration de ton opinion sur ce sujet, car elle simplifie beaucoup la discussion concernant la valeur de ma théorie. Ce que tu me reproches, c'est d'avoir admis une dualité de principes pour l'harmonie dissonante naturelle de l'accord de septième dominante, c'est-à-dire non seulement l'attraction du quatrième degré et du septième, mais aussi *je ne sais quel contact du quatrième et du cinquième!* Tu ajoutes, pour expliquer toute ta pensée : *Comment M. Fétis n'a-t-il pas constaté avec bonheur que ce principe fécond (l'attraction des quatrième et septième degrés) étend et transporte sa prérogative aux septièmes mixte et diminuée qui contiennent aussi cette quinte diminuée? La substitution n'a que faire là. Cet élément nouveau et inutile ne ferait qu'embrouiller et remettre en question un fait désormais acquis à la science.*

» *Depuis deux siècles, la quinte diminuée nous révèle son importance ; ne soyons pas ingrats; ne la dépouillons pas de son privilége, et reconnaissons ce que notre art lui doit.*

» Je te demande beaucoup d'indulgence, ami, pour les longs développements où je dois entrer en répondant à ces lignes. La critique a bientôt fait quand elle attaque un principe : il lui suffit de quelques mots pour le nier; mais il faut de longues analyses pour lui rendre ses droits. Et d'abord je te ferai remarquer que dans tes habitudes de dévouement entier à la théorie de Catel, résultat inévitable de ton éducation harmonique pour cette théorie, tu n'as pas cru nécessaire de discuter la partie de mon livre où j'ai établi la réalité du genre de modification de l'harmonie naturelle que j'appelle *substitution*, et tu m'opposes simplement les erreurs de cette même théorie que je crois avoir à jamais anéantie par une analyse scientifique où rien n'a été oublié. C'était particulièrement aux disciples dévoués de Catel que je m'adressais lorsque j'ai écrit dans l'introduction du chapitre où j'ai traité ce sujet : *Nous touchons à l'une des questions les plus délicates de la théorie de l'harmonie, à l'un des faits les plus singuliers de l'art dont la science ait à rendre raison. Je dois ici redoubler de soins pour exposer avec clarté les conséquences de la loi de tonalité dans les phénomènes dont il s'agit; mais je ne puis espérer d'atteindre le but que je me propose, qu'autant que le lecteur, m'accordant une attention soutenue, se dépouillera des préoccupations de théories basées sur d'autres considérations que celles de la tonalité.* Or, il me paraît que tu ne t'es pas dépouillé de ces préoccupations, et que tu ne m'as pas accordé toute l'attention que je demandais; car tu m'opposes simplement ce que j'ai réfuté, comme si je ne l'avais pas compris, ou comme si je l'avais négligé.

» Qu'avais-je établi avant d'aborder le sujet de la substitution, et des autres modifications des accords naturels? J'avais démontré qu'avec l'accord parfait, celui de septième de dominante et leurs dérivés, toute la tonalité moderne est constituée; qu'eux seuls sont nécessaires; qu'ils suffisent à tous les cas de successions mélodiques, et que les autres combinaisons harmoniques ne sont que des modifications de celles-là; modifications nées de la fantaisie et du besoin de variétés que nous éprouvons dans nos sensations. Voilà, cher Zimmerman, ce qu'il faut commencer par mettre au néant avant d'attaquer ce que j'appelle la *substitution*. Mais le moyen, après m'avoir accordé que Manteverde a constitué la tonalité moderne en pratiquant sans préparation l'accord de septième mineure avec tierce majeure, c'est-à-dire le double contact attractif du quatrième degré de la gamme, du cinquième et du septième? Le moyen, d'ailleurs, de se refuser à l'évidence que toute musique peut être ramenée à l'harmonie des accords naturels dont j'ai parlé, en la dépouillant des divers genres de modifications dont les accords sont susceptibles; tandis que, si l'on supprimait un seul de ces accords, elle serait anéantie à l'instant même? C'est une vérité dont chacun peut acquérir immédiatement la preuve par l'expérience. Je crois te l'avoir déjà dit : je suis un logicien obstiné; après que l'on m'a concédé un principe, il faut qu'on en accepte les conséquences. Or, si la tonalité moderne est complète avec l'accord parfait, celui de septième de dominante et leurs dérivés, toutes les autres harmonies ne sont que des modifications de celles-ci ; il ne s'agit plus que de découvrir de quels genres sont les modifications. Pour me servir de la langue philosophique, je dirai que les premiers accords sont le général et le nécessaire de la musique, et que les autres n'en sont que le contingent.

» Suivant toi, ou plutôt suivant Catel, dont tu adoptes les opinions, les accords que tu appelles avec lui *septième mixte* et *septième diminuée*, c'est à-dire *si*, *ré*, *fa*, *la*, et *si*, *ré*, *fa*, *la* bémol, sont des accords aussi naturels que celui de septième de dominante *sol*, *si*, *ré*, *fa*, puisqu'ils s'attaquent comme lui sans préparation; et tu penses qu'ils sont redevables de cette prérogative à la relation attractive du quatrième degré et du septième qui existe dans l'accord de septième que tu appelles *mixte*, et dans celui de septième diminuée. La *substitution*, ajoutes-tu, *n'a que faire là*. Examinons ces propositions.

» D'abord, n'inférons pas de ce qu'un accord peut être entendu immédiatement et sans préparation qu'il est primitif et nécessaire; car les accords altérés sont dans le même cas, quoiqu'on ne puisse certainement pas dire qu'ils ne sont ni nécessaires ni primitifs : ils anéantiraient même le sentiment de la tonalité si l'intelligence musicale ne portait un jugement rapide sur la nature de la modification, et ne rétablissait par la pensée la note ou les notes altérées dans leur état normal.

» Ensuite, tu attribues trop exclusivement le caractère attractif à la relation du quatrième degré et du septième : ce caractère d'attraction n'est complet, impérieux, que lorsque ces deux notes sont réunies au cinquième degré. Rappelle-toi ces successions que tu as cent fois employées toi-même :

ou

» Il n'y a pas là d'attraction : les mouvements de l'harmonie sont libres quoique le quatrième degré et le septième soient mis en relation.

» Tu dis, en parlant du rapport du quatrième degré et du cinquième, que j'ai considéré comme nécessaire pour déterminer l'attraction tonale : *je ne sais quel contact*, etc. Qu'entends-tu par cela? Que tu ignores quelle loi de la nature a établi ce contact? Eh! mon digne ami, je n'en sais pas plus que toi à cet égard; notre ignorance, à tous, est égale; car nous ne connaissons les phénomènes qui affectent nos sens que par leurs effets; les substances et les causes premières seront un éternel mystère pour nous. Mais si ces mots, *je ne sais quel contact du quatrième degré et du cinquième*, ont un sens négatif, je me trouverai, vis-à-vis de toi, dans la situation de ce philosophe à qui on niait le mouvement et qui marchait ; je te renverrai au phénomène lui-même, à l'accord de septième de la dominante, et ma réponse sera victorieuse ; car il s'agit d'un fait dont je prouverai l'existence par le fait.

» Maintenant, qu'est-ce que la substitution, et quelle garantie avons-nous de sa réalité ? La substitution, tu l'as vu dans mon livre, est la faculté de faire entendre dans l'accord de septième de dominante et dans ses dérivés le sixième degré au lieu du cinquième, en vertu d'une loi qui ne nous est pas plus connuë que celle des autres phénomènes harmoniques, mais dont notre organisation accepte les effets, et dont notre intelligence saisit le mécanisme. Lorsque l'accord de septième est accompagné de l'octave du son principal (*sol*, *si*, *ré*, *fa*, *sol*, ou *sol*, *si*, *fa*, *sol*), si on substitue le septième degré du mode majeur au cinquième, on a un accord de neuvième majeure de la dominante (*sol*, *si*, *ré*, *fa*, *la*, ou *sol*, *si*, *fa*, *la*). La même substitution dans le premier dérivé de l'accord de septième (*si*, *ré*, *fa*, *sol*) donne un accord de septième (*si*, *ré*, *fa*, *la*), que j'appelle *septième de sensible*, à cause de la note qui lui sert de base. La même substitution dans le second dérivé (*ré*, *si*, *fa*, *sol*) produit un accord de quinte et de sixte sensible (*ré*, *si*, *fa*, *la*) ; enfin la même substitution dans le troisième dérivé (*fa*, *si*, *ré*, *sol*) engendre un accord de triton avec tierce (*fa*, *si*, *ré*, *la*). Chacun de ces accords ainsi modifié a la même destination totale, et remplit les mêmes fonctions que les accords primitifs, car ces successions :

représentent celles-ci :

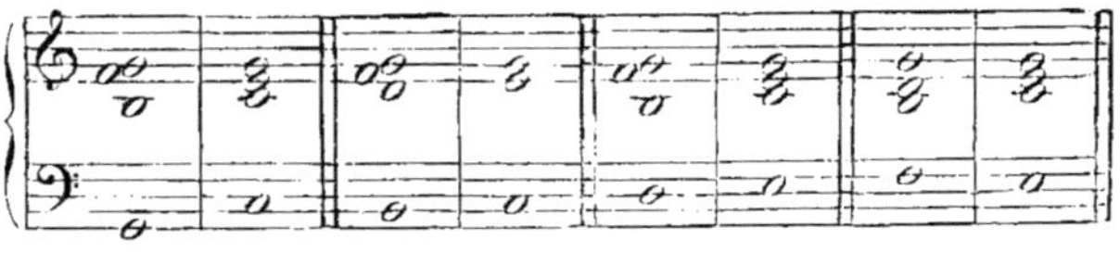

» Une différence pourtant existe entre les accords affectés de substitutions et les accords primitifs ; car les intervalles de ceux-ci sont agréables à l'audition dans toutes leurs positions respectives, et l'on peut entendre avec autant de plaisir le même accord sous les formes *ré*, *fa*, *sol*, *si*, ou *ré*, *sol*, *si*, *fa*, ou *ré*, *si*, *fa*, *sol*, tandis que les deux notes *si*, *la* des accords affectés de substitution blessent l'oreille, si elles ne sont tenues à la distance d'une septième, ce qui ne permet qu'une forme pour chaque accord, et limite conséquemment l'emploi de ces accords modifiés à un petit nombre de cas. Par le même motif, la substitution ne peut être employée au son grave de l'accord de septième de dominante pour remplacer *sol*, *si*, *ré*, *fa*, par *la*, *si*, *ré*, *fa*; car les deux notes dissonantes y seraient à l'intervalle de seconde.

» C'est ici que se fait voir avec évidence la vérité, la rectitude d'une théorie d'harmonie basée sur la loi de tonalité, et que l'insuffisance et l'erreur se montrent comme les conséquences naturelles des systèmes établis sur des considérations d'accords isolés. Catel, n'ayant pas vu que les circonstances qui donnent naissance à l'accord de neuvième majeure de la dominante et à celui de septième de sensible sont les mêmes, et qu'elles dérivent du même principe, en a fait deux accords fondamentaux; ayant chacun leurs dérivés. Or, le second de ces accords (*si*, *ré*, *fa*, *la*) a, dit-il, pour dérivés *ré*, *fa*, *la*, *si*; *fa*, *la*, *si*, *ré*, et *la*, *si*, *ré*, *fa*; mais trop bon musicien dans la pratique pour ne pas savoir que ces accords ont, sous ces formes, une harmonie dure et désagréable qui ne permet pas d'en faire usage, il établit tout d'abord une première exception dans ces mots : *Pour employer le premier et le deuxième dérivé de cet accord d'une manière plus agréable, il faut que l'intervalle de seconde, qui s'y trouve, soit présenté sous le renversement de septième.* Son embarras est plus grand à l'égard du dernier dérivé, qui, suivant la doctrine de la loi tonale, résulterait de la substitution du sixième degré à la note grave de l'accord de septième dominante. Ce dernier dérivé (*la*, *si*, *ré*, *fa*) n'est, dit-il, pas d'usage sans la préparation de la note inférieure [1]. Ainsi voilà un prétendu accord fondamental dont deux dérivés ne peuvent trouver d'emploi qu'en renversant leur forme, et dont le troisième ne participe pas de la nature du fondamental, puisqu'il doit être *préparé*, et que le fondamental est rangé par Catel dans la classe des *accords naturels*, c'est-à-dire qui n'ont pas besoin de préparation ! Vit-on jamais un oubli plus complet de toute logique ?

» Mais nous ne sommes pas au bout de la confusion d'idées qui se fait remarquer dans cette partie de la théorie de Catel, car tu te rappelles, ami, ce passage de son *Traité d'harmonie* (p. 15) : *L'accord de septième de sensible n'appartient pas exclusivement au mode majeur : il est des cas où on l'emploie sans préparation sur la seconde note du mode mineur relatif. Alors il se nomme accord de seconde note du mode mineur. Il fait sa résolution sur la dominante.*

» *C'est ce double emploi qui fait donner à cet accord le nom de septième mixte.*

» *Comme* (attendu que) *dans le mode mineur cet accord s'emploie beaucoup plus souvent en préparant la septième que sans préparation, ce n'est plus qu'un accord de quinte diminuée* (quinte mineure) *qui reçoit une prolongation de septième. Ainsi, il entre dans la série des accords simples qui reçoivent la prolongation d'une note étrangère.*

» Qu'est-ce à dire ? Si cet accord est le produit d'une prolongation, son emploi sans préparation n'est donc admissible dans aucun cas; et s'il n'a pas la même origine que l'accord artificiel de septième de sensible, il n'est donc pas le même; et l'idée d'un accord *mixte*, appartenant à deux tons et à deux modes différents, ayant deux origines et deux emplois contradictoires, est donc absolument fausse! Tu vois, mon cher Zimmerman, que tes objections contre la lucide théorie que j'ai présentée de deux accords que Catel a mal à propos confondus en un seul, étant puisées dans cette conception dépourvue de toute logique, tombent avec cette malheureuse conception, dont j'ai rendu les contradictions palpables dans les chapitres 5ᵉ et 6ᵉ du deuxième livre de mon *Traité de la théorie et de la pratique de l'har-*

____

(1) *Traité d'harmonie*, p. 14.

monie. Une seule chose m'étonne, c'est que tu aies passé sous silence, dans ta critique de mon principe de la substitution, cette analyse d'un fait important par laquelle je répondais d'avance à tes objections, et de manière, ce me semble, à ne pas laisser de réplique raisonnable possible.

» Mais ce principe de la substitution, qui te semble *un élément nouveau et inutile*, quoique j'aie démontré qu'il dérive nécessairement de la loi de tonalité, et que sans lui la construction d'un système rationnel et complet d'harmonie, conforme aux faits de la pratique, est impossible, ce principe, dis-je, a été présenté et reconnu par Catel lui-même, quoiqu'il n'en ait vu ni le mécanisme, ni la portée; car il a dit en parlant des accords de septième de la dominante et de neuvième : *La similitude qui existe entre ces deux accords prouve leur identité, et démontre clairement qu'ils ont la même origine*. Or, si la similitude d'emploi de ces accords démontre l'identité de leur origine, quoique leur forme ne soit pas exactement semblable, il ne s'agit plus que de découvrir la circonstance qui opère la modification, et l'on n'en saurait trouver d'autre que la substitution du sixième degré à la dominante, dans la note supérieure de l'accord. Continuant l'examen, on voit que la même circonstance se reproduit dans tous les dérivés de l'accord de septième, et l'on trouve ainsi l'origine de l'accord de septième de sensible et de tous les autres du même genre. Enfin, l'accord de septième dominante ayant dans le mode mineur la même constitution que dans le mode majeur, on voit que c'est encore la même circonstance, c'est-à-dire la substitution du sixième degré du mode mineur au cinquième, qui donne naissance aux accords de neuvième mineure de la dominante, de septième diminuée sur la note sensible, etc. De plus, on acquiert la conviction que cette substitution est mélodique, ce qui indique suffisamment le motif de la nécessité de tenir la note substituée à la position supérieure de l'accord, et nous fait éviter l'anomalie où tombe Catel d'une substitution dans la note grave de l'accord, et la contradiction monstrueuse d'un accord dérivé qui n'a pas la même nature que le fondamental. Dans ma théorie, qui est celle de la nature et de l'art, tout est général et régulier; dans celle de Catel, dont tu as entrepris la défense, tout est rempli de contradictions, d'exceptions et de pétitions de principes.

» (1) Tu dis qu'en faisant naître l'accord de septième de sensible d'une substitution, je ne lui donne qu'une existence conditionnelle : cependant, ajoutes-tu, cet accord *si, ré, fa, la*, dans le mode majeur, et sa résolution *ut, mi, sol*, produisent tous les degrés de la gamme. D'abord je te ferai remarquer que ce n'est pas moi qui donne une existence conditionnelle à l'accord de septième sensible, mais la nature même de l'accord et ses fonctions dans la musique. Pour qu'il eût une existence nécessaire, indépendante, absolue, il faudrait qu'il fût, comme l'accord de septième dominante, indispensable à la contexture de l'enchaînement harmonique de la tonalité moderne; qu'il n'eût pas pour condition que sa dissonance occupât toujours la position supérieure, comme note mélodique, soit dans l'ordre direct, soit dans les renversements, et que ses intervalles pussent être combinés dans toutes les positions, comme ceux de l'accord fondamental dont il est le substitué. Or, c'est ce qui n'est pas, et c'est pour cela que l'existence de l'accord de septième de sensible n'est que contingente ou conditionnelle.

» Mais l'absence de généralité et de nécessité qu'on remarque en cet accord ne le prive ni de son caractère tonal, ni de son attraction. Par cela même qu'il se substitue

(1) Extrait de la cinquième lettre, *Revue et Gazette musicale*, 1844, numéro 40.

à l'harmonie de la septième dominante en certains cas, il le représente et en remplit les fonctions dans le cercle des faits harmoniques où il est employé; d'où il suit qu'il doit faire retrouver toutes les notes de la gamme dans sa constitution et dans sa résolution. »

NOTE *B.*

(Voyez le chapitre VII du livre II.)

La théorie que j'ai exposée dans le septième chapitre du second livre de ce traité, concernant l'origine de certains accords par la réunion de la substitution au retard des notes naturelles dans l'accord de septième et dans ses renversements, a été l'objet de beaucoup de critiques, notamment par M. Zimmerman, dans ses lettres publiées par *la France musicale*. Je crois devoir rapporter ici ces critiques avec les réponses que j'y ai faites dans *la Revue et Gazette musicale de Paris*. On y trouve une nouvelle source d'instruction sur ce sujet.

Voici comment s'exprimait M. Zimmerman :

« Obscurité pour obscurité, s'il fallait absolument subir le mode de substitution, je me résignerais aussi bien au luxe de deux substitutions qu'à la complication du retard et de la substitution. » Plus loin il ajoutait : « M. Fétis n'a fait qu'effleurer le mode de substitution qu'il propose. Nous venons de faire remarquer que, dans le mode mineur, on peut arriver à faire concevoir deux substitutions simultanées : puisque la route était frayée, cramponné *à sa substitution*, M. Fétis aurait dû aller encore plus loin et tirer toutes les conséquences de cette nouvelle doctrine; au moins il aurait eu un système complet en obtenant les divers genres de septième qui se présentent sur les degrés de la gamme ; exemples :

MODE MAJEUR.

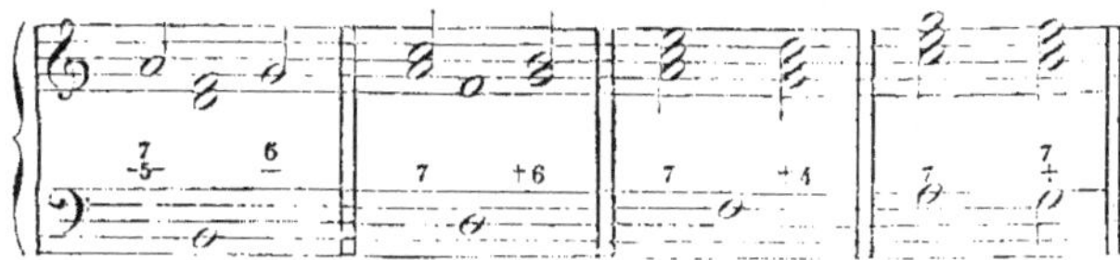

Ma réponse fut celle-ci :

« Cher Zimmerman, les curieux passages que je viens de rapporter me jettent, je l'avoue, dans un profond étonnement. Tu es trop grand musicien pour qu'il me soit permis de penser que tu n'as pas compris ce que j'ai établi avec beaucoup de clarté. D'autre part, tu as l'esprit trop sérieux pour avoir fait seulement une plaisanterie. Enfin, il n'est pas possible de croire que tu m'aies voulu combattre par une forme d'ironie! Qu'est-ce donc, et que prétends-tu par cette phrase : *M. Fétis cramponné à sa substitution?* Ai-je une substitution, moi? Ai-je (comme tu le dis) *proposé* cette substitution ? Eh ! mon ami, il n'y a personne au monde qui, sans mettre en révolte notre sentiment et notre intelligence, puisse proposer de mettre dans l'harmonie ce qui n'y est pas contenu depuis la création. Nous ne faisons que découvrir les phénomènes des relations des sons, et constater leur identité avec les opérations de notre faculté de concevoir, sous l'impression de la sensibilité. Cette substitution, ce n'est pas moi qui la veux : c'est Catel, c'est toi, c'est tout le monde ; j'en ai seulement découvert et analysé le mécanisme.

» Mais si j'avais voulu faire naître les accords que tu donnes pour exemples de la réunion de plusieurs substitutions, dans ta manière de comprendre ce genre de modification des accords naturels, j'aurais tenté l'impossible ; car j'aurais voulu mettre un système arbitraire à la place de la vérité, et le sentiment universel aurait repoussé ma folle prétention. Tu fais certainement usage de l'accord *si*, *ré*, *fa*, *la*, sans préparation, sur le septième degré du mode majeur, comme tu fais *si*, *ré*, *fa*, *sol* ; mais tu n'a jamais employé de la même manière les accords *ré*, *fa*, *la*, *ut* ; *fa*, *la*, *ut*, *mi* ; *la*, *ut*, *mi*, *sol* : dans tous ceux-ci, tu as préparé la dissonance. Cette circonstance est décisive et suffit pour démontrer que ces accords ne naissent pas du mécanisme de la substitution, mais de certaines autres circonstances harmoniques dont je vais parler.

» J'ai dit que le second genre de modification de l'accord dissonant naturel est le retard d'une de ses notes par la prolongation d'une note précédente : or, la note retardée est *toujours* la note sensible par la prolongation de la tonique. Au lieu de ces successions naturelles :

on a donc celles-ci :

» Tu ne nies pas vraisemblablement ces harmonies qui se trouvent dans toute musique ! Il n'y a pas moyen, car c'est la nécessité des tendances tonales. Or (et remarque-le, nous voici parvenus au point important de discussion soulevé de tout temps entre nous), j'ai constaté avec certitude, autant par la puissance du raisonnement que par une analyse persévérante des faits de pratique, que les divers genres de modifications introduits dans les accords naturels sont indépendants les uns des autres, et qu'ils accomplissent chacun l'objet de leur destination, sans préjudice des phénomènes des autres modifications : d'où résulte la faculté de les réunir sans qu'ils se nuisent. Cela se voit fréquemment dans les altérations qui accompagnent les prolongations, ou dans les altérations doubles, dont les unes sont ascendantes et les autres descendantes. Pourquoi donc, dis-moi, la réunion de la substitution et de la prolongation te répugne-t-elle davantage ? N'y a-t-il pas évidence , au contraire , que toutes les successions suivantes ne sont qu'un seul et même fait tonal ?

L'accord de septième mineure avec tierce mineure sur le deuxième degré, qui est le produit de la substitution réunie à la prolongation , est présenté par Catel comme le résultat d'une prolongation du eptième sur un accord parfait *déjà complet. Tu appuies cette théorie par l'observation suivante : Ces prolongations, ainsi que toutes celles de la même nature, trouvent leur résolution dans l'accord suivant. Cette circonstance apporte une grande différence entre la prolongation ajoutée à un accord déjà complet, et le retard, dont le nom seul indique la mission de retarder une des notes de l'accord qui en est affecté. Ce procédé de la prolongation produit toutes les septièmes avec quinte juste. Cette théorie si lumineuse doit son admission à son admirable simplicité. Cela est moins neuf; mais cela est plus vrai.*

» Chose singulière , ami, que la puissance des principes sur la direction de notre esprit ! Ce qui te paraît être doué de vérité irréfragable et d'une admirable simplicité , dans la théorie de Catel, est précisément ce qui m'en a révélé les défauts, et ce qui me semble l'écueil où elle périt. Examinons donc attentivement cette difficulté.

» La différence essentielle qui se trouve sur ce point entre ta théorie et la mienne est que tu fais venir l'accord de septième mineure avec tierce mineure, sur le second degré de la gamme, d'une modification de l'harmonie consonnante, tandis que je tire son origine de deux modifications de l'harmonie dissonante naturelle; d'où il résulte, suivant le principe de tonalité que tu as adopté conformément à ma théorie, que cet accord, ainsi que tous ceux de septième avec quinte juste , autres que celui de septième de dominante) ont dû précéder l'introduction de celui-ci dans la musique ; car tu te rappelles ce que j'ai établi et ce que tu as admis, à savoir, que l'harmonie consonnante, avec ses modifications, compose toute la musique de l'ancienne tonalité , et que la tonalité moderne est le fruit de l'harmonie dissonante naturelle. Cela étant, nous devrions voir apparaître dans la musique ancienne (qui a précédé l'accord de septième de la dominante) l'accord de septième mineure du second degré, ainsi que les autres accords de septième avec quinte juste , et conséquemment l'accord de quinte et sixte , celui de tierce, quarte et sixte , et enfin celui de seconde avec quarte et sixte : or, n'est-ce pas un fait plus que singulier que ces accords , nés, selon Catel et toi , de l'harmonie consonnante , ne se rencontrent pas dans la multitude de messes, de motets, de madrigaux écrits pendant plus de deux siècles avant l'introduction de l'accord de septième dominante dans la musique, tandis qu'on les voit apparaître après que cet accord a changé la tonalité? Et ne va pas croire que ceci soit l'effet du hasard : il n'y a point de hasard contre les principes des choses ; ceux-ci doivent épuiser toute leur virtualité avant que d'autres principes se produisent.

» D'ailleurs, toi, élève de Cherubini dans l'art d'écrire, rappelle-toi ses leçons, et souviens-toi de ses préceptes concernant l'exclusion de la septième avec la quinte, de la quinte et sixte, et des autres harmonies de cette espèce dans le contrepoint. Ces règles, présentées d'une manière empirique par Cherubini, n'étaient en lui que des traditions d'école dont on ne lui avait pas expliqué l'origine dans sa jeunesse, parce que son maître, parce que tous les maîtres de l'Italie n'en savaient pas plus que lui à cet égard ; mais lorsque, guidé par la loi de tonalité, j'eus démontré, dans mon *Traité de contrepoint*, que ces harmonies en sont bannies, parce qu'elles ne résultent pas de modifications de l'harmonie consonnante, Cherubini, bien qu'il n'aimât pas les idées nouvelles en matière de doctrine, fut saisi de l'évidence de cette déduction, et me loua précisément là-dessus, dans son rapport à l'Institut sur mon ouvrage. Encore une fois, mon cher Zimmerman, le principe de tonalité étant posé et admis, il en faut accepter toutes les conséquences. Il n'y a, il ne peut y avoir, dans toute musique basée sur l'harmonie consonnante et sur ses modifications, que des septièmes retardant des sixtes, accompagnées de la tierce et sans quinte ; il n'y a de prolongation possible sur un accord parfait, *déjà complet*, que celle qui produit la neuvième par le retard de l'octave ; enfin, une prolongation qui n'est pas un retard est absolument incompréhensible, et n'a jamais existé que dans la tête de Catel. Comment fait-il, d'ailleurs, la résolution de cette prétendue prolongation sur un accord parfait complet? N'est-ce pas sur l'harmonie de la septième de la dominante (*Traité d'harmonie*, p. 25)? Et ce fait ne démontre-t-il pas invinciblement que c'est cette harmonie qui est retardée par la prolongation? Voilà pourtant, ami, la théorie dont tu loues l'admirable simplicité! Il y en a une bien plus simple, que j'ai analysée dans mon livre ; elle consiste à placer sur tous les degrés des gammes majeure et mineure l'accord parfait ou de tierce et quinte, l'accord de septième et l'accord de neuvième, comme existant par eux-mêmes, et différant seulement par la nature de leurs intervalles. Rien de plus simple que cela ; rien de plus clair! seulement cela est faux, car le plus grand nombre de ces accords n'a pas d'existence *à priori*.

» J'ai donné de justes éloges à Catel pour le service qu'il a rendu en France, en faisant disparaître de la science de l'harmonie la considération des accords isolés, la remplaçant, pour un grand nombre d'accords, par les faits de succession, et faisant intervenir particulièrement, dans la formation des groupes harmoniques, les retards et les altérations. Ce fut un grand pas de fait vers une théorie rationnelle et complète de l'harmonie ; malheureusement les forces intellectuelles de ce musicien distingué ont failli devant certaines difficultés, et ne lui ont permis d'atteindre qu'en partie le but qu'il s'était proposé. »

Ces réponses reposent sur des considérations si élevées, et sur des faits empreints d'un tel caractère d'évidence, qu'elles n'ont trouvé que des approbateurs parmi les artistes. Cependant M. Zimmerman ne s'était pas tenu pour vaincu, car il publia dans le n° 34 de la *France musicale* (année 1844) une réplique par laquelle il prétendait repousser mes arguments concernant l'impossibilité de tirer de l'harmonie consonnante les accords de septième avec quinte, de quinte et sixte, etc. En ce qui concerne l'absence de ces accord dans les œuvres des musiciens qui ont précédé Monteverde, il dit dans cette réplique :

« Des considérations sur ce que les anciens maîtres ont fait ou n'ont pas fait n'amèneraient qu'une phraséologie plus ou moins sonore, mais tout à fait impuissante. »

Voici ma réponse à ce passage : « Je pense, contrairement à toi, qu'il y a autre chose que de la phraséologie dans l'examen de ce qu'on a tiré d'un principe, quand ce principe était en vigueur ; et mon opinion à cet égard est conforme à celle de plusieurs savants justement célèbres. Le profond métaphysicien Maine de Biran a très bien démontré, dans son livre *De l'influence de l'habitude sur la faculté de penser*, que les conséquences d'un principe sont d'autant mieux aperçues et mises en pratique par ceux qui sont dirigés par lui, que ce principe est plus simple, et qu'il peut être plus facilement épuisé. Or, c'est précisément ce qui a lieu à l'égard de l'harmonie consonnante, que les anciens maîtres ont seule connue. Resserré par elle dans des limites très étroites, leur génie se met, dès la fin du quatorzième siècle, à la recherche des moyens qui peuvent introduire de la variété dans des combinaisons trop bornées, et découvre l'existence des dissonances artificielles par le retard des consonnances. Dès le milieu du XVᵉ siècle, toutes les circonstances de ces prolongations simples sont découvertes ; mais le besoin de variété dans les jouissances, qui tourmente toutes les générations, n'est pas encore satisfait. Ne trouvant plus autre chose dans l'harmonie, les artistes portent leurs regards sur les formes, et c'est alors qu'ils inventent et perfectionnent progressivement toutes les espèces d'imitations et de canons. Ils arrivent même à l'excès du pédantisme dans l'usage de ces formes, à cause de l'impossibilité de trouver autre chose dans les limites étroites de leur harmonie. Et l'on voudrait qu'une multitude de musiciens de premier ordre, des Goudimel, des Clément Jannequin, des Palestrina, des Roland de Lassus et cent autres, se fussent agités pendant un siècle entier pour trouver de nouvelles combinaisons harmoniques, et qu'ils n'eussent pas découvert les septièmes avec quinte, les quintes et sixtes, les tierces et quartes, les secondes avec quartes et sixtes, si ces accords pouvaient être déduits de l'harmonie consonnante ? Non, non, cela ne se peut, car un tel fait serait en contradiction manifeste avec le développement naturel et progressif de l'esprit humain ! Il n'y a point là de phraséologie impuissante, mais un raisonnement basé sur la nature des choses, et victorieux, s'il en fut jamais, aux yeux de quiconque s'est accoutumé à la méthode philosophique.

» Tu dis ensuite sur le même sujet : « Des éléments nouveaux se sont introduits successivement dans l'art musical : Est-ce à dire que ces éléments ne puissent se rattacher les uns aux autres que dans un ordre chronologique ? Les altérations, les appogiatures, etc., se groupent avec les accords parfaits, comme avec la septième dominante. »

Mon ami, je commencerai encore ici par te citer des autorités, avant d'entrer dans mes raisons propres, et je te dirai de parcourir les sept volumes des cours faits par M. Cousin, depuis 1815 jusqu'à la fin de son professorat. Là tu verras ce savant, d'un esprit si distingué, soutenir en cent endroits que les faits, les idées, les hommes même qui exercent la plus grande influence sur leurs contemporains, sont les produits nécessaires de leur temps, c'est-à-dire, des principes qui y sont en vigueur. Séparés de l'ordre chronologique auquel ils sont attachés, ces faits, ces idées, ces hommes perdent leur signification propre. Ces propositions, auxquelles la dialectique de M. Cousin donne le caractère irrésistible de l'évidence, ne sont en réalité que le développement de la proposition de Maine de Biran.

» Or, appliquons cette doctrine aux questions qui nous occupent, et nous trouverons la démonstration que l'introduction successive dans l'art des éléments nouveaux dont tu parles établit précisément un ordre chronologique de principes et de conséquences dans les faits relatifs à l'harmonie, et qu'en les séparant de cet ordre, ils perdent leur signification. Vois, par exemple, Vicentino, et plus tard Marenzio, Jean Croce et Gastoldi, fatigués par instinct de la monotonie de la tonalité de leur temps, et essayant d'en sortir par des successions d'accords parfaits en différents tons, comme je l'ai fait voir dans mon *Traité de la théorie et de la pratique de l'harmonie* (p. 163 et suiv.); cependant ils ne peuvent réaliser leur pensée, parce que l'instrument de la transition leur manque. Cet instrument, c'est l'attraction qui oblige à la résolution et sert de lien entre les harmonies. L'attraction tonale ne se trouve originairement que dans l'harmonie dissonante naturelle, c'est-à-dire dans l'accord de septième dominante et dans ses dérivés, et ces accords sont à la fois constitutifs de la tonalité, par leur caractère d'attraction et moyens de transition, en ce qu'ils peuvent être entendus en quelque ton que ce soit, sans être précédés par d'autres accords, et parce qu'ils déterminent immédiatement le nouveau ton par leurs tendances. L'accord parfait, au contraire, est toujours en repos; donc il ne saurait établir la succession nécessaire; donc il n'est pas vrai, comme on l'a dit, que les musiciens que je viens de nommer ont été les créateurs de la musique chromatique. Cette musique n'a pu naître qu'avec l'harmonie de la septième dominante : en supposer la possibilité antérieurement serait une erreur fondamentale.

» Voilà donc *des éléments nouveaux introduits dans la musique, et qui ne peuvent se rattacher les uns aux autres que dans l'ordre chronologique.*

» *Mais*, dis-tu, *les altérations, les appogiatures*, etc., *se groupent avec les accords parfaits comme avec la septième dominante.* Cette proposition est vraie; mais là encore est le triomphe d'une théorie dans laquelle on fait entrer comme élément la considération de l'ordre chronologique des faits harmoniques; car l'idée d'altérer les notes des accords, pour multiplier les tendances attractives, ne vint aux harmonistes qu'après que l'existence du fait d'attraction leur eut été démontrée par l'harmonie dissonante naturelle. Jamais l'harmonie consonnante n'en aurait pu révéler la possibilité par elle-même. J'ajouterai qu'après qu'on lui eut appliqué l'altération, elle perdit son caractère de repos dans les accords altérés, et changea conséquemment de nature. L'harmonie consonnante, n'ayant par elle-même point de tendance, ne pouvait offrir les moyens de sortir d'un ton donné, et constituait conséquemment l'état *unitonique* de la musique : l'harmonie dissonante naturelle, ayant fourni l'élément attractif, et conséquemment le moyen de transition, fit passer l'art à l'état *transitonique*, et créa la modulation. Enfin, les altérations des notes naturelles des accords consonnants et dissonants, ayant multiplié les attractions, mirent en rapport certaines notes avec plusieurs tons, en sorte qu'elles ouvrirent les voies de différentes résolutions pour le même accord, et créèrent conséquemment l'état *pluritonique* de la musique. J'ai fait voir, dans le cinquième chapitre du troisième livre de mon *Traité de l'harmonie*, comment les altérations multiples des accords dissonants naturels et affectés de substitution conduisent aux tendances vers tous les tons, et constituent l'état *omnitonique*, dernier terme des relations des sons. Cette progression ne peut exister que dans l'ordre chronologique, et les divers états de choses qui en résultent s'anéantissent, si l'on en sépare cette considération de la succession des temps. Il est donc évident que les éléments introduits successivement dans l'art musical ne peuvent se rattacher les uns aux autres que dans l'ordre chronologique, et que l'argument que j'ai prétendu tirer de cette considération, pour corroborer mes preuves que l'accord de septième du second degré et ses dérivés ne sont pas les produits de modifications de l'harmonie consonnante, a une valeur très réelle.

» Venons maintenant à ta dernière objection. Tu me reproches de n'avoir point expliqué quatre accords de septième avec quinte que tu m'avais opposés, dans ton article du 26 mai, et tu te persuades que la difficulté d'une réponse satisfaisante est cause de mon silence : tu oublies encore ici, mon cher Zimmerman, que ma réponse avait précédé l'objection dans mon *Traité de l'harmonie* (pages 65 et 66, et page 81, § 157). Permets-moi de rapporter ici des extraits de mes explications ; ils contiennent des réponses auxquelles il n'y a rien de raisonnable à opposer. Voici mes paroles :

» Les harmonistes modernes, guidés par l'analogie de l'accord de septième de dominante, ont cru que tout accord de septième devait avoir la quinte dans sa composition, et ont introduit cet intervalle dans les retards de sixte, au moyen d'une double prolongation, dont une, consonnante, produit la quinte, qui se résout en montant. Ils font usage de cette combinaison sur les degrés où se place l'accord de sixte (pages 65 et 66, § 139).

Exemples :

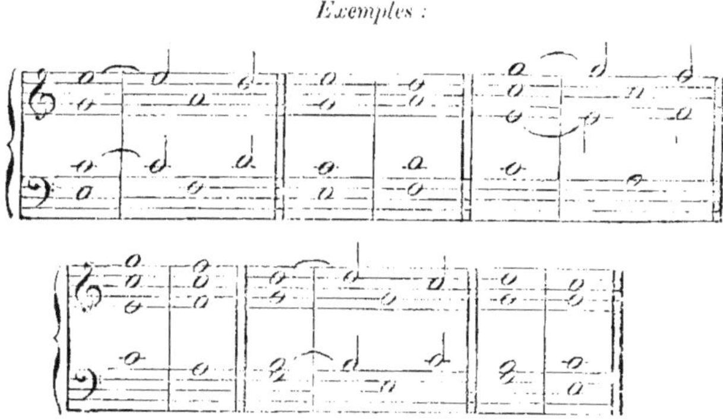

» Le mouvement de basse qui fait résoudre sur l'accord de septième de dominante l'accord de septième mineure (du second degré), produit par la substitution et la prolongation, a donné naissance à des progressions où chaque note est accompagnée d'un accord de septième, dont la nature des intervalles diffère en raison du degré de la gamme où l'accord est placé.

» Ainsi que je l'ai dit et démontré (§ 78), l'analogie du mouvement fixe l'attention dans les progressions de cette espèce, et suspend le sentiment tonal jusqu'à la cadence ; en sorte qu'aucun degré de la gamme n'est en réalité déterminé jusqu'au moment de cette cadence, qui réveille le sentiment tonal : nous n'avons conscience que du mouvement uniforme de la basse et de la composition symétrique des accords qui accompagnent ses notes. Tel est le phénomène qui se manifeste dans l'audition de la progression d'accords de septièmes sur des mouvements de basse montant de quarte et descendant de quinte (page 81, § 157).

» Voilà donc deux origines très différentes des accords dont tu parles, en raison des circonstances de leur destination : elles démontrent que ces accords n'ont point d'analogie avec celui de la septième du second degré, qui ne peut naître que d'une seule manière, savoir, de la réunion de la substitution à la prolongation, et qui n'a de bonne résolution tonale que sur l'accord de septième dominante, ainsi que Catel a été forcé de le reconnaître par l'exemple qu'il en donne dans son *Traité d'harmonie* (page 23). J'ai donc eu raison de dire, en parlant de cet accord, qui n'a pas d'analogue dans la musique, que *la note prolongée est toujours la tonique retardant la note sensible.*

» Maintenant veux-tu une troisième origine d'un des accords de septième dont tu parles ? Tu la trouveras dans cet exemple :

» Il est de toute évidence que la septième avec quinte sur le quatrième degré n'est là que le retard de la sixte de l'accord de quinte et sixte, qui est lui-même le produit du retard de la note sensible par la prolongation de la tonique réunie à la substitution du sixième degré à la dominante. Toutes ces circonstances sont, ainsi que je l'ai dit, indépendantes les unes des autres, et ne sont coordonnées que par la loi suprême de la tonalité. L'art consiste en une multitude de combinaisons délicates de cette nature : la science qui explique cet art doit donc être tout analytique, et distinguer avec soin la diversité des origines harmoniques. Tu dois donc voir qu'une théorie qui prétend faire connaître la nature de tous les accords de septième avec quinte juste, en leur donnant pour origine une prolongation sur un accord parfait complet, résolu sur l'accord suivant, n'est d'abord qu'une assertion dont il est impossible de fournir la preuve, et qui n'a plus de valeur que celle par laquelle Rameau fait venir les mêmes accords d'une tierce ajoutée au-dessus des accords parfaits des différents degrés de la gamme ; ensuite cette théorie ne soutient pas l'épreuve de l'analyse que je viens de faire, et disparaît devant elle. »

Après avoir réfuté toutes les objections de M. Zimmerman, je crois devoir donner quelques éclaircissements sur des difficultés qui m'ont été présentées par plusieurs personnes, à l'égard de l'absence des accords de septième avec quinte, et de quinte et sixte dans les ouvrages des prédécesseurs de Monteverde, que j'ai affirmée. Ces personnes m'ont présenté quelques exemples de septième avec quinte par prolongation dans des passages extraits des œuvres de Palestrina. Elles auraient pu en trouver aussi de l'emploi de la quinte et sixte, non seulement dans les œuvres de l'illustre maître de l'école romaine, mais aussi dans les ouvrages de musiciens beaucoup plus anciens. Je vais expliquer les quelques cas très rares de ces harmonies, qui n'infirment pas ce que j'ai dit concernant l'incompatibilité de ces harmonies dans la tonalité ancienne.

Quelquefois les voix étaient resserrées, chez les anciens maîtres, dans un espace très étroit ; en sorte que le retard de sixte par la septième ne pouvait se faire sans doubler la tierce à l'unisson. Or, l'unisson était un objet d'horreur pour les vieux harmonistes ; pour l'éviter, ils écrivaient en pareil cas le retard de sixte par la septième avec tierce et quinte au premier temps ; mais cette quinte se portait rapidement sur la tierce à l'unisson , au second temps de la mesure , et la résolution était celle d'un simple retard d'accord de sixte, comme si la quinte n'eût pas été entendue. Voici un exemple de cette manière d'écrire, tiré du *Patrem* de la messe *Sine nomine* de Palestrina.

Il est évident que l'harmonie de l'avant-dernière mesure n'a pas d'autre signification tonale que celle-ci :

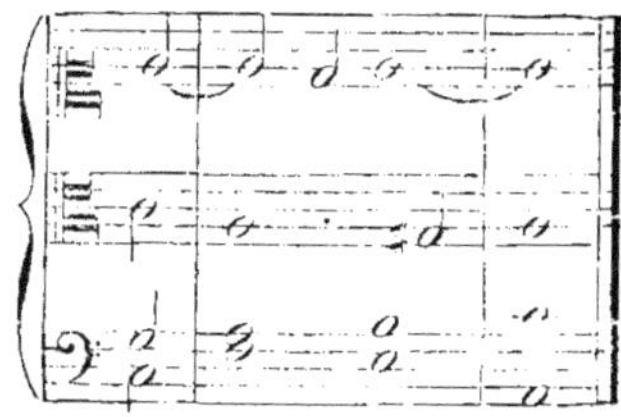

Le petit nombre de septièmes avec quinte, que j'ai trouvées dans les œuvres des compositeurs du xve et du xvie siècle sont du même genre, et la quinte y est toujours accidentelle et sans valeur tonale.

A l'égard de la quinte et sixte , elle n'est ordinairement , dans les œuvres des contemporains ou des prédécesseurs de Palestrina, qu'un retard de la quarte dans l'harmonie de quarte et sixte d'un acte de cadence. Tel est le passage suivant dans le *Kyrie* de la messe *Spem in alium*, de Palestrina :

Quant à la véritable harmonie de tierce, quinte et sixte, sur le quatrième degré des modes majeur ou mineur, elle n'apparaît jamais dans la musique de l'ancienne tonalité. La formule de basse qui amène cette harmonie dans les cadences est même excessivement rare chez les anciens compositeurs; et quand ils l'ont employée, ils l'ont toujours accompagnée d'une harmonie consonnante simple ou modifiée par les retards. Telle est cette cadence de l'*Incarnatus est*, dans la messe *Spem in alium*, de Palestrina.

Je ne puis terminer ces notes sans dire quelques mots des erreurs où est tombé le très estimable auteur d'une *Nouvelle Biographie de Mozart* (1), M. Alexandre Oulibicheff, concernant l'harmonie dissonante naturelle et ses modifications. Dans une note qui se trouve au deuxième volume de cet ouvrage (page 185 et suivantes), M. Oulibicheff émet des doutes sur la réalité de la création harmonique et tonale que j'attribue à Monteverde; mais il ne connaissait guère d'autre source d'information historique, lorsqu'il a écrit son livre, que l'*Histoire de la musique*, de Burney, ouvrage rempli de fautes et de méprises, dans lequel on ne trouve pas les monuments de l'art propres à jeter du jour sur la question. Il faut avoir vu beaucoup de musique de tous les temps, et en avoir fait une profonde analyse, pour distinguer ce qui constitue les tonalités et les harmonies auxquelles elles donnent naissance. Déjà plusieurs harmonistes m'avaient objecté qu'on trouve, dans les œuvres des compositeurs qui vivaient dans la seconde moitié du XVIe siècle, des exemples de l'accord de septième de dominante formé par des notes de passage; mais ces notes fugitives, qui n'arrivent jamais qu'après l'accord parfait dont elles sont une broderie, dans des actes de cadence, ont été sans aucune influence sur la réforme de l'harmonie et de la tonalité. Rien de tout cela ne ressemble à la création de l'harmonie dissonante naturelle et de la modulation qu'on voit dans les passages de Monteverde que j'ai rapportés page 166, 167 et 169 de cet ouvrage, et plus encore dans ce fragment du Ballet *delle Ingrate*, composé par cet illustre musicien, et représenté à Mantoue, en 1608, pour les noces de François de Gonzague avec Marguerite de Savoie.

(1) Moscou, 1843, 3 vol. in-8.

Ap-pren - de - te pie - tà, ap pren - de - te pie-
- tà donne e don-zel - le, ap-pren - de - te pie -
Ap-pren - de - te pie -
Ap-pren - de - te pie -
Ap-pren - de - te pie -
- tà, appren - de - te pie - tà donne et donzel - le.
tà, appren - de - te pie - tà donne e donzel - le.
- tà, appren - de - te pie - tà donne e donzel - le.
- tà, appren - de - te pie - tà donne e don - zel - - le.

Il n'y a rien dans ce passage, si puissant d'intérêt, qui ressemble à l'harmonie, ni à la tonalité des maîtres du XVIe siècle. Jean Gabrieli lui-même, malgré l'originalité de son génie, ne sort pas de l'harmonie consonnante et de ses modifications. Mais ici on voit l'accord de tierce, quarte et sixte sur le sixième degré du mode mineur, l'accord de septième diminuée, celui de triton avec tierce mineure, enfin, tout ce qui caractérise la tonalité et l'expression de la musique moderne.

Une ritournelle du même ouvrage nous offre l'accord de septième de sensible, celui de quinte et sixte du quatrième degré, dans les deux modes, enfin la formule de basse où ce dernier accord trouve son emploi dans un acte de cadence; formule devenue banale dans notre musique. Voici un fragment de cette ritournelle :

Dans ces hardis traits de génie, on voit Monteverde développant par instinct, dans l'espace de dix ans, toutes les conséquences tonales et harmoniques des prémisses qu'il avait posées dès 1598 dans le troisième livre de ses madrigaux, et surtout dans le cinquième livre, publié pour la première fois en 1604. Évidemment, pour quiconque connaît bien la situation de l'art dans les époques antérieures, c'est dans ces hardiesses que se manifestent les transformations radicales de l'art. Malheureusement il est peu de personnes qui étudient les monuments de l'histoire de l'art avec des connaissances suffisantes, et avec l'esprit d'analyse indispensable. Les objections de M. Oulibicheff m'ont été présentées par des littérateurs musiciens qui jouissent de la réputation de savants, et j'ai eu lieu de me convaincre que la plupart ne comprenaient pas très exactement ce qui caractérise l'ancienne tonalité et ce qui la rend différente de celle de la musique actuelle. De là vient leur erreur à l'égard des inventions de Monteverde, dont ils n'ont pas saisi la portée. Je suis entré à ce sujet dans des développements assez étendus dans la biographie du grand artiste qui fait partie de la *Biographie universelle des musiciens* (¹), et je pense y avoir éclairci complétement la question. Je crois devoir reproduire ici ce passage en faveur des lecteurs qui ne possèdent pas mon grand ouvrage.

« Dans les deux premiers livres de ses madrigaux, Monteverde ne montra la hardiesse de son imagination que par les nombreuses irrégularités du mouvement des voix et de la résolution des dissonances de prolongations. A vrai dire, on y remarque plus de négligences que de traits de génie; il est même évident que ce grand artiste éprouvait un certain embarras dans le placement des parties de son harmonie; car on y voit à chaque instant toutes ces parties monter ou descendre ensemble par un mouvement semblable, et produire des successions dont l'aspect est aussi peu élégant que l'effet en est peu agréable à l'oreille. Rendons grâce pourtant à cette sorte d'inhabileté du compositeur, car elle fut sans doute la source de l'audace qu'il mit dans l'exploration d'une harmonie et d'une tonalité nouvelle, devenues les bases de la musique moderne.

» Le génie du maître se manifesta d'une manière plus large et plus nette dans le troisième livre de ses madrigaux à cinq voix, publié en 1598. Il paraît hors de doute que les idées de Vincent Galilée, de Corsi, de Peri, et de quelques autres musiciens distingués de Florence, qui vivaient vers la fin du XVI⁵ siècle, concernant la nécessité d'exprimer par la musique le sens des paroles, au lieu d'en faire, comme la plupart des anciens maîtres, le prétexte de contre-points bien écrits, mais dépourvus d'expression; il paraît, dis-je, que ces idées avaient fixé l'attention de Monteverde et lui avaient révélé la portée de son génie; car, à l'exception de certaines négligences harmoniques, on ne retrouve presque rien de l'auteur des deux premiers livres de madrigaux à cinq voix dans celui du troisième. Le P. Martini a rapporté dans son *Esemplare di Contrappunto fugato* (t. II, p. 180 et suiv.), le madrigal *Stracciami pure il core*, extrait de ce livre : on le trouve aussi dans le troisième volume des *Principes de composition des écoles d'Italie*, publiés par Choron, et dans le troisième volume de l'*Histoire de la musique* par Burney (p. 237 et suiv.). C'est vraiment une intéressante conception que celle de ce morceau, sous le rapport historique. Son rhythme a plus de mouvement, sa prosodie est meilleure que ce qu'on trouve dans les ouvrages de la plupart des prédécesseurs de Monteverde. La cadence tonale, si rare chez les maîtres du XVI⁵ siècle, se fait sentir à chaque instant dans ce morceau; mais ce qui le rend surtout digne d'attention, ce sont les nouveautés harmoniques qui s'y trouvent en abondance. Monteverde n'y attaque pas encore les dissonances naturelles sans préparation, mais il y fait entendre la prolongation de neu-

(1) Tom. VI, pag. 448 et suivantes.

vième avec la sixte, condamnée par les anciens compositeurs, parce qu'elle doit se résoudre sur l'octave de la note inférieure du demi-ton qu'ils appelaient *mi*, et que cette octave est obligée à faire un mouvement de succession qui trahit la tonalité. C'est, enfin, dans ce morceau que se trouvent, pour la première fois, sur les mots *non puo morire d'amore*, les dissonances doubles, par prolongation, de neuvième et quarte, de neuvième, septième et quarte, de quarte et sixte réunies à la quinte : celle-ci produit un des effets les plus désagréables qu'on puisse entendre, car il en résulte trois notes simultanées placées à la distance d'une seconde l'une de l'autre. L'audace de Monteverde lui fait braver toutes les règles dans cet ouvrage : c'est ainsi que dans la quatrième mesure du madrigal cité précédemment, il réalise dans la partie du ténor une dissonance de passage pour en faire une prolongation; c'est encore ainsi qu'en plusieurs endroits il donne à des notes placées à des intervalles de seconde le caractère de neuvième par prolongation.

» Si Monteverde n'attaquait point encore sans préparation les dissonances naturelles de la dominante, lorsqu'il écrivit son troisième livre de madrigaux à cinq voix, il y déterminait néanmoins le caractère de la tonalité moderne par le fréquent usage du rapport harmonique du quatrième degré avec le septième, et par là il constituait celle-ci en véritable note sensible, qui trouvait toujours sa résolution sur la tonique. Or, ce sont précisément ces rapports du quatrième degré et de la note sensible, et les appellations de cadences, qui distinguent la tonalité moderne et celle du plain-chant, où il n'y a jamais de résolutions nécessaires que celles des dissonances facultatives produites par les prolongations (1). Dans son cinquième livre de madrigaux à cinq voix, Monteverde donna le dernier essor à ses hardiesses, en attaquant sans préparation la septième et la neuvième de la dominante, le triton, la quinte mineure et sixte, et la septième diminuée. Par là il acheva complétement la transformation de la tonalité, créa l'accent expressif et dramatique, ainsi qu'un nouveau système d'harmonie. Il trouva même, dès le premier pas, et l'harmonie naturelle de la dominante, et le principe de la substitution ; car on sait que la neuvième de la dominante et la septième diminuée ne sont pas autre chose que des substitutions. On peut voir dans l'*Esemplare* du P. Martini, et dans les *Principes de composition des Écoles d'I-talie*, compilés par Choron, toutes ces nouveautés réunies dans le madrigal *Cruda Amarilli*.

» Des découvertes aussi belles que celles dont il vient d'être parlé sembleraient devoir remplir la vie d'un artiste : néanmoins Monteverde s'est créé bien d'autres titres à l'admiration de la postérité. J'ai dit dans ls *Résumé philosophique de l'histoire de la musique* (pag. CCXVIII et CCXIX), et dans les biographies de Caccini et de Cavaliere, quels furent les commencements du drame lyrique, dans les dernières années du XVIe siècle, et dans les premières du suivant. Monteverde, s'emparant aussitôt de cette nouveauté, y porta toutes les ressources de son génie. En 1607, il écrivit pour la cour de Mantoue son opéra d'*Ariane*. Bien supérieur à Peri, à Caccini, et même à Émile del Cavaliere, pour l'invention de la mélodie, il mit dans ces ouvrages des traits dont l'expression pathétique exciterait encore aujourd'hui

(1) Pour comprendre ce que je dis ici concernant les différences de la tonalité des madrigaux composés par les anciens maîtres, et celle des pièces du même genre contenues dans le troisième livre de Monteverde, il suffit de comparer le beau madrigal de Palestrina, *Alla riva del Tebro*, avec celui du maître de Crémone, *Stracciami pure il core*, dans les ouvrages cités de Martini et de Choron.

l'intérêt des artistes. Je citerai comme exemple le chant d'Ariane, *Lasciate mi mo-rire*. La basse incorrecte et l'harmonie heurtée et bizarre dont le compositeur a ac-compagné ce morceau ne nuisent point au caractère de mélancolie profonde qu'on y remarque. Dans son *Orfeo*, il trouva de nouvelles formes de récitatif, inventa le duo scénique, et, sans aucun modèle, imagina des variétés d'instrumentation d'un effet aussi neuf que piquant. Ses airs de danse, particulièrement dans son ballet *delle Ingrate*, représenté à Mantoue en 1608, sont remplis de formes trouvées et de rhythmes nouveaux et variés. C'est lui qui, le premier, y a introduit une modula-tion de quarte en quarte et de quinte en quinte, qu'on a beaucoup employée depuis lors, et dont il avait fait le premier essai dans le madrigal *Cruda Amarilli*. Enfin, l'épisode du combat de Tancrède et de Clorinde, qu'il fit exécuter en 1624, dans la maison de Jérome Moncenigo, à Venise, lui fournit l'occasion d'inventer les accom-pagnements de notes répétées à tous les instruments, dans un mouvement plus ou moins rapide : système d'instrumentation conservé par les compositeurs modernes, et qui fut l'origine du *tremolo*.

» Tel fut l'artiste prédestiné qui contribua plus qu'aucun autre à la transformation de la musique, ainsi qu'à la création des éléments de l'art moderne ; génie fécond dont la portée ne fut pas comprise par ses contemporains, ni peut-être par lui-même ; car ce qu'il dit de ses inventions, dans les préfaces de quelques uns de ses ouvrages, ne prouve pas qu'il ait vu qu'il avait introduit dans l'harmonie, et dans les resolutions mélodiques, un système nouveau de tonalité, absolument différent de celui du plain-chant, et qu'il avait trouvé le véritable élément de la modulation. Ce qu'il s'attri-buait avec juste raison, était l'invention du genre expressif et animé (*concitato*) ; personne, en effet, ne peut lui disputer la création de cet ordre immense de beautés où réside toute la musique moderne, mais qui a conduit à l'anéantissement de la vé-ritable musique d'église, en y introduisant le dramatique. Il est remarquable que cette création de la tonalité moderne et de toutes ses conséquences, due à Monte-verde, n'a été aperçue par aucun historien de la musique.

TABLE DES MATIÈRES.

AVERTISSEMENT, p. I.
PRÉFACE, p. V.

INTRODUCTION.

OBJET LE L'HARMONIE COMME ART ET COMME SCIENCE, p. I.

LIVRE PREMIER.

DES RAPPORTS DES SONS, OU DES INTERVALLES CONSIDÉRÉS COMME ÉLÉMENTS DE L'HARMONIE,
p. 5.
CHAPITRE I. Nature et noms des intervalles.
Les intervalles des sons résultent des différences de leurs intonations. — Désignation des
intervalles.—Tableau des intervalles naturels dans les modes majeurs et mineurs, p. 6.—
Tableau des intervalles altérés, p. 7.
CHAPITRE II. Consonnances et dissonances : Classification des intervalles dans ces deux
ordres d'harmonie, *ibid.*—Tableau des intervalles consonnants, p. 9.—Tableau des intervalles dissonants, p. 11.
CHAPITRE III. Du renversement des intervalles, *ibid.*— Tableau de renversement de tous
les intervalles, p. 12.
CHAPITRE IV. De la succession des intervalles, considérés dans leurs affinités et dans la
détermination de la tonalité, p. 14.—Propriétés de chaque note de la gamme, déterminant
l'emploi des intervalles, *ibid.*—De la première note de la gamme, *ibid.*—De la quatrième
note de la gamme, p. 15.—De la dominante, p. 16.—De la dissonance naturelle du quatrième degré et de la dominante, p. 18.—De la sixième note de la gamme, p. 19.—De la
seconde note de la gamme, *ibid.*— De la troisième note de la gamme, p. 20.—De la septième note de la gamme, p. 21.

LIVRE DEUXIÈME.

DES ACCORDS, p. 23.

PREMIÈRE SECTION.

Accords consonnants, ibid.
CHAPITRE I. De l'accord parfait et de son emploi dans la période harmonique, *ibid.*
CHAPITRE II. Du renversement des intervalles constitutifs de l'accord parfait.— Accords
qui en proviennent.—Emploi de ces accords, p. 31.

DEUXIÈME SECTION.

Des accords dissonants, p. 37.
CHAPITRE III. De l'accord dissonant naturel appelé *septième dominante*, et de son emploi
dans la période harmonique, *ibid.*

CHAPITRE IV. Du renversement des intervalles de l'accord de septième.—Accords qui en proviennent.—Emploi de ces accords, p. 40.—L'harmonie consonnante de l'accord parfait et de ses dérivés par le renversement, et l'harmonie dissonante, naturelle de l'accord de *septième dominante* et de ses dérivés, constituent toute l'unité tonale de la musique moderne, p. 45.

TROISIÈME SECTION.

Des modifications des accords naturels, p. 46.

CHAPITRE V. Modification des accords dissonants naturels par la substitution d'une note a une autre.—Accords qui en proviennent, *ibid.*—Emploi de ces accords, p. 47 et suiv.

CHAPITRE VI. Des effets du retard des intervalles consonnants et dissonants par la prolongation.— Accords artificiels qui en proviennent, p. 59.—Exercices sur les prolongations dans les accords consonnants, p. 72.— Exercices sur les prolongations dans les accords dissonants, p. 76.

CHAPITRE VII. Réunion de la substitution au retard des intervalles dans l'accord de septième et dans ses renversements.—Accords artificiels qui en proviennent, p. 77.—Emploi de ces accords, p. 78 et suiv.— De l'accompagnement de la gamme diatonique dans les deux modes, p. 85.—Progressions sur la gamme, p. 88.

CHAPITRE VIII. De l'altération des intervalles des accords naturels et de leurs modifications par la substitution et la prolongation.—Harmonies qui en proviennent, p. 89.

CHAPITRE IX. De la prolongation des notes altérées, p. 104.

CHAPITRE X. Des notes étrangères à l'harmonie naturelle ou modifiée.—Notes de passages.—Appogiatures.—Anticipations, p. 112.

CHAPITRE XI. De la pédale, p. 121. —Pédales de cadence et de conclusion, *ibid.*— Usage de la pédale dans la musique moderne, p. 127.—Pédales des parties intermédiaires ou supérieures, p. 129.

CHAPITRE XII. Des signes des accords et de la basse chiffrée, p. 130.—Origine de la basse chiffrée et systèmes de chiffres en Italie, p. 133.—*Idem* en Allemagne, p. 114.—*Idem* en France, p. 147.

LIVRE TROISIEME.

DE LA TONALITÉ ET DE LA MODULATION DANS L'HARMONIE, p. 151.

CHAPITRE I. Les accords consonnants, et leurs modifications par le retard de leurs intervalles, ne composent que l'ancienne tonalité *unitonique.*— Impossibilité d'établir la modulation proprement dite avec eux, c'est-à-dire la relation nécessaire d'un ton avec un autre, *ibid.*— Erreurs de quelques auteurs à ce sujet, p. 163.

CHAPITRE II. L'accord dissonant naturel de septième de la dominante et ses dérivés donnent naissance à la tonalité moderne et à ses attractions.—Ils fournissent l'élément de la transition d'un ton à un autre.—*Ordre transitonique,* ou deuxième phase de l'harmonie, p. 165.

CHAPITRE III. Les accords dissonants naturels, modifiés par la substitution du mode mineur, mettent simultanément plusieurs tons en relation.—*Ordre pluritonique*, p. 177.

CHAPITRE IV. Les altérations d'intervalles des accords naturels et modifiés par la substitution établissent des relations multiples entre les tons divers, et complètent le système de la modulation.— Par les relations multiples, toute mélodie peut être accompagnée de beaucoup d'harmonies différentes. — *Ordre omnitonique.* — Anéantissement de l'unité tonale.—Dernier terme des relations des sons, p. 183.—Formules nouvelles de modulations, p. 185 et suiv.

TABLE DES MATIÈRES.

LIVRE QUATRIÈME.

EXAMEN CRITIQUE DES PRINCIPAUX SYSTÈMES DE GÉNÉRATION ET DE CLASSIFICATION DES ACCORDS, p. 201.

CHAPITRE I. Systèmes basés sur des phénomènes acoustiques, sur la progression harmonique, et sur des agrégations mécaniques d'intervalles, *ibid.* — Système de Rameau. — Division du monocorde, et proportions numériques de ces divisions, p. 202 —Génération des accords par des additions de tierces et par le renversement des intervalles, p. 203.— Harmoniques d'une corde tendue et mise en vibration, p. 206. — Anéantissement de la tonalité et des lois de succession des harmonies, *ibid.* — *Basse fondamentale* destinée à tenir lieu de ces lois, *ibid.*—Nonobstant ses erreurs, Rameau est le créateur de la science de l'harmonie par la théorie du renversement des accords, p. 209.

Systèmes dérivés de celui de Rameau : Marpurg, p. 209.— Ses idées reproduites par Choron et M. De Lafage, p. 211.—Testori, *ibid.*—Roussier, p. 212.

Système de Tartini ; son principe du troisième son, p. 213. — Système de M. Blein, p. 214.

CHAPITRE II. Systèmes basés sur la progression arithmetique et l'échelle chromatique. p. 215 —Lévens, Ballière et Jamard, p. 215, 217.—Système de Sorge, p. 217. — Il est le premier où l'accord de septième, dissonant naturel, est considéré comme existant par lui-même et conformément à la tonalité, p. 218.—Système de Valotti et de l'école de Padoue, p. 219.—Système de l'abbé Vogler et de son école, p. 224.—M. Fréd. Schneider, p. 227.—M. Jelensperger, p. 228.

CHAPITRE III. Systèmes basés sur un choix arbitraire d'accords fondamentaux, p. 230.— Système des trois accords de Daube, *ibid.*—Système de Schrœter, p. 231; il est le premier où la considération du retard des intervalles est présentée pour la formation des accords artificiels de septième, *ibid.*— Kirnberger, p. 232.— Godefroi Weber, p. 233; son livre n'offre que des analyses de faits isolés; c'est un système de scepticisme à l'égard de la théorie de la musique, p. 234.— Système de M. Dérode, p. 236. — Système de Langlé, p. 237.—Système de Schicht, p. 238. — Reicha ; ses treize accords fondamentaux, *ibid.*; il a confondu des accords altérés, et même des accords dérivés, avec les accords fondamentaux, p. 239; son système repose sur une base fausse; on n'y remarque point de conception logique, p. 242.

CHAPITRE IV. Systèmes basés sur une division arbitraire du monocorde, p. 243.—Système de Catel, *ibid.* — La division d'une corde, considérée comme dominante d'un ton, lui sert de base, et fournit tous les accords consonnants et dissonants naturels, p. 244.— Catel aperçoit la substitution des accords de neuvième et de septième de sensible et diminuée aux accords dissonants naturels, mais il n'en conçoit pas le mécanisme, p. 245.— Son erreur à l'égard de l'accord de septième du second degré, *ibid.*— Il établit bien la théorie de la prolongation dans tous les autres accords, p. 246.

Système de M. de Momigny, *ibid.*—Nonobstant les prétentions de son auteur, ce système n'a rien d'original, p. 247.

CHAPITRE V. Résumé et conclusion, p. 248.

La tonalité est la seule base réelle de l'harmonie et de la mélodie ; en quoi elle consiste, *ibid.* --Rameau, Sorge, Schrœter, Kirnberger et Catel ont trouvé quelques éléments du système naturel de l'harmonie, mais l'auteur de cet ouvrage n'a pu formuler un système complet, conforme à la nature de l'art, qu'en rattachant ces éléments à la tonalité, et les corrigeant en vertu de ses lois.

NOTES, p. 255.

FIN DE LA TABLE DES MATIÈRES.